Raimon Panikkar · Der Weisheit eine Wohnung bereiten

Raimon Panikkar

Der Weisheit eine Wohnung bereiten

Herausgegeben
von Christoph Bochinger

Kösel

ISBN 3-466-20334-1

(c) by Kösel-Verlag GmbH & Co., München
Printed in Germany. Alle Rechte vorbehalten
Druck und Bindung: Kösel, Kempten
Umschlag: Elisabeth Petersen, Glonn, unter Verwendung eines Fotos von
Hans Silvester »Taube«, Photo- und Presseagentur GmbH FOCUS,
Hamburg

1 2 3 4 5 · 95 94 93 92 91

Inhalt

Vorwort

*Gaudens gaudebo in Vita, quia in corde hominis iucundam
sibi Sapientia mansionem paravit.*

*Fröhlich werde ich mich freuen im Leben,
weil die Weisheit sich im Herzen des Menschen
eine freudenreiche Wohnung bereitet hat.*

Weisheit ist die Kunst des Lebens. Das könnte wohl eine schlichte
Beschreibung jener urmenschlichen Erfahrung sein, von der die
Menschen in fast allen Kulturen unter verschiedenen Aspekten und
mit unterschiedlichen Namen sprechen. Die Weisheit ist ein »savoir vivre«, wobei *savoir* nicht ein Wissen *über* das Leben, sondern
einfach Lebenserfahrung ist.

Man kann ohne die Weisheit nicht leben. Die Weisen erhalten die
Welt, sagen fast alle Religionen. Die Moderne aber glaubt es kaum,
und deshalb ist sie besessen von ihrem eigenen Sicherheitsbedürf-
nis. Die Weisheit ist aus dem Getriebe des Lebens in ein Altersheim
gesperrt worden (manchmal sogar schonungsvoll). Selbst die
Toleranz wird zum Geschäft.

Nach vielen Überlieferungen ist die Weisheit eine edle Dame, ja
eine Königin, und sie verkörpert sich in jener geheimnisvollen
Triade, die die Fülle des menschlichen Lebens ausmacht: die
sachliche Grundhaltung, die wahre Einsicht und die rechte Handlung. Die christlichen Scholastiker würden sagen: *esse – scire –
posse*, oder *unitas – veritas – bonitas* und dergleichen. Die indische
Überlieferung spricht von *karma – bhakti – jñâna* oder von *artha
– kama – dharma* und sogar von *sat – cit – ânanda*. Die Jainas
sprechen von Denken, Reden und Handeln, die Chinesen von
Mensch, Himmel und Erde.

Diese Dame namens Weisheit wurde im Osten wie im Westen von
Fachexperten beschlagnahmt. Theologen und Brahmanen, Philo-

sophen und Mandarine, Priester und Doktoren beanspruchten, über sie zu verfügen, einen besonderen Eingang zu ihrem Gemach zu haben; ab und zu ließen sie sich dazu herab, dem Volke mitzuteilen, was die Weisheit ihnen gesagt, ja offenbart habe, und sie schrieben sogar den Wissenschaften vor, was sie untersuchen und dozieren sollten. Die gefangene edle Dame wurde als Königin der Wissenschaften gepriesen. Aber sie war in einer beengteren Situation als selbst eine konstitutionelle Königin. Sie konnte nur unterschreiben, was ihr vorgelegt wurde.

Zwar wollten edle Gestalten wie Sokrates, Buddha, Lao-tzu oder Jesus die Weisheit befreien und sie allen zugänglich machen – aber Großinquisitoren aller Art »wußten« besser über die Massen Bescheid. Trotzdem üben jene Gestalten noch immer eine unerklärliche Anziehungskraft aus, und das schon seit Jahrtausenden. Sie mögen keine Macht mehr haben, doch behalten sie eine nicht verminderte Autorität. Der Weise ist kein Eingeweihter, etwa König, Priester, Wissenschaftler. Er hat keine Macht (etwa des Staates, Gottes, der Wissenschaft). Seine Autorität, die aus ihm einen Ratgeber machen kann, hat eine ganz andere Quelle.

Ich hätte diese Besinnung über die Weisheit in die Geistesgeschichte einreihen können, aber dann würden wir den mehr existentiellen Charakter dieses Buches verlieren – abgesehen davon, daß unsere Interpretation theologische und kosmologische Streitfragen prinzipiell vermeidet, weil unsere Perspektive keine akademische Arbeit darstellen will. Eine Einübung in die Weisheit ist mehr als nur theoretische Reflexion über sie.

Dieses Buch will über die Lebensweisheit reden. In den meisten Religionen ist der Gedanke von der »Weisheit als Sitz der Freiheit« bekannt. Die Weisheit macht uns glücklich, gibt uns Freude: Sie ist die Wohnung, wo der Mensch zu Hause ist, wo er er selbst sein kann, und das heißt: selig. Das Kriterium der Weisheit ist die Freude, *ânanda*, *charis*, *beatitudo*, Seligkeit. Diese tiefe und unerschütterliche Freude ist eine unmittelbare Frucht der Weisheit. Die Weisheit führt zur Freude. Wir sind verantwortlich für unsere Freude. Der Bodhisattva hat auf sein *nirvâna* verzichtet und dennoch: Er ist keine traurige Figur, er ist voll Freude. Diese

Erfahrung ist wohl eine mit der Vernunft allein unerklärbare Tatsache. Es gibt Leiden in der Welt, und dieses Leiden geht mich an, es ist auch mein Leiden, und dennoch bin ich nicht von Traurigkeit überwältigt. Wieso Freude und Leid sich vertragen können, läßt sich rational nicht erklären.

Warum sind wir für unsere Freude verantwortlich? Eine metaphysische Anthropologie hat eine schlichte Antwort: Das Ziel der menschlichen Natur, ja jeder Natur, ist die Seligkeit. Erreichen wir sie nicht, so ist dies ein Zeichen, daß wir nicht in die richtige Richtung wandern.

Das Reich der Weisheit kann paradoxerweise allen zugänglich sein, weil es die Sinnlichkeit und die Intelligibilität übersteigt und sich seinen Platz im Mystischen sucht. In der Sprache der indischen Kulturen, hauptsächlich der buddhistischen, könnten wir sagen, daß das Reich der Weisheit (*jñâna*) dort zu Hause ist, wo die Sittlichkeit (*shila*) und die Seelenruhe (*dhyâna*) schon erlangt wurde: Es durchdringt beide.

Die Weisheit war immer der Reichtum des einfachen Volkes. Auch heute – überall wo die Weisheit ihren Ausdruck findet – ist sie in den Sprüchen, Parabeln, Erzählungen der Völker, sei es in Afrika, Asien oder sonstwo, zu Hause. Die Weisheit hat Ihre Wohnung mehr im Wort denn im Schrifttum. Die Weisheitsbücher sind im allgemeinen Sammlungen mündlicher Tradition, die sich durch das Sieb der Zeiten vertiefen und verfeinern.

Auch das vorliegende Buch geht in seiner Entstehung auf das gesprochene Wort zurück. Es wäre nicht möglich gewesen ohne das Bemühen dreier Freunde. Irmgard Hafner lud mich ein, einen Vortrag zu halten, dessen Titel sie selbst formuliert hatte. Das Buch wird ihn behalten. Bogdan Snela lud mich ein, ein kontemplatives Wochenende zu leiten, und nahm es dann auf sich, aus dem Ganzen ein Buch entstehen zu lassen. Christoph Bochinger hatte die schwierige Aufgabe, alles zu redigieren, meinen Stil zu verbessern und die Notizen in eine zusammenhängende Darstellung zu verwandeln.

Der dritte und vierte Teil des Buches, der von ihm aus dem Englischen übersetzt wurde, geht ebenfalls auf Einladungen dreier guter Freunde zurück: Paolo Soleri, berühmter Architekt und Prophet aus Arcosanti in Arizona, wollte ein »Personal Statement« für seine Veranstaltung:»Minds for History«; André Mercier, bekannter Professor für Physik an der Universität Bern und zugleich Philosoph, wünschte eine Darstellung meiner Philosophie für die Reihe:»Philosophische Selbstbetrachtungen« der Fédération Internationale des Sociétés de Philosophie; und die Freunde von der Claremont Graduate School in California veranstalteten ein Treffen von Theologen zur Erforschung des christologischen Problems in der Gegenwart, aus dem später ein Buch entstanden ist.

Allen fühle ich mich verpflichtet und möchte ihnen meinen Dank aussprechen. Ich danke auch dem aufmerksamen Publikum und insbesondere jenen Zuhörern, die mir Fragen gestellt haben. Sie alle haben mich herausgefordert, etwas zu sagen, was von Wert sein mag. Ohne ihr Interesse wäre das meiste ungesagt und in der Verborgenheit geblieben.

Anmerkung über die Sprache: Die modernen Sprachen sind geprägt vom Patriarchalismus der Vergangenheit und Gegenwart. Es ist höchste Zeit, ihn zu überwinden, und wir Menschen haben es dringend nötig, daß die feminine Dimension des Lebens und die Frauen im besonderen ihr Recht wiedergewinnen. Aber weder ein Matriarchalismus (so sehr wir ihn manchmal wünschen) noch ein Dualismus von Frau und Mann sind befriedigende Lösungen.

Mensch heißt *homo* und ist weder Mann noch Frau, sondern bezeichnet die Ganzheit des menschlichen Wesens, in der es Polaritäten, aber keine Spaltungen gibt. Sexus, Genus und Polarität – das biologische Geschlecht, das grammatische Geschlecht und die polare Struktur der Wirklichkeit – sind drei verschiedene Sachen: Femininum und Maskulinum ist nicht dasselbe wie Frau und Mann, die Sonne oder die Nase sind keine Frau und der Fluß oder der Bauch kein Mann, obwohl wir in beiden Fällen von Geschlecht sprechen. *Yin* und *yang,* warm und kalt, Licht und Dunkelheit sind Polaritäten, die zur Wirklichkeit als ganzer gehören und nicht auf »männlich« oder »weiblich« reduziert werden dürfen, denn das biologische Geschlecht ist nur eine jener Polaritäten. Ich nenne das Sexomorphismus oder die Sexomorphisierung der Wirklichkeit – unseren modernen Drang, alle Vielfalt in das Paradigma einer einzigen Unterscheidung zu zwängen, die Wirklichkeit nur nach dem Bilde des Menschen (anthropomorph) und diesen nur nach dem Bilde des Geschlechts (sexomorph) zu sehen. Das grammatische Geschlecht des Wortes »Mensch« ist das maskuline: *der*. Seit Jahrzehnten plädiere ich für ein neues Geschlecht, nicht für das *Neutrum* (weder … noch, also Kastration), sondern für das *Utrum* (sowohl … als auch, und zwar in der ganzen Wirklichkeit, also auch im Denken über das Göttliche, das Menschliche und das Kosmische). Unterdessen gebrauche ich das eine Geschlecht und verstehe es ganzheitlich, ohne dem Männlichen das Oberrecht über dieses Ganze zu geben, und ohne andererseits durch die Fragmentation der Wiederholungen (Mensch/Menschin, Gott/Göttin, Stein/Steinin usw.) oder der Mehrzahl die Spaltung noch weiter zu treiben.

Die Tatsache, daß ich in mehreren Sprachen zu Hause bin und über keine von ihnen allein verfügen kann (denn keine gehört mir), läßt mich aufmerksam sein für die hörende (und damit gehorchende) Aufgabe des Sprechenden. Deshalb achte ich einerseits auf die etymologischen Wurzeln der Worte und ihre Verwandtschaften; andererseits bin ich überzeugt von der Unmöglichkeit einer einzigen Weltsprache. Deshalb auch die ausführlichen fremdsprachlichen Zitate in diesem Buch – für die ich dem Kösel-Verlag besonders danken möchte. Sie sollen uns einfach beibringen, daß wir in unserem Unternehmen weder allein sind, noch alles auf eine einzige Ausdrucksweise oder Sprache reduzieren können. Die Sprache – wie die Weisheit – hat viele Wohnungen.

Kodaikkanal, 8. Dezember 1990, am Feste von Maria-Sophia und Tavertet, 2. Februar 1991, am Lichterfest

Raimon Panikkar

I Der Weisheit eine Wohnung bereiten

Sapientia aedificavit sibi domum.
Die Weisheit hat für sich selbst
eine Wohnung bereitet.

Spr IX,1

Seit den dreißiger Jahren ist mir das Thema dieses Buches ein
Mantra gewesen, eine Musik aus Worten, die mich begleitete, und
in deren Schwingung ich mich hineinzufügen versuchte. Nicht nur
die Musik vermag in uns zu klingen, sondern auch Gedanken haben
ihren Klang. Und man hört nicht mit dem Ohr allein. Auch der
Verstand ist dabei, aber auch der ganze Leib und der ganze Geist.
Die Sprache der Weisheit vermag es, das Ohr, den Leib und den
Verstand miteinander zu verbinden.
Wir sind es gewöhnt, Worte zu lesen. Wir haben uns ein wenig
abgewöhnt, Worte zu »essen«. Noch viel weniger sind wir es
gewöhnt, Worte Fleisch werden zu lassen, sie uns einzuverleiben.
Und das, obwohl beides als Gleichnis der christlichen Heiligen
Schrift entstammt.
Der Weisheit eine Wohnung bereiten – das ist eine Einladung, im
Herzen des Menschen eine fröhliche Wohnung erbauen zu lassen.
Wie können wir uns bemühen, daß die Fleischwerdung dieser
Worte in uns stattfinde? Ich möchte mit einigen Variationen über
die Weisheit zur Einübung in eine echte Spiritualität beitragen.
Drei grundlegende Einsichten des Menschseins sind in diesem
einfachen Satz enthalten. Wir wollen nichts weiter tun, als uns mit
einigen Schritten auf ihn zu besinnen, seinen Sinn ohne Hetze,
ohne Vorüberlegungen, ohne viele Erwartungen hier und jetzt in
uns zu vernehmen.

Weisheit

(1) Alle menschlichen Überlieferungen haben die Weisheit gepriesen, in verschiedenen Formen, mit verschiedenen Worten und in unterschiedlicher Nuancierung. Auch die Philosophie ist eine jener Formen. Das Ideal der Weisheit scheint eine menschliche Invariante zu sein. Jeder Mensch, jedes Volk erahnt und strebt nach einem Etwas, das Weisheit genannt werden kann. Jedoch ist diese Weisheit heutzutage gegenüber ihren traditionellen Formen etwas entstellt. Schon immer wurde sie leicht vergessen, doch heute ist sie in Verruf geraten, was in der Geschichte der Menschheit wahrscheinlich eine Ausnahme bildet. Sie ist entstellt durch die Technokratie unseres Zeitalters, ersetzt durch den großen Erfolg der naturwissenschaftlichen Weltanschauung, verstellt durch das, was wir modernes Leben nennen. Der heutige Lebensstil erschließt uns eine Unmenge von Informationen wie auch Bequemlichkeiten, die wir nicht verachten sollten. Die moderne Weisheit erscheint uns wie eine reiche, schöne, gebildete Dame, die Geschenke verteilt, uns bequem und gastlich aufnimmt, Information vermittelt und uns reich macht. Der Preis für solche Vorzüge ist die Komplizierung unserer Existenz.

Das ist jedoch nicht das traditionelle Gesicht dieser Dame, das wir deshalb aufs neue entdecken, erhellen, erblicken müssen. Was die Weisheit wirklich ist, ist uns nicht mehr selbstverständlich, es ist verborgen unter dem Schleier ihrer kosmetischen Schönheit (vgl. Ijob XXVIII,21). Wissenschaftler, Geschäftsleute, Politiker und sogar Spezialisten für die Religion streben heute nicht mehr danach, Weise zu sein. An die Stelle der Weisheit wird bestenfalls eine Art Lebensklugheit gesetzt[1]. »Ich, die Weisheit, verweile bei der Klugheit« (Spr VIII,12), bin aber nicht mit ihr identisch, sagt sie uns. Die Weisheit verlangt Einsicht, Kunstfertigkeit, Intelligenz, geht aber noch darüber hinaus – besser sollte man sagen: »über sie hindurch« – und sie erreicht eine andere Schicht der Wirklichkeit, eine andere Tiefe.

Wer in der biblischen Tradition zu Hause ist, kennt die Weisheitsbücher und weisheitlichen Aussagen der jüdischen Überlieferung[2].

Diese alten Texte, die auf ägyptische Hintergründe Bezug nehmen, sagen uns klarer, was Weisheit ist, als ich es hier beschreiben kann. Ich brauche sie nicht zu wiederholen. Statt dessen möchte ich den Leser zu einer persönlichen Besinnung einladen. Dabei setze ich wohl eine gewisse Kenntnis jener Weisheitsliteratur voraus. Aber mein Anliegen ist keine Abhandlung über die Vergangenheit, sondern eine Einübung in die Weisheitserfahrung für uns heute[3]. Ich möchte ein wenig spielen mit dieser Weisheit, weil ich weiß, daß sie das gerne tut (Spr VIII,30-31).

Das Wort Weisheit ist sprachgeschichtlich verwandt mit *vidyâ*, *veda*, *idein*, *videre*, Vision, Wissen; das griechische Wort *sophia* und das lateinische *sapientia* weisen auf Erfahrung, Kunstfertigkeit und Geschmack hin. Und obwohl die Weisheit in anderen Sprachen andere Kontexte zeigt, scheinen diese beiden Momente immer in dem jeweiligen Begriff enthalten zu sein. Der hl. Bonaventura macht das deutlich, wenn er *sapientia* von *sapor* und *sapere*, von Geschmack und Wissen, ableitet (II *Sent.*d.4, dub. 2). Er benennt damit eine affektive, sinnenhafte, den Geschmack berührende, und eine intellektuelle, erkenntnishafte, wissenschaftliche Seite der Weisheit. Sie ist zugleich *technê* und *epistêmê*, Tun und Wissen, Praxis und Theorie. »Weisheit ist Frömmigkeit«, sagt die Bibel, kommentiert Augustinus und wiederholt Bonaventura, d.h. die kindhafte, filiale Beziehung zu der Quelle allen Seins[4].

Heraklit hat gesagt, daß *sôphronein*, gesundes Denken, die größte Tugend sei; und Weisheit, *sophia*, bestehe darin, Wahres zu reden und gemäß der Natur zu handeln, indem man auf sie hört[5]. »Nur eines ist weise«, sagt er an anderer Stelle, nämlich »die Einsicht zu erkennen, die alles durch alles lenkt«[6]. Das erinnert an den *pratîtyasamutpâda*, die »grundsätzliche Zusammengehörigkeit aller Dinge« im Buddhismus[7], wie auch an das *sarvam sarvâtmakam*, »alles ist mit allem verbunden« des Shivaismus[8].

Unser erster Schritt führt uns daher zu der Einsicht, daß Weisheit einer bestimmten Ganzheitserfahrung gleicht, die unser Leben gestaltet.

(2) Mehr als eine weitere Beschreibung der verschiedenen Aspekte der Weisheit wird es uns vielleicht nützen, die »Unweisheit« ins Auge zu fassen und durch ihren Gegenbegriff zu lernen, was die Weisheit heute von uns verlangt. Das Gegenteil von Weisheit ist nicht etwa Ungeschicktheit und Unwissenheit, denn die Weisheit hat nicht nur im Tun oder im Wissen ihren Ort. Es ist auch nicht die Dummheit. Sehr oft ist der Dumme, der Narr, eigentlich der Weise, auch in der westlichen Literatur. Die Etymologie legt uns nahe, daß *dumm* und *stumm* zusammenhängt (vgl. englisch »dumb«). Der Wurzel nach (*stem*) ist Dummheit mit Stammeln, Stottern, Stoßen und Anstoßen verwandt. Der Weise ist oft stumm. Es ist aufschlußreich und für unsere Zeit wichtig zu erfahren, was Heraklit innerhalb der besten westlichen Tradition formuliert hat: Das Gegenteil der Weisheit ist die Vielwisserei, die *polymathia*. Genauer gesagt, ist die *Quelle* der Vielwisserei die eigentliche »Unweisheit«. Sie entstammt dem Bedürfnis, viele Dinge kennenzulernen. Dieses Bedürfnis – würde der Buddha hinzufügen – ist der Ursprung allen Leidens. Wenn es allerdings vorhanden ist, sollte man es nicht in irgendeiner Weise verdrängen. Aber die Vielwisserei, so Heraklit, bringt keinen Verstand hervor und läßt keine Weisheit entstehen[9].

Schon zu seiner Zeit, im fünften vorchristlichen Jahrhundert, hatte jener Satz einen polemischen Charakter. Heraklit wendete sich gegen Xenophanes, sogar auch gegen Pythagoras. Das Fragment wendet sich grundsätzlich gegen die Spezialisierung als Methode, um Weisheit zu erlangen. Die grundsätzliche Polemik erscheint um vieles radikaler im Blick auf die neuzeitliche Entwicklung der Philosophie. Sozusagen in proleptischer Vision hat damals Heraklit gegenüber Descartes betont, daß echte Weisheit da unmöglich sei, wo das Wissen das Bedürfnis hat, sich zu teilen und zu verteilen, um etwas über die Welt und ihre Gegenstände zu wissen. Heraklit wendet sich gegen die Fragmentierung des Wissens, gegen die Analyse als notwendige Methode der Erkenntnis[10]. Das ist höchst aktuell! Es ist pervers, wie wir durch Informationen bombardiert werden, als bräuchten wir sie, um menschlich leben zu können. Was wir wissenschaftlichen Fortschritt nennen, ist nichts anderes als die Ausweitung der Fachwissenschaften, die sich mehr und mehr spalten, um uns weniger und weniger aufzuklären. Das Bedenkliche aber besteht darin, daß uns solch eine Methode zum ernsten Bedürfnis geworden ist, daß wir diesen analytischen Weg für »natürlich« halten. Wir sagen Forschung und meinen Eingriff in die Natur.

Was immer das sein mag, und wie vorteilhaft für die Eliten die moderne Wissenschaft auch ist: Ein Wissen, das man zerstückeln kann, dessen Fortgang immer weitere Zerstückelung erzwingt, sobald man einmal damit angefangen hat, ist nicht Weisheit. Wir finden mehr und mehr Teilgebiete, Entdeckungen, interessante und anziehende Ergebnisse. Doch am Ende können wir die Dinge nicht mehr zusammenbringen – wie das Kind, das sein Spielzeug zerlegt hat. Wir können nicht mehr spielen, weil wir so besetzt sind von der Analyse der verschiedenen Teile, in die wir die Wirklichkeit zerlegt haben.

Die ganzheitliche Haltung ist verlorengegangen, weil der Mensch auf Vernunft reduziert ist, die Vernunft auf Verstand und dieser auf die Fähigkeit zur Klassifizierung und das Vermögen, Gesetze über das Verhalten von Dingen zu formulieren. Diese Art des Wissens hat durchaus ihren Platz im Leben und ist sogar nützlich. Das Problem ist nicht das Wissen selbst, sondern unser Bedürfnis, in diese analytische Richtung zu gehen, und daß wir dabei die Ganzheit vergessen. Wir nennen es die Vergessenheit des Selbst, des *âtman*, des Ganzen, dessen Zentrum durch uns hindurchgeht. (Um uns an dieser Stelle nicht in philosophische Diskussionen zu verstricken, sprechen wir nicht von der Vergessenheit des Seins, aber ich vermute, daß Heidegger diese Problematik auch gesehen hat).

Die Einfalt der Weisheit bedeutet nicht künstliche Vereinfachung (Simplifizierung) des Lebens, sondern die Entdeckung, daß ich die ganze Realität berühre, mich ihr annähere, sie erkennen kann, wenn ich nur mich selbst nicht vergesse, mich nicht ausschalte; wenn ich die Wirklichkeit nicht verobjektiviere und mich dadurch zum abgetrennten Subjekt mache. Diese ganzheitliche Erfahrung ereignet sich dort, wo Theorie und Praxis zusammenkommen, wo mein

Bedürfnis nach Erkennen sich nicht von meinem Dasein verselb-
ständigt: dort, wo sich mein Herz rein bewahrt. Viele Traditionen
sagen, daß die Erkenntnis, das Wissen um das Gute und das Böse,
die Ursünde der Menschheit ist (vgl. Gen II,17). Sünde bedeutet
hier Abkehr und Absonderung von der Zusammengehörigkeit alles
Seienden.

Unser zweiter Schritt kommt damit näher an uns heran. Er zeigt
uns, daß die Weisheit als ganzheitliche Grundhaltung von der
Transparenz unseres Selbst abhängt, von der Echtheit unseres
Lebens. Weisheit ist persönliche Harmonie mit der Realität, Einklang mit dem Sein, Tao, Himmel, Gott, Nichts…

(3) Weder die Weisheit noch die Wahrheit sind ausschließlich
intellektuelle Grundwerte. Wie schon angedeutet, ist die Weisheit
eine Haltung, die aus Erfahrung entsteht und deshalb sowohl
Einsicht als auch Tun voraussetzt: *sapere* und *sapor*. Nicht einmal
das Wissen der Weisheit ist eine bloß rationale Tätigkeit, sondern
vielmehr eine Berührung mit der Wirklichkeit, eine Realisierung,
die eher einem Nicht-Wissen gleicht. Daran werden wir von
östlichen wie westlichen Traditionen ständig erinnert. Im Abendland ist die Tradition des Apophatismus, der »gelehrten Unwissenheit« (*docta ignorantia*) oder der »Wolke des Nichtwissens« über
zweieinhalb Jahrtausende alt. »Der Mensch, der am meisten mit
Gott verbunden ist in diesem Leben, ist ihm verbunden als einem
gänzlich unbekannten« (*unitur ei sicut omnino ignoto*), sagt Dionysius Areopagita[11], und Thomas von Aquin hat diesen Satz
ausdrücklich anerkannt[12]. Thomas selbst ist der Auffassung, daß
das Höchste der menschlichen Gotteserkenntnis gerade darin besteht, zu wissen, daß wir Gott als Gott nicht erkennen[13]. Und
Evagrius Ponticus rief aus: »Selig ist jener, der eine unendliche
Unwissenheit (*agnôsia*) erreicht hat« (*Kephalaia Gnostika, Cen-
turia* III,88).

Die Weisheit der *Upanishaden* sagt uns, daß wir nicht nach der
Vielheit streben sollen, sondern nach jenem, in dem man, wenn
man es erkennt, alles erkennt[14]. Gibt es ein solches? Wodurch
könnte ich das erkennen, durch das alles Erkennen geschieht, durch

das alles erkannt wird? Viele Traditionen (um nicht zu sagen: fast alle) haben den aktiven und verwandelnden Charakter des Erkennens betont: Man wird, was man erkennt, und gleichzeitig erkennt man nur das, was man bereit ist zu werden. Die mittelalterlichen Scholastiker haben es so gesagt: Man erkennt nur das, was man liebt. Das Wichtigste ist dieses Werden, das die Kommunion mit der Wirklichkeit erschafft.

Weil auch die Wahrheit jenen existentiellen Charakter hat, gehören Weisheit und Wahrheit zusammen[15]. Der *Râmâyana* sagt:»Die alten Weisen und auch die Götter haben ja nur die Wahrheit (*satyam*) hochgeachtet: Wer in dieser Welt die Wahrheit redet, geht zur höchsten Wohnung ein« (II,109,11). Eine andere Stelle formuliert:»Die Weisheit (*satyam*) ist Gott in der Welt. Auf der Weisheit beruht stets das Recht. In der Weisheit wurzelt alles. Eine höhere Stufe gibt es nicht« (II,109,13).»Ob der Weisheit (*satyam*) steht die Erde, ob der Weisheit scheint die Sonne, ob der Weisheit weht der Wind: Alles beruht auf der Weisheit« (*Vrddha-Kânakja* V,19)[16]. Und eine Stelle des *Mahâbhârata* formuliert es so:»Durch Weisheit wird das Gesetz (*dharma*) bewahrt; durch Fleiß und Praxis das Wissen (*vidyâ*); durch Reinlichkeit die Schönheit« (V,1132). Ganz ausdrücklich sagt die christliche Scholastik, daß man»vom Intellekt anfangen soll und bei der Weisheit ankommen«[17]: Die Wahrheit führt zur Weisheit, aber weder automatisch noch sie allein.

Überall gibt es eine menschliche Sehnsucht nach Weisheit. Und sie scheint die am meisten spezifische Sehnsucht des Menschen zu sein. Die Pflanze liebt das Licht; die Tierwelt will auch glücklich sein; der Mensch will das auch, aber außer alledem immer noch tiefer und weiter. Er ist Mensch, weil er weisheitsfähig ist und sich nach dieser Weisheit sehnt. Das dritte Auge, die Erlösung, die Erleuchtung, *satori*, die Auferstehung, all das sind Symbole der Weisheit. Wir können wahrlich sagen, daß in diesem Sinne die Weisheit eine menschliche Invariante ist.

Diese Weisheit erreicht man nicht, indem man *vieles weiß*, sondern indem man *nicht* weiß. Man muß durch den Intellekt hindurchgehen, ihn nicht negieren, sondern ihn wirklich transzendieren. Nur dann ist das Wissen kein Hindernis für das Leben. Die *Kena-Upanishad* sagt uns ein sehr hartes Wort: »Nicht erkannt von denen, die es erkennen; erkannt von denen, die es nicht erkennen« (II,3)[18]. Das geht noch über die sokratische Haltung hinaus. Die Stelle sagt, daß die, die erkennen, nicht wissen. Also sind die, die erkennen, daß sie nicht wissen, noch immer Wissende, und somit erkennen auch sie nicht. Paulus würde sie »die Weisen dieser Welt« nennen. Das sind die Akademiker, Professoren und alle anderen selbst-erklärten »Weisen«, die wissen, daß sie nicht wissen. Wenn sie aber wissen, daß sie nicht wissen, können sie nicht glücklich sein. Nur die sind Weise, die so sehr Nicht-Wissende sind, daß sie nicht einmal wissen, daß sie nicht wissen. Kein Platz für Ansprüche hier!

Das ist kein Paradoxon, sondern eine tiefe menschliche Erfahrung, die jeder in sich vollziehen kann. Es ist die totale Negation jeder elitären Auffassung über die Weisheit. So sagt die hebräische Bibel, daß ein jeder zu ihr kommen und sich an ihren Früchten sättigen darf (Spr IX,3 ff. und Sir XXIV,19).

Paulus führte in das Denken des Christentums eine Spaltung ein, die im Gegensatz zu vielen anderen Traditionen der Religionsgeschichte steht, indem er von zwei Weisheiten spricht: von der *sophia* der Welt oder des Fleisches und von der *sophia* Gottes, jener Gottesweisheit, die im Mysterium verborgen ist[19]. Das hat in der christlichen Tradition einen Dualismus bewirkt, von dem viele Christen noch nicht ganz geheilt sind. Vielleicht war diese Spaltung in der Situation des Paulus realistisch und gut, aber es bedeutete eine religionsgeschichtliche Sonderentwicklung, in der jene grundlegenden Charakterzüge der Weisheit mit der Zeit verstellt worden sind – mit schwerwiegenden Folgen.

Unser dritter Schritt läßt uns ohne jeden Halt. »Die, die wissen, sprechen nicht; und die, die sprechen, wissen nicht«, sagt der *Tao-te king* (56; vgl. auch 81). Wer glaubt, daß er »angekommen« sei, soll aufpassen, daß er nicht fällt, warnt Paulus. Der Straßenräuber, Sünder, Sklave… wird am Ende gerettet, und der Mönch, der Asket, der (scheinbare) Heilige geht verloren, erzählen Legenden aus aller Welt. Nicht wer will, sondern wer »erwählt« wird, sagen *upanishadische, shivaitische* und christliche Texte. So führt uns dieser dritte Schritt zur reinen Gnade, gegen die unser Wille ohnmächtig bleibt. Es ist diese Weisheit, die sich anscheinend eine Wohnung sucht. Was können wir tun?

Wohnung

(1) Eine Wohnung ist kein Kleid, keine individuelle Angelegenheit, kein privates Heil. Die Weisheit ist nicht *für mich*, ich kann sie nicht besitzen, manipulieren, genießen. Ich kann sie nicht, auch nicht für irgendeinen guten Zweck, gebrauchen, verbrauchen, mißbrauchen. Den Verstand kann man manipulieren und als Waffe gebrauchen; man kann mit ihm kämpfen und siegen, den weniger Verständigen übertrumpfen, ihn überzeugen. Das gleiche gilt auch für die Vernunft[20]. Es wäre jedoch eine völlige Entartung der Natur der Weisheit, wollte man sie in diesem Sinne als Waffe, als Werkzeug für irgendeinen Zweck gebrauchen. Die Weisheit ist kein Gegenstand. Sie ist nicht einmal nützlich. Sie dient zu nichts. Sie ist keine Dienerin. Sie ist völlig überflüssig. Nur im Überfluß existiert sie; nur indem man sie fließen läßt. Man kann sich nicht einmal schmücken mit ihr. Die Weisheit kann man nicht erlangen, erobern, ergreifen, begreifen, um sie dann vielleicht für gute Zwecke einzusetzen. Kein Individualismus wird die Weisheit je auffinden.

Das Wort »Wohnung«, *oikos* in der *Septuaginta*, meint ganz gewiß nicht das, was man heute geläufigerweise darunter versteht: eine mehr oder weniger erträgliche Garage, die uns – etymologisch gesprochen – »verteidigt«, und die alle nötigen Annehmlichkeiten für das Wohlbefinden enthält, um unser Leben bequem und bis zu einem gewissen Maß fröhlich zu machen. »Der Weisheit eine Wohnung bereiten« bedeutet nicht, ihr eine Garage einzurichten. Es ist Zeichen einer modernen, quantifizierten Kultur, daß in fast allen Großstädten die Häuser (wenn nicht sogar die Straßen) ihre Namen verloren haben oder gar nicht erst bekamen, sondern sich allein durch Zahlen, Hausnummern unterscheiden. »Eine Wohnung bereiten« bedeutet nicht, eine gewisse Heimatlosigkeit zu überwinden, indem ich von nun an weiß, daß ich ein Privateigentum besitze, für das ich sieben Schlüssel habe, und wo ich die Zinsen der »Weisheit« genießen kann. Die so oft beklagte Heimatlosigkeit des modernen Menschen besteht gerade darin, daß die naturwissenschaftliche Kosmologie nicht imstande ist, ihm eine menschliche Wohnung anzubieten. Die naturwissenschaftliche Welt ist keine Wohnung. Der Mensch ist verloren in der quantitativen Wüste eines »sich ausdehnenden« Universums und einer Kette aus Millionen von Jahren zurück bis zu unseren tierischen Vorfahren. Er ist heimatlos, weil das naturwissenschaftliche Weltbild das menschliche Maß verloren hat, und noch mehr deshalb, weil seine Wohnung nicht von der Weisheit, sondern von einer extrapolierenden Rechnerei aufgebaut wurde. In einem solchen Universum kann sich der Mensch nicht heimisch fühlen. Kein Wunder, daß die Mobilität ein Merkmal der modernen Gesellschaft ist: Millionen von Touristen ziehen nur umher, machen Touren; die Bürger der USA wechseln im Durchschnitt alle vier Jahre ihre Wohnung. Ein Domizil, das nicht von der Weisheit aufgebaut wurde, ist keine Wohnung.

Die erste Dimension der Wohnung ist also die Welt als unsere Heimat. Die Welt ist eine Wohnung für alle Menschen, auch für die Obdachlosen, für die Armen, für das Volk. In echtem franziskanischem Geist spricht Bonaventura von einer vielförmigen Weisheit, die sich auf verschiedene Weisen erfahren läßt, so daß sie den Stolzen verhüllt und den Geringen aufgetan wird[21]. Die Weisheit ist nicht kompliziert, sie ist nicht die Summe vieler Kenntnisse, nicht einmal mannigfaltiger Erfahrungen. Man kann sie nicht anhäufen, akkumulieren. Es kann niemals eine Kapitalisierung der Weisheit geben. Die Wohnung ist eher eine Karawanserei mit offenen Höfen unter freiem Himmel, für jeden Pilger auf dieser Erde. Darf ich Meister Eckharts »Abgescheidenheit« als eine Abscheidung von jeder Scheidung auslegen[22]?

Der Mensch ist der Einwohner einer bewohnten und bewohnbaren Welt. Es kann keine Erfahrung der Weisheit geben, wenn man die

Welt nicht als die eigene Heimat erlebt. Für den modernen Menschen ist das schwieriger, wenn auch manchmal weniger gefährlich, als für frühere Generationen, denn er lebt in einer Welt ohne Engel, Gespenster, Götter, Winde und andere Lebewesen. Der Stadtmensch wohnt nicht mit Tieren und Wäldern. Doch ist es unmöglich, die Welt als Wohnung zu erleben, wenn wir Menschen nur noch isolierte Atome in einem quantitativen Universum sind. Es läßt uns nicht mehr erleben, was die Astrologie lehrte und Gregor der Große einmal stolz kommentiert hat: »Der Mensch ist nicht für die Sterne, sondern die Sterne sind für den Menschen geschaffen«[23]. Thomas von Aquin steigert sogar dieses Gefühl, wenn er mit den Astrologen – wie er selbst sagt – übereinstimmt und behauptet: »Der weise Mensch beherrscht sogar die Sterne«[24]. Beide erkennen damit die Voraussetzung der Astrologie voll an, daß der Mensch mit den Sternen in Beziehung steht; was sie ablehnen, ist nur die Fesselung des Menschen in die Sternenbahnen.

Mit einem Wort, die erste Wohnung der Weisheit ist unser Universum, unsere Welt und, noch konkreter, die Mutter Erde. So kann man vielleicht auch einen Zugang zu dem Wort »Ökosophie« gewinnen, das von Ökologie grundsätzlich zu unterscheiden ist.

Es ist hier nicht die Gelegenheit für eine eingehende Kritik jenes zumeist unbewußten Verlangens in unserer Kultur, die Erde zu verlassen, was uns ja die moderne Technologie zumindest als eine gewisse Möglichkeit erahnen läßt. Man könnte dies als eine *fuga mundi* interpretieren. Es wäre aber keine Reise fort von der Erde, sondern eine Flucht vor sich selbst. Dieses Syndrom enthält für unser Thema einen wichtigen Kern: Wenn man sich auf der Erde nicht wohlfühlt, wenn sie nicht Wohnstätte der Weisheit ist, dann ist es nicht verwunderlich, wenn man von interstellaren Reisen träumt und sich vorstellt, die Erde zu verlassen; dann ist sie nämlich ausschließlich eine Art Unterlage, auf der wir dank des Newtonschen Gravitationsgesetzes »draufsitzen« oder vielleicht »gravitieren» können, etwas, das keine innere Beziehung zu uns hat. Dem Schamanen geht es um etwas ganz anderes, wenn er seinen irdischen Leib verläßt, um seine Himmelsreise anzutreten. Er verläßt die Erde mit dem Ziel, wieder zurückzukehren, etwas von der verborgenen Weisheit mitzubringen und den Mitmenschen in bestimmter Weise helfen zu können. Eine solche Reise ist keine Flucht von der Erde. Denn die Erde ist die Wohnung. Die modernen Raumfahrten dagegen sind eine anthropologische Entfremdung und auch nicht dem Drang der Argonauten zu vergleichen.

(2) Wohnung bedeutet auch Haus, es ist ein Gebäude, das man bauen muß. Unser biblischer Text spricht nicht von einem »Habitat«.Er redet von der Tätigkeit selber, sich eine Wohnung einzurichten: *oikodomeô, aedificare*; *oikia, aedes*: einen Tempel, ein Haus, eine Wohnung zu bauen. Man könnte die Übersetzung wagen: »eine Wohnung wohnen«, sie als Wohnung gestalten, indem man sie bewohnt. Eine nicht bewohnbare und auch eine nicht tatsächlich bewohnte Wohnung ist keine Wohnung – genauso wie ein nicht gesungener Gesang kein Gesang ist. Aber was uns hier besonders angeht, ist der politische und meta-politische Charakter dieser Tätigkeit des Wohnens. (Mit Politik ist dabei die öffentliche Tätigkeit des Menschen (*politeuma*), das menschliche Werk in der *polis* gemeint und gerade nicht die Spezialbeschäftigung des »Politikers«).

»Eine Wohnung«, sagt unser Text; keine Höhle, keine Grube, sicher keine Hölle, kein verborgener Raum, kein esoterisches Geheimnis. Das echte Mysterium ist offen und zugänglich; die echte Weisheit ist einfach und deshalb vielleicht schwer zu finden, aber sie ist jedenfalls kein elitäres Geschäft[25]. »Nichts ist verborgen, es sei denn, damit es aufscheine« (Mk IV,22). Das wahre Esoterische ist nicht eine zweite Lehre, sondern nur die unsichtbare Seite des Exoterischen, unsichtbar denen, die Augen haben, aber doch nicht sehen (vgl. Jes VI,9f.; Mt XIII,13; Mk IV,12f.; Joh XII,40 usw.). »Das große Geheimnis liegt gerade darin, daß es kein Geheimnis gibt«, sagt ein »geheimnisvoller« Text des Shivaismus von Kashmir[26]. »Die Herzgeheimnisse, die man verbergen will, sind allen augenscheinlich«, sagt das *Chung Jung* (I,1,3).

Die größte Umwälzung des Christentums gegenüber seinen jüdischen Quellen besteht vielleicht darin, daß die Weisheit nicht mehr als Privileg von Gelehrten, Aristokraten, Auserwählten, »Gläubigen«, Gerechten, dargestellt wird, nicht einmal als Privileg der »Weisen«. Das Heil ist allen zugänglich. Die Weisheit ist erreichbar für Dirnen, Samaritanerinnen, Zöllner, Unbeschnittene und vor allem für das einfache, arme Volk, die *anawim* (vgl. Mt XI,25, um nur eine Stelle zu nennen). Das mag vielleicht erklären, warum Paulus einen doppelten Weisheitsbegriff eingeführt hat[27]. Die Weisheit hat eine sichtbare Wohnung: »Man zündet auch keine Leuchte an und stellt sie unter den Krug, sondern auf den Leuchter: Dann strahlt sie allen im Haus« (Mt V,15; vgl. Mk IV,21; Lk VIII,16; XI,33). Die Wohnung ist weder eine Höhle für »Vollkommene« noch ein Schloß für Privilegierte; es ist eine Wohnung für alle (vgl. Joh XIV,2)[28]. Der heilige Bonaventura sagt: »Unsere Seele wird von der göttlichen Weisheit gleich einem Haus Gottes bewohnt«[29]. Und er fügt hinzu, daß sie »Tochter Gottes, Braut und Freundin geworden« ist.

Die Wohnung ist also nicht nur die Erde, und auch nicht nur unser innerstes Gemach, wie wir noch sagen werden, sondern ein Haus, eine regelrechte Wohnstätte; eine Bleibe, wo wir uns niederlassen können; ein Heim, wo wir wir selbst zu sein vermögen, wo wir ein menschliches Verhältnis zu den Dingen haben können. Wir brauchen diese Weisheit nicht zu verbergen, nicht einmal zu schützen und zu verteidigen. Genauso, wie ein freier Mensch ohne Waffen seinen Geschäften nachgeht, braucht ein wahres Haus in einer echten menschlichen Kultur kein elektronisches oder sonstiges Verteidigungssystem. Die echte Weisheit braucht keine Leibgarde, nicht einmal ein *copyright*. Wenn sie in eine bewaffnete Wohnung eingeladen wird, flüchtet die Weisheit sofort.

(3) Weiter sagen uns die Texte, daß die Weisheit eine doppelte Wohnung hat. Auf der einen Seite ist das menschliche Herz (*leb*) die Wohnung der Weisheit (Spr II,10), wobei das Herz Symbol für die Ganzheit der menschlichen Person ist[30]. Das Herz ist zugleich intellektuell, geistig und leiblich, es folgt den Rhythmen der Natur und steht auch mit anderen Herzen in Beziehung und Symbiose. Auf der anderen Seite ist die ganze Erde die Wohnung der Weisheit

(Spr VIII,22- 31). Die Wohnung ist also weder nur ein kleines Haus, noch eine bestimmte Stadtbevölkerung oder Zivilisation, sondern das menschliche Herz und die Erde als ganzes. »Im guten Herzen des Menschen (ruht die) Weisheit«, sagt die Bibel (Spr XIV,33). Und die Erde ist ihre Wohnstätte, fügt sie hinzu (Spr VIII,2f.). Der *Rig Veda* singt: »Indem die Weisen in ihren Herzen mit Einsicht nachgesonnen haben, fanden sie die Verbindung zwischen Sein und Nichtsein« (X,129,4). Noch präziser formuliert eine *Upanishad*: »Durch das Herz wird die Wahrheit (Weisheit) erkannt; denn wahrlich, im Herzen hat die Wahrheit (Weisheit) ihre Wohnung (Grundlage, Grund)«[31].

Die chinesische, die indische und die christliche Tradition sprechen vom Herzen der Welt und finden eine enge Korrelation mit dem menschlichen Herzen: »Genau so groß wie der Weltraum (*âkâsha*) ist der Raum innerhalb des Herzens (*antar- hriday' âkâsha*). In ihm ist Himmel und Erde, Feuer und Wind, Sonne und Mond, Blitze und Sterne, was (unter uns) ist und was nicht (unter uns) ist, alles ist darin enthalten« (CU VIII,1,3).

Eine andere *Upanishad* wiederholt, was sich später als allgemeine Überzeugung verbreitet hat: »Das Herz, wahrlich, ist *brahman*. …Dieses Herz ist seine Wohnung (*âyatana* – wohin man eingeht und darin bleibt), der Raum (*âkâsha*), sein Grund (*pratishthâ*), man muß es erkennen, um fest zu sein. …Das Herz ist die Wohnung alles Seienden, das Herz ist der Grund alles Seienden, alle Seienden gründen sich auf dem Herzen.« (BU IV,1,7).

Es ist bekannt, daß auch bei den semitischen Völkern das Herz (hebräisch *leb*, akkadisch *libbu*) mit *rûach* (dem individuellen menschlichen Geist), *nefesch* (Seele, Leben), *neschamah* (Atem), Nieren und auch Fleisch zusammenhängt, wie das übrigens auch in afrikanischen Kulturen der Fall zu sein scheint. Kurzum, das Herz ist das Zentrum des Menschen und als solches der Sitz der Weisheit. Das Zentrum hat dieselbe Entfernung zu jedem Punkt des Kreises. Der Weise ist gleichmütig, gerecht, unparteiisch, wie die chinesischen Klassiker betonen. Wir können zusammenfassen: Die Weisheit ist kein Spezialgebiet.

Die Weisheit ohne ihre Wohnung ist nicht Weisheit, sondern

lediglich eine Abstraktion, ein Begriff. Die Weisheit muß inkarniert sein, Wurzeln besitzen. Keine Wohnung ohne Fundamente! Ohne die innere Erfahrung, ohne die Wohnung der Weisheit ist die Weisheit nichts. Wohnen und Sein hängen sogar etymologisch zusammen. Wohnen ist die Seinsweise der Weisheit. Man wohnt, indem man einen Aufenthalt bildet, indem man einen Ort entdeckt. Man wohnt nicht irgendwo, sondern an, auf einem bestimmten *Wo*. Dieses Wo ist die Erde, das Haus und das menschliche Herz. Die Weisheit ist immer zu Gast. Nicht ohne tieferen Grund war die Gastfreundschaft die erste Pflicht der Menschen gegenüber ihren Mitmenschen. Man soll die Weisheit empfangen – wie eine Mutter ein Kind empfängt. Wir können sie aber alleine nicht gebären, so wie das auch keine Frau kann.

Jede Empfängnis braucht einen Schoß. Der Schoß der Weisheit ist ihre Wohnung. Sie wohnt in uns, wie die christlichen Mystiker die Inkarnation erfahren haben: »Und hat unter uns gewohnt« (Joh I,14) – zeltend (*eskênôsen*), solange wir die Wohnung nicht auf unserem Herzen gründen.

Bereiten

(1) Eine Wohnung steht nicht fertig da. Sie ist nicht ein Ding der Natur, sondern der Kultur. Wir haben schon gesagt, daß man eine Wohnung bewohnen muß. Eine leere Wohnung ist keine Wohnung. Eine rein theoretische Weisheit ist keine Weisheit. Die Weisheit tritt in ein unbewohntes Haus nicht ein. Aber bevor man sie bewohnt – oder vielleicht gleichzeitig – muß man eine Wohnung bauen, bilden, einrichten: Man muß sie bereiten.

Einige biblische Texte sagen uns, daß die Frau es ist, die die Wohnung für die Weisheit erbaut (vgl. Spr XIV,1). Ähnlich lehren uns indische Sprüche, daß das Weib das Haus bewahrt, wie der *dharma* das Wohlergehen (die Reichtümer)[32]. Aber die Wohnung zu bauen, ist keine Aufgabe für Ingenieure, sondern ähnelt vielmehr dem Gebären. Der *Atharva Veda* sagt, daß das Haus durch den Kult entsteht und von den Weisen erbaut ist (IX,3,19). Wie kann man eine Wohnung bereiten?

Die Weisheit darf man nicht suchen. Man kann ihr nur eine Wohnung bereiten. Wenn man die Redensart vom Suchen der Weisheit benutzt, kann das nicht bedeuten, daß man ihr nachjagen sollte, als ob sie ein Gegenstand wäre, ein Etwas, dem man hinterherlaufen könnte. Sie stellt nicht das Endziel einer langen Pilgerschaft dar.

Die Weisheit, so steht es in den biblischen Texten, übertrifft die Perlen an Schönheit (vgl. Spr III,15; Weish VII,29-30; Ijob XXVIII,18 und auch Spr XXXI,10). Wenn man die Traditionen überspringt, kann man das mit Chuang-tzu kommentieren, der sagt, daß die Zauberperle nur durch Absichtslosigkeit gefunden werden kann. Jede Suche nach Schönheit würde diese antasten und ihr den Glanz nehmen, wie wenn man mit den Fingern die Flügel eines Schmetterlings berührt. Man muß sich von der Schönheit überraschen, ja umwandeln lassen. Keine Denk-Gewalt, keine Anstrengung, keine Suche führt zu diesem Ziel. Die Suche nach der Weisheit würde ihre Unabhängigkeit und souveräne Freiheit bemäkeln und beschmutzen. Es gibt zwei Möglichkeiten: Entweder will ich der Herr der Weisheit sein und über sie als meine Magd verfügen, brauche dies und das von ihr, will Wissen, Macht und Wonne und kann das vielleicht auch erreichen – oder ich lasse mich von ihr durchdringen, erleuchten, bewohnen. Dann liegt die Initiative bei ihr, und das gehört zur rechten Ordnung der Wirklichkeit, so daß alles, was ich sonst noch finden könnte, für mich keine Weisheit mehr wäre. »Wer mich findet, findet Leben« (Spr VIII,35). Nicht die Weisheit ist es also, was man findet, sondern das Leben; kein gefundenes Objekt, sondern das eigene, echte Leben. Denn die Weisheit ist kein Objekt. Man kann sie nicht suchen.

Es ist der Weisheit angemessen, daß man vor ihr ohne Macht ist. Denn sie selbst hat keine Macht. Sie ist nur mit Autorität beschmückt von denen, die sich spontan von ihr besuchen lassen. Sie ist weder ein Objekt des Intellekts noch des Willens. Dies war eine der Hauptlehren des Buddha: Jede Begierde, auch der Wunsch nach *nirvâna*, zerstört beide, den Suchenden und das Gesuchte. Vielleicht könnte hier eine sprachliche Unterscheidung zwischen spontaner Betrachtung (*tractare*, trachten, *aspire*) und bewußtem Wunsch (*desire*) hilfreich sein.

Wir können das Gesagte mit einer chinesischen Erzählung des Huang Po (*Hsi-yün*), eines *Ch'an*-Meisters aus dem neunten Jahrhundert, verdeutlichen (die ich ein klein wenig verändere). Sie berichtet von einem einsamen Sucher, der am Fuße eines Berges steht und ebenso inbrünstig wie verzweifelt nach oben schreit – um die Weisheit zu suchen, wohlgemerkt. Schließlich hört er eine Stimme vom Gipfel des Berges, die ihm zu antworten scheint. Er vernimmt sie sehr klar, und er müht sich auf den Berg hinauf. Als er oben ankommt, ist Ruhe, keine Stimme, alles still, nichts. Er geht enttäuscht wieder hinunter; er weiß aus den Büchern, daß man sich nicht so schnell geschlagen geben darf und fängt wieder an zu schreien – man kann dafür auch sagen: beten, forschen, suchen, wollen. Da hört er die Stimme aufs neue. Wieder läuft er auf den Berg hinauf: Nichts! So geht es immer weiter. Als er schließlich resigniert in Stille unten verharrt, hört er nichts mehr. Da entdeckt er, daß das, was er gehört hatte, nichts anderes als das Echo seiner eigenen Stimme gewesen war[33]. Sollte ich diese Geschichte mit der des Prometheus vergleichen? Bereiten heißt warten.

(2) Bereiten bedeutet also nicht Jagd auf die Weisheit; es besagt aber, daß man sich bereithalten soll. Dabei geht es streng genommen nicht um Vorbereitung im Hinblick auf etwas Kommendes. Die Weisheit läßt sich nicht manipulieren, auch nicht in der subtilen Weise der Erwartung. Hoffnung ist nicht auf die Zukunft angewiesen. Sie bezieht sich auf die unsichtbare Dimension der Realität und nicht auf etwas Problematisches, das bevorsteht.

Unser Text sagt nicht, daß wir uns auf das Kommen der Weisheit nur vorzubereiten brauchen, so daß sie automatisch erscheint, wenn wir fertig sind. Sondern er sagt uns, daß die Weisheit selber sich eine Wohnung bereitet. Wir brauchen uns nicht einzumischen. Jede egozentrische, vom eigenen Willen bestimmte Spiritualität ist verdächtig. Unsere Bereitschaft besteht gerade darin, Vertrauen auf die Weisheit zu setzen, d.h. Zuversicht zur Realität zu erlangen, was die Alten etwa *rita, dharma, kosmos, taxis, ordo* nannten. Diese Bereitschaft setzt eine Reinheit des Herzens voraus, die wir vielleicht mit dem Gedanken der Abgeschiedenheit in der rheinländischen Mystik und des *shûnyatâ* in der buddhistischen *Prajñâpâramitâ*-Schule beschreiben könnten. Kein Zwang darf auf die Weisheit ausgeübt werden, keine Erwartung auf gute Ergebnisse unserer guten Taten. So lehren es die *Bhagavadgîtâ* (III,4; IV,18-21; XVIII,49) und andere Weisheitslehren. Die *Gîtâ* nennt – möglicherweise in Anlehnung an buddhistische Aussagen (vgl. *Dîghanikâya* III,275) – gerade denjenigen Menschen weise (*buddhimân*), der solche Überlegenheit gegenüber seinen Taten erlangt hat. Man bereitet sich auf die Weisheit nicht vor. Man lebt, wie man leben will, muß, soll; man lebt wie man lebt, ungeachtet der Verdienste und Vorteile des eigenen Tuns. Man könnte hier die schönen Zen-Erzählungen erwähnen, die sagen, daß der Meister ißt, wenn er ißt und schläft, wenn er schläft, und sonst nichts; oder daß für den Erleuchteten die Flüsse wieder Flüsse sind, die Berge Berge und der Marktplatz Marktplatz ist.

Die Weisheit ist eine freie Gabe, ein reines Geschenk. Unsere Bereitschaft zur Weisheit ist ein Ziel in sich selbst, nicht ein Mittel, um uns damit die Weisheit zu erwerben. Von der Weisheit kann man sich nur suchen lassen, anstatt sie zu suchen. Oder genauer: Eigentlich müssen wir nur dafür sorgen, daß wir keine Hindernisse aufstellen. Und nochmals präziser: Wir verhalten uns so, daß wir die Weisheit einfach sein lassen, sie selbst sein lassen – ob sie uns sucht oder nicht. Ist die Weisheit nicht frei? Wollen wir sie in den Käfig unserer Vorstellungen sperren? Für uns Menschen einer patriarchalischen Zivilisation ist es schwierig geworden, diese Mitte zwischen Passivität und Aktivität zu halten. Denn haben wir nicht die Erfahrung gemacht, daß dieselben Mittel, die uns geholfen haben, eine gewisse Kontrolle über uns selbst zu erlangen, bestimmte Tugenden auszuüben oder einen Grad an Vollkommenheit zu erreichen (um mit den alten Schulen zu sprechen), die größten Hindernisse werden können, wenn wir weiter authentisch leben wollen? Stillesein heißt einfach: *sein* ; das Sein belassen; das

Sein nicht stören durch Gewalt, durch Tätigkeiten, durch Gedanken; die eigene Aktivität des Seins belassen. Es wäre völlig falsch, dies als Quietismus zu verstehen, obwohl die Gefahr einer gewissen quietistischen Versteifung mitgegeben sein mag. Aber wo Leben ist, da ist Gefahr.

Es geht dabei um die Kunst des Vertrauens, der Erfahrung, der Beobachtung, der Ehrfurcht vor dem Sein. Wenn wir mit den Dingen experimentieren wollen, tun wir ihnen Gewalt an und werden ungeduldig; wir sind ungeduldig, weil wir mit den Rhythmen des Seins nicht im Einklang sind und uns nicht mit ihnen begnügen wollen; wir begnügen uns nicht mit den Rhythmen des Seins, weil wir das Sein nicht sein lassen, d.h. weil wir nicht sein wollen. In dieser Ungeduld zeigt sich die Begierde nach dem Tod, *thanatos*, der unbewußte Todestrieb. Das Sein ist nicht statisch, es hat seinen inneren Rhythmus, den es zu erspüren gilt. *Bereiten* heißt hoffen.

(3) Wie aber kann dieses *Bereiten* aussehen? Bereiten heißt nicht erobern, nicht lernen, auch nicht vorbereiten. Es geht um die feminine Haltung des Bereitseins, die Kunst der Zuversicht, des Stilleseins. Bereiten heißt weder, die Weisheit vergewaltigen, indem wir sie suchen, noch uns vorbereiten in der geheimen Erwartung, daß sie zu uns kommen wird. Damit sich die Weisheit selbst eine Wohnung bereiten kann, bedarf es der Freiheit. Diese Freiheit hat einen Namen. Viele Weisheitstraditionen haben ihn verliehen, auch wenn er nicht ohne Grund in manchen Kreisen in Verruf gekommen ist: Er heißt Gnade.

Gnade kann man nicht *geben*. Niemand kann Gnade erteilen; das wäre Willkür (hier hat die Perversion ihren Anfang, die in der Dominanz und Gewalt der Beamten Gottes und ihrer Vorstellung eines Herrschergottes liegt). Doch kann man Gnade *empfangen*. Diese Haltung ist uns sehr ungewohnt, denn reines Empfangen ist nicht die servile Haltung des Untertanen. Furcht ist hierfür keine Tugend. Nur Liebe läßt empfangen und macht den Empfang fruchtbar. Wir wollen für den Frieden kämpfen; aber wir sind kaum bereit, ihn zu empfangen. Wir wollen für jedes Ding, jede Handlung den Preis bezahlen, und das nennen wir Gerechtigkeit; aber wir sind kaum bereit, etwas kostenlos anzunehmen. Wir wollen einen Grund für alles finden, eine Ursache sogar; aber wir sind kaum bereit, etwas aus reiner Gnade zu vernehmen. Mit einem Wort, wir wollen dies und das, aber wir wollen auf unser Wollen nicht verzichten. Oder können wir es vielleicht nicht? Unser Nicht-Wollen ist noch immer ein Wollen. Das Reich der Gnade steht außerhalb alles dessen, was wir wollen und nicht wollen. Weisheit ist reine Gnade.

Im *Tao-te king* wird gesagt: »Es gibt ein Ding, das ist unterschiedlos vollendet. Bevor der Himmel und die Erde wurden, war es schon da. So still, so einsam. Allein steht es und ändert sich nicht. Im Kreis läuft es und ändert sich nicht. Man kann es nennen: Mutter der Welt. Aber ich weiß nicht seinen Namen. Ich bezeichne es als *tao*. ...Der Mensch richtet sich nach der Erde; die Erde richtet sich nach dem Himmel; der Himmel richtet sich nach dem *tao*; das *tao* richtet sich nach sich selbst« (XXV, Übersetzung nach R. Wilhelm).

Irgendwo in unserer Besinnung müssen wir innehalten. Dort fängt das Reich der Weisheit an. Das Bereiten der Wohnung erscheint dann fast wie ein Zirkelschluß: Will ich die Wohnung bauen, dann zerbreche ich sie – will ich sie nicht bauen, dann wird auch nichts entstehen. Lasse ich die Weisheit ihre Wohnung bereiten, bin ich mir doch irgendwie bewußt, daß sie eventuell ihr Haus bauen wird und wir zusammen wohnen werden. Wie kann ich das nicht wünschen? Wie kann ich es aber vermeiden, durch diesen Wunsch die Weisheit auf meine Maßstäbe zu reduzieren, sie ihrer Freiheit zu berauben? Die Kunst besteht darin, diesen *circulus vitiosus*, diesen Kurzschluß, in einen *circulus vitalis*, einen lebendigen Kreis umzuwandeln. Es kommt alles auf den Ursprung an, auf den Ursprung des Suchens, auf die Quelle des Fragens, auf die Spontaneität des Lebens. »Wo wohnst Du?«, wurde Jesus gefragt (Joh I,38). Denen, die diese Frage stellten, waren wahrscheinlich die Fragen der Weisheitstradition geläufig: »Wo will man aber die Weisheit finden?« »Woher kommt die Weisheit?« Wo ist ihr Ort? Wo wohnt sie? (vgl. Ijob XXVIII,12.20). Dennoch war ihre Frage an Jesus nicht eine Wiederholung dieser Texte; sie war schon eine Antwort, und zwar eine verlegene. Denn er hatte sie gefragt:»Was sucht ihr?«. Sie wußten nicht, was sie suchten, nicht einmal, was sie wollten. Sie waren nur angezogen von einer strahlenden Gestalt. Die Antwort Jesu war wiederum nicht noetischer Art (wie auch die Antwort des Engels in Lk I,34-35).»Kommt und sehet«, sagte er (Joh I,39). Also: Praxis und Erfahrung; keine Rezepte für die Weisheit.

Aber wie können wir jener Weisheit eine Wohnung bereiten, wenn wir sie zuvor nicht erkennen können, nichts von ihr wissen? Ich kann nicht vorher wissen, ob es die Weisheit ist, die zu mir kommt, oder ein Gespenst, ein Betrüger, ein Lügner, ein Räuber, ein schlechter Gast. Gastfreundschaft ist nur dann echt, wenn man den Gast nicht kennt; wenn sie keinen Unterschied macht, nicht bloß die Weisen, die Gläubigen, die eigenen Kastenangehörigen annimmt; sondern den Gast, wer immer er sei, wie der Ankömmling auch immer aussehen mag, ohne Diskriminierung. So wußte auch Abraham damals nicht, was er vor sich hatte (Gen XVIII): drei Engel, drei Räuber, wer weiß? Gastfreundschaft mit Bedingungen ist keine Gastfreundschaft, sondern nur ein Geschäft, zum Beispiel Touristik.

Es war die Königstochter, der Engel, der Teufel, der Löwe, es war Christus selbst: Alle Traditionen sagen uns, daß dann, wenn wir den Fremden, das Unbekannte, Unansehnliche, Unverständliche annehmen, der Raum entsteht, in dem Offenbarung sich ereignen kann. Mit dieser Gastfreundschaft ist man ausgeliefert, sie ist ein Risiko. Es könnte wirklich gefährlich werden, wenn man ohne Kriterien und Unterscheidungen eine Wohnung für alle und alles einrichtet. Hier liegt die Gefahr. Es ist leicht zu sagen, daß wir der Weisheit eine Wohnung bereiten, sie gerne aufnehmen und alles für sie tun werden, daß wir ihr unser Herz öffnen, damit sie uns umgestalte und transformiere. Aber wir wissen nicht, wie sie aussieht, wer sie ist, wo sie vorher gewohnt hat. Das ist das Wagnis, der Schritt ins Freie, die Freiheit selbst. Und genau darin besteht die»alchemistische« Tätigkeit, den Gast umzuwandeln, der vielleicht vorher nicht die Weisheit war.

Wenn wir diesen Schritt vollziehen, dann wird aus dem Empfangen ein wirkliches Gebären. Der Weisheit eine Wohnung zu bereiten, bedeutet dann, den Fremden, das Unbekannte, das schlechthin Bedrohende zu empfangen und es sprießen, blühen, entstehen, zur Geburt kommen zu lassen. Das ist ein Tun, für dessen Charakterisierung die biologische Handlung des Gebärens nicht einmal ausreicht. Es muß ein *theandrisches* Tun sein. Es ist ein Ringen mit dem Gast, mit der vielleicht zu transformierenden Weisheit, mit dem Gott, mit dem Engel, mit dem Du. Es geht um Polarität schlechthin; nicht um zwei unabhängig entstandene Charaktere, die in Gegensatz zueinander treten, sondern um eine genuine Polarität, die aus sich selbst geworden ist, und aus der alles andere seine Existenz erst gewinnt. Wir zwei, ich und du, diese unbekannte Weisheit, die noch nicht Weisheit ist, bevor ich sie empfangen habe, die sich gar nicht empfangen und mich nicht mit ihr schwanger gehen läßt, solange ich nicht mit ihr ringe, sie annehme, irgendwie intimen Kontakt zu ihr aufnehme: In dieser Polarität liegt die transformative Macht des Empfangens. Dies ist die Metamorphose, die Umwandlung des Zirkelschlusses in einen lebendigen Kreis, einen *circulus vitalis*. Es versteht sich von selbst, daß wir mit dem Willen allein kein Kind gebären können. Ein anderer muß da sein – und die Liebe dazu.

Es gibt keinen Beweis unsererseits und keinen Ausweis von der anderen Seite, haben wir gesagt. Alles ist offen, und die Möglichkeit des Irrtums ist immer gegeben. Das Ringen um die Weisheit ist immer aufgeschlossen und demütig. Doch es gibt eine innere Erfahrung, an der die Weisheit sich uns zu erkennen gibt. Ihr Name ist Friede, Freude und Freiheit. An ihren Früchten also werden wir die Weisheit erkennen (vgl. Mt VII, 16.20). Sie hat auch ein äußeres Zeichen. So sagt Chuang-tzu über den Weisen: »Er gebraucht sein inneres Auge, sein inneres Ohr, um die Dinge zu durchdringen, und bedarf nicht des verstandesmäßigen Erkennens.« Und er fährt fort: »Zu einem solchen kommen die Unsichtbaren, *um bei ihm eine Wohnung zu machen*, wieviel mehr erst die Menschen. Auf diese Weise vermag man die Welt zu verwandeln« (IV,1, Übersetzung nach R. Wilhelm).

Der Weisheit eine Wohnung bereiten: Es geht um eine Grundhaltung, die heute mehr denn je vonnöten ist. Sie ist in diesem Satz enthalten. Im negativen Sinn besagt sie, daß wir nicht die Zeit mit allen möglichen Dingen verschwenden sollen – auch wenn das vielleicht wichtig und angenehm sein mag – die erstens nicht Weisheit sind, zweitens kein Heil bringen, drittens keine Freude entstehen lassen. Von dieser Grundhaltung wissen wir alle schon längst. Man braucht nichts Neues dazu zu sagen, nur vielleicht an dieses Alte wieder zu erinnern. Denn wir wissen das alles, aber wir haben keine Zeit…

Eine islamische Legende erzählt: Als Allah die traurige Situation der Menschen sah und bemerkte, wie sie mit der Erde umgehen, entschied er sich, seinen Erzengel Gabriel nochmals zur Erde zu schicken. Denn er dachte sich: Der Koran ist zu schwierig und zu lang, er soll es noch einmal ganz einfach sagen. Das wird die ökologische Katastrophe wenden, die Gläubigen einfacher, ihren Glauben effektiver und den Fundamentalismus unnötig machen…

Da ging Gabriel los mit jener einfachen, schlichten Weisheit. Er reiste überall herum, benutzte alle Hilfsmittel der himmlischen Heerscharen, und nach langer Zeit kam er zurück. Seine Flügel waren ganz schmutzig, und er war völlig erschöpft. Allah fragte ihn, wie es ihm ergangen sei, ob er das Wort nicht überbracht habe. »Doch, natürlich«, sagte er. »Aber die Menschen hatten keine Zeit, zuzuhören!«

Die Lösung ist sehr einfach, aber wir müssen sie in der Stille verwirklichen…

Die Weisheit im Gespräch

Sie sprachen vom Rhythmus des Seins und von einer unbewußten Todes-Begierde, die dafür verantwortlich sein soll, daß wir uns mit jenem Rhythmus nicht begnügen. Das ist paradox. Wozu Beschleunigung, wenn ich letztendlich den Tod suche?

Sein ist ein Zeitwort, ein Verbum, ein Akt, und es hat einen Rhythmus. Ich glaube, das wichtigste Merkmal der technologisch-naturwissenschaftlichen Zivilisation ist, daß sie die Beschleunigung erfunden hat, weniger im mathematisch- physikalischen als im globalen Sinn: Beschleunigung der Rhythmen, der Zeiten, aller Geschehnisse auf der Erde. Heutzutage glaubt man, daß die natürlichen Rhythmen, der Wechsel von Tag und Nacht, von Gehen und Sitzen, von Winter und Sommer zum Beispiel in der Landwirtschaft nicht hinreichend sind. Man will schneller verfahren. Und die Beschleunigung, die sich daraus ergibt, zerbricht die Rhythmen der ganzen Umwelt und des Seins schlechthin. Wir versuchen geradezu, den Prozeß des Lebens als ganzen zu beschleunigen, und damit bringen wir umso schneller die Parusie herbei, das Ende der Welt. So verkürzen wir eigenmächtig das Leben und zwingen den Tod noch mit Gewalt herbei.

Demgegenüber hat das Sein einen Rhythmus, der ihm eigen ist und sich sozusagen rächt gegenüber solch künstlichen Zwängen. Rabindranath Tagore sagt:»Wie kannst du die Blume schneller wachsen lassen, indem du an ihren Blättern ziehst?« Das Paradoxe besteht gerade darin, daß sich der Mensch aus Angst vor dem Tode diesem umso schneller annähert.

Wie begegnet die Weisheit der Macht, dem Streben nach Herrschaft?

Indem sie die Macht der Mächtigen nicht anerkennt und sich von ihr nicht bedrohen läßt, sogar wenn das das Leben kostet. Das ist nicht leicht, wird nicht immer zum unmittelbaren Erfolg führen und vielleicht auch nicht immer zu empfehlen sein. Denn es gibt reale Mächte in diesem Leben. Die Erde ist ein Kampfplatz. Und manchmal ist es das Schicksal der Weisheit, sich ermorden zu lassen. Wer weiß… Aber wenn man einer Macht nur auf derselben Ebene eine andere Macht gegenüberstellt, dann entsteht nichts anderes als ein gegenseitiges Aufrüsten auf allen Ebenen des Lebens, im Militärischen wie anderswo. Doch wenn man keine Angst hat – diese Art Angst ist nicht willentlich zu beeinflussen – dann wird die Macht der Mächtigen entwaffnet. Es gibt eine Kindlichkeit, die sich nicht künstlich arrangieren und herstellen läßt, die in dieser Weise entwaffnend wirkt.

Die Frage beinhaltet wahrscheinlich, daß man den Sieg nicht

immer voraussetzen darf. Man darf den Sachverhalt weder auf die individuellen noch auf die gegenwärtigen Gesichtspunkte beschränken. Die Erfahrung der letzten achttausend Jahre der menschlichen Geschichte zeigt zumindest, daß Siege letztlich nie zum Frieden führen. Der Sieg führt zum Sieg, und für einige Zeit kann man die Besiegten vergessen. Aber vielleicht werden sie nach fünfhundert Jahren auferstehen – ich denke dabei an den amerikanischen Kontinent. Wenn wir wirklich Frieden wollen, dürfen wir uns nicht nur auf den Sieg unserer Seite beschränken.

Sie sprechen relativ skeptisch über das Analysieren, Auseinandernehmen, Experimentieren, die Vielwisserei. Ich habe aber den Eindruck, daß Sie selbst ungeheuer viel wissen. Das beweist auch Ihre Biographie. Gibt es nicht vielleicht auch die Notwendigkeit, viel zu wissen, um sich dann durch das viele Wissen zurücknehmen zu können?
Es gibt natürlich immer einen Rückweg, eine *retractatio*. Aber was ich über die Gefahr der Vielwisserei, der *polymathia*, gesagt habe, soll nicht bedeuten, daß wir überhaupt nichts wissen sollen oder dürfen; sondern daß wir dieses Wissen als Ansatzpunkt betrachten, und daß wir es nie von der Quelle der Weisheit abtrennen. Es gibt eine künstliche Unschuld unter den Menschen, die darin besteht, daß sie ihre Verantwortung vergessen. Das ist nichts anderes als Flucht vor dem Leben und feige Angst. Es wäre völlig verfehlt, das Thema unserer Besinnung so zu interpretieren, als ob wir auf alles andere verzichten sollten, um auf die Suche nach der Weisheit gehen zu können. Das mag in einigen Einzelfällen zu rechtfertigen sein, aber es kann nicht für alle gelten. Unser Weg ist immer ein menschlicher Weg. Wenn wir uns jetzt in einer Gesellschaft befinden, in der spezielles und fragmentarisches Wissen lebensnotwendig ist, dann darf man das nicht außer Acht lassen. Aber gleichzeitig darf man zwei Dinge nicht vergessen:
Zum einen: *so wenig Information wie möglich, und so tief wie möglich.* Man muß versuchen, auf unnötiges »Wissen« zu verzichten. Heutzutage würde mein ganzes Leben nicht genügen, um sämtliche Literatur zu einem bestimmten »wissenschaftlichen«

Thema zu lesen und in mich aufzunehmen. Es geht also darum, die richtige Nase dafür zu haben, Kriterien der Auswahl zu entwickeln, sich auch gut beraten zu lassen von anderen, die schon einen größeren Überblick haben. Sonst werde ich krank, wenn ich eine Bibliothek betrete. Denn dort lockt die Versuchung, alles zu kennen, und ich muß mir eingestehen, daß ich das nicht kann. Man sollte sich immer fragen, ob all diese Kenntnisse echtes Wissen sind.

Zum anderen: *die Wurzel der Weisheit nicht herausreißen.* Dafür haben wir alle ein Gespür. Wir spüren, wann uns Wissen wirklich bereichert, wann es uns mehr Leben gibt, und wann es uns zerstreut und auf Abwege bringt, die wir nicht gehen wollten, obwohl wir es tun – vielleicht wegen des Ansehens oder des Geldes. Der Versuchung jenes Instrumentalismus zu widerstehen, ist ebenso schwierig wie wichtig.

Wie hängt die »Weisheit« mit der »Wahrheit« zusammen?
Wenn wir im Deutschen »Weisheit« und »Wahrheit« sagen, macht unser analytisches Denken sofort einen Unterschied. Im Sanskrit könnte man dagegen für beides ein einziges Wort benutzen: *satyam,* »was dem Sein entspricht und aus dem Sein selbst kommt«. Die »Seiendheit« habe ich es genannt. Auch für die griechischen Begriffe *sôphrosynê, alêtheia* und *sophia,* (Klugheit, Wahrheit und Weisheit) gilt, daß sie eng zusammenhängen. Es gibt zum Beispiel nach dem *Râmâyana* oder *Mahâbhârata* keine Weisheit für den, der nicht in der Wahrheit lebt und nicht ihr gemäß spricht. Wahrheit zu sagen, ist nur möglich, wenn man in der Wahrheit lebt, und das ist Weisheit. Auch im Griechischen bedeutet Weisheit nicht, daß man sich der Gefahren des Lebens nicht bewußt ist und einfach alles auf sich zukommen läßt; daß man auf jede Frage hin einen geistigen Striptease macht, nur weil man nichts verbergen will. Weisheit ist mehr, sie ist niemals eindeutig. Alle lebendigen Worte sind *polysemisch,* das heißt sie haben viele Nuancen und Bedeutungen.
Man kann das nicht in ein Koordinatensystem eintragen, es mit nur einer Stimme beschreiben. Daher ist der *Begriff* der Weisheit zu

unterscheiden vom *Symbol* der Weisheit, das ich hier zu erklären versuche. Eine Weisheit, die zum Beispiel von Klugheit, Wahrheit und auch Gerechtigkeit ganz getrennt wäre, wäre ein schön geschliffener Begriff, der lediglich eine gewisse Kommunikation ermöglicht, aber verschieden ist von der echten Weisheit, jenem lebendigen Symbol der Weisheitstraditionen der Völker. Diese sprechen nicht von einem inhaltlich fixierten Begriff, sondern von einer ganzheitlichen Erfahrung, der sie einen Namen gegeben haben. Vielleicht mag das für einen verliebten Menschen der Name des Geliebten sein. Vielleicht ist das Wort »Weisheit« selbst schon so verbraucht, daß es uns diese Erfahrung nicht mehr mitteilt. Vielleicht kann man ein anderes dafür setzen, zum Beispiel Schönheit. Wenn man auf eine gewisse Ebene der Erfahrung und der Sprache kommt, erfindet man – ohne den lieben Gott spielen zu wollen – eine gewisse *coincidentia oppositorum*, ein Zusammenspiel der Gegensätze, eine Konkurrenz sämtlicher Sinne. Man entdeckt, daß ohne Liebe keine Gerechtigkeit sein kann, ohne Gerechtigkeit keine Schönheit, ohne Schönheit keine Weisheit; wenn ich nicht klug bin, geht alles verloren. Darum ist Weisheit hier ein lebendiges Symbol, das einen gewissen Konsens in den Traditionen hinter sich hat, das wir aber nicht auf einen bloß gedanklichen Inhalt reduzieren können.

Die Weisheit ist nicht unempfindlich. Daher ist sie nicht immer siegreich. Sie umfaßt Barmherzigkeit – die Buddhisten würden *karunâ* sagen, Sympathie im Sinne von »Mittragen des Schicksals«. Die Weisheit ist nicht blind für die menschliche Befindlichkeit. Gleichzeitig aber läßt sie sich nicht auf die negativen, schmerzvollen Seiten der Wirklichkeit reduzieren. Sie läßt sich nicht im Schmutz und Leiden der Welt ersticken.

Man trifft manchmal Menschen – nicht nur in Asien oder Afrika, sondern auch hier – die Unglück oder Leid mit einer unvorstellbaren, souveränen Gelassenheit in ihr Leben integriert haben, es so verarbeitet und eingebettet haben, daß sie trotz dieser negativen Seite des Lebens eine Quelle der Freude, der Tiefe, des Friedens und weiteren Mitleids gewonnen haben. Es ist die Weisheit, die uns erlaubt, am Leiden nicht zugrundezugehen, die negativen

Seiten der menschlichen Existenz und die Ungerechtigkeiten unserer Gesellschaft zu ertragen, alles das, was uns wirklich protestieren lassen muß, und trotzdem die Zuversicht, Hoffnung und sogar Freude nicht aufzugeben. Wenn wir uns auf Begriffe zurückziehen, schließt ein Gegensatz den anderen aus: Wenn ich Leid ertragen muß, kann ich keine Freude haben. Aber in unserem Leben gibt es eine mysterische, rational nicht erklärbare Koexistenz dieser Gegensätze, trotz aller Schattenseiten meines Lebens, meiner Umwelt und der Geschichte. Wir alle sind mitverantwortlich für alles, was im Universum je geschehen ist. Wenn man seinen eigenen Individualismus ein wenig transzendiert hat, nimmt man das Leid und die Schmerzen der Welt in Kauf. Diese Überwindung des Leidens gehört mit zur Weisheit.

Im letzten Punkt der Darstellung habe ich von Alchemie gesprochen, von einer Transformation, einer Metamorphose, die sich dann ereignet, wenn ich die Wirklichkeit mit offenen Armen willkommen heiße, weil sie *da ist*. Also weder naiver Optimismus noch verzweifelter Pessimismus; weder ohnmächtig schreiender Protest, weil man nicht einverstanden ist, noch fatalistische Resignation: Das Sein, von dem ich sprach, ist Akt. Aber dieser Akt ist frei, und an seiner Freiheit nehmen wir teil. Die echte Weisheit ist die Quelle dieser Aktivität, der Metamorphose. Unter ihrer Wirkung weiß ich wohl, daß meine Aktion immer einseitig ist. Wenn ich dann irgend etwas in einer bestimmten Richtung tue, bin ich ganz davon überzeugt, daß es auch das ist, was ich tun *soll*. Wenn aber ein anderer das Gegenteil unternimmt, werde ich das willkommen heißen, denn nur durch solche Polaritäten bleibt das Leben lebendig.

Ist die katholische Kirche, in der wir jetzt gerade sind, eine Wohnung der Weisheit?
Das hängt von uns ab!

II Quaternitas perfecta –
die vierfache Gestalt des Menschen

Dies ist seine Herrlichkeit,
Und noch größer ist der Mensch:
Ein Viertel sind alle Wesen,
Drei Viertel ist Unsterbliches im Himmel.

(Purusha-sûkta, Rig Veda X,90,3)

Einleitung

Auf den folgenden Seiten wollen wir genauer betrachten, wie die menschliche Wohnung der Weisheit beschaffen ist. Das erfordert, daß wir uns auf unser wahres Selbst besinnen. Es geht dabei nicht um ein bestimmtes Menschenbild, wie es die Kulturen der Menschheit in Theorie und Praxis je unterschiedlich hervorgebracht haben. Es geht um etwas, das *vor* diesen Entfaltungen und Ausgestaltungen liegt und sich daher in allen Menschen durch ihre jeweilige Tradition ausspricht.

Um dieses Ursprüngliche zu beschreiben, können wir uns nicht auf die Sprache und Denkweise nur einer Überlieferung beziehen. Sonst ist die Gefahr kaum zu umgehen, daß wir die Welt jener Überlieferung zum Universum schlechthin erklären, und damit auch ihr Menschenbild zum Muster aller anderen erheben. Doch genauso müssen wir uns vor einer künstlichen Verdünnung der Traditionen hüten, die diese um der Einheit willen auf einen gemeinsamen Nenner zu bringen versucht. Denn sie müßte alle Momente einer bestimmten Überlieferung weglassen, die mit den anderen nicht vereinbar sind, so daß am Ende nur Allgemeinplätze ohne Leben übrig wären. Eine dritte Schwierigkeit besteht darin, daß sehr viele Menschen heute mit der Tradition ihrer Vorfahren nicht mehr vertraut sind. Das moderne Leben hat von selbst schon eine gewisse Verdünnung der Vergangenheit bewirkt, vielleicht nicht in ihren tiefsten Archetypen, aber wohl für die vordergründige Existenz der meisten Menschen heute. Das ist nicht nur im Westen bzw. im Christentum so, sondern ähnlich auch in Afrika, Indien, Japan und in den meisten anderen Gebieten der Erde und ihren Religionen. In dieser Situation gibt es allerorts Stimmen, die durch die Wiederbelebung und Festigung ihrer jeweils eigenen Tradition dem drohenden Säkularismus und Synkretismus entgegenwirken wollen. Wir sollten aber nicht übersehen, daß jene Verdünnung bereits stattgefunden hat, und daß ein künstlicher Fundamentalismus nur ein Korsett sein kann, nicht das Rückgrat eines lebendigen Körpers, ob man ihn nun Menschheit,»Leib Christi«,»dharmakâya« oder anders nennt.

Wie können wir eine Sprache erschaffen, die nicht ausschließend und dennoch konkret ist, verständlich und zugleich tiefgehend? Sie muß die verschiedenen Überlieferungen als solche achten und benutzen, aber gleichzeitig vermeiden, daß sie dabei an den genannten Gefahren scheitert. Wenn es eine solche Sprache gibt, so muß sie im Bereich der menschlichen Grundbefindlichkeit liegen, wie wir sie heute in einem großen Teil der Menschheit sehen: Wodurch sind wir als Menschen charakterisiert, was macht uns als Menschen aus? Dies ist die allgemeinste und zugleich konkreteste Fragestellung, über die man gemeinsam nachdenken und sich aussprechen kann.

Ich habe an anderer Stelle versucht, diese Frage von der Seite der traditionellen Anthropologien her anzugehen und dabei die Konzeption einer *quaternitas perfecta* entwickelt, eines vierfachen Bildes vom Menschen, das sich in verschiedenen westlichen, östlichen und südlichen Überlieferungen findet[34]. Diese benutzen jeweils eine Gruppe von Symbolen und Begriffen, z.B. *sôma, psychê, polis und aiôn* in der griechischen Antike, *jîva, aham, âtman und brahman* in Indien, *Erde, Wasser, Feuer und Luft* in vielen archaischen Religionen (woran uns auch die westliche Esoterik wieder erinnert). Anhand dieser Symbole wollen wir von vier Zentren sprechen und dabei jeweils grundlegende menschheitliche Züge in ihren Mittelpunkt stellen. Jedem dieser Zentren wollen wir bestimmte Symbole zuordnen. Ich habe dafür jeweils ein Naturelement, ein Wort aus der griechischen und aus der indischen Anthropologie, eine menschliche Möglichkeit, eine philosophische Erscheinung, einen Zustand menschlicher Aktivität und ein anthropologisches Gebiet ausgewählt. Die Symbole sind innerhalb eines Zentrums nicht einfach austauschbar, *sôma* ist nicht *jîva* und *aiôn* nicht *brahman*. Aber die *quaternitas* als ganze stellt eine *homöomorphe* Struktur dar, d.h. ein ganzheitliches System, das in jeder der betrachteten Traditionen eine entsprechende Funktion und Bedeutung hat. (Sie wird am Schluß dieses Abschnitts in schematischer Form dargestellt.)

Es geht uns dabei um die eigentliche Würde des Menschen, denn der Mensch ist ein Mikrokosmos, ein Abbild des Ganzen, ein Funke des unendlichen Feuers. Dieses interkulturelle Menschenbild könnte es uns ermöglichen, die Spaltung der Realität zu überwinden, die uns in der Gegenwart so sehr quält und bedroht. Es könnte die verschiedenen, in zerstörerischem Kampf entstandenen Brüche (Dualitäten, *dvandva*) zwischen Mensch und Erde, Subjekt und Objekt, Erkenntnis und Liebe, Kunst und Wissenschaft, männlich und weiblich, in schöpferische Polaritäten überführen. Das gilt auch für die letzte Spaltung der Realität, die nämlich zwischen Mensch und Gott, Zeit und Ewigkeit oder Schöpfer und Geschöpf. Die *quaternitas perfecta* soll uns eine Möglichkeit zur Einübung in eine echte, uns gemäße, menschliche Spiritualität bieten, die Grundlage einer neuen geistigen Haltung des Menschen zu sich selbst, zu den anderen, zur Umwelt und auch zur alles umfassenden Wirklichkeit, die in vielen Traditionen Gott genannt wird.

Was sollen wir tun? Wie sollen wir handeln? Wie sollen wir uns bemühen und benehmen? Nicht erst seit Kant, sondern schon seit den Anfängen der philosophischen Besinnung gibt es im Westen wie im Osten bestimmte Fragen der Ethik, um deren Klärung sich die Menschheit eindringlich bemüht und auf die sie verschiedene, aber letzten Endes homöomorphe Antworten gegeben hat. Doch noch ursprünglicher ist die Frage: Warum soll ich *sollen*? Warum soll ich mich überhaupt fragen, was zu tun ist? Hier ist eine Gefahr verborgen, die es zu überwinden gilt – alles Lebendige ist gefährlich, aber wir müssen den Gefahren ins Gesicht sehen, sie nicht umgehen und einfach nur die Straßenseite wechseln. Die Gefahr an dieser Stelle heißt Quietismus, Fatalismus, Rückfall in das Tierische. Wir dürfen nicht vergessen, daß im menschlichen Bereich Natur und Kultur innig zusammenhängen. Es ist nicht nur Natürliches am Menschen. Oder vielleicht besser: Die menschliche Natur ist auch Kultur; der Mensch hat eine kulturelle Natur. Das muß klar gesagt werden. Aber gleichzeitig sollten wir nicht bei dem Versuch, die Gefahr zu umgehen, die Freude und Spontaneität verlieren. Zunächst wollen wir das Ganze ganzheitlich umarmen oder, anders gesagt, die Nacktheit des Lebens erfahren: das Zentrum entdecken, das so oft durch mancherlei Aktivitäten verdeckt ist.

Man könnte diese Frage nach dem Grund des Sollens auf noch tieferer Ebene mit einer Frage dritten Grades aufzuheben versuchen: Warum soll ich tun? – Warum soll ich sollen? – Warum soll ich dieses zweite Warum überhaupt fragen? – so könnte man unendlich weitermachen. Wenn einmal die Unschuld verloren ist, wenn einmal das »Warum?« aufgetaucht ist, kann man weiteres Fragen nicht verdrängen. Doch führt dies zu keinem Ziel.

Wollen wir eine Antwort wagen, so müssen wir aufhören, in der anderen Richtung weiterzufragen. Es gibt dafür eine menschliche Haltung, die ich die neue (nicht die zweite) Unschuld nenne. Sie *glaubt*, einen Urgrund berührt zu haben, der weiteres Fragen unnötig macht. Mit unserer anthropologischen Quaternitas hoffe ich, diesen Urgrund für unsere Zeit getroffen zu haben, auf dem wir ruhig stehen können. Mit anderen Worten, was ich unter dieser Bezeichnung darzustellen versuche, ist eine gewisse Synthese, Destillation, Essenz verschiedener menschlicher Traditionen.

Die *quaternitas*, Vierheit, bringt jenes Ganze, von dem wir schon gesprochen haben, unter verschiedenen Namen und Aspekten zusammen. Wir wollen uns zuerst auf einen Punkt in dieser Vierheit, auf ein Zentrum konzentrieren, dann nacheinander auf die anderen Zentren. Bei dieser *Konzentration* geht es uns darum, unter dem jeweiligen Aspekt sämtliche Gegebenheiten, die ganze Mannigfaltigkeit der Welt in einer Mitte zusammenzubringen, sie ohne Reduktionismen zu einem Zentrum zurückzuführen. Dieser Prozeß wird sich bei jedem der vier Zentren vollziehen, so daß wir sie alle *konzentrisch* erleben. So könnte ein menschliches Leben die Spaltungen, Schizophrenien, Spannungen, die schmerzliche Zerrissenheit überwinden, die es so oft kennzeichnen. Der Weise ist derjenige, der die vier Zentren konzentrisch erlebt und lebt. Die Kreise sind nicht identisch, Leib ist nicht Seele und auch nicht die ganze Realität. Aber sie sind konzentrisch, so daß das Zentrum der Welt durch meine Seele hindurchgeht wie auch durch meinen Leib.

Es ist vielleicht nicht angebracht, und vielleicht habe ich mich von der westlichen Beschleunigung beeinflussen lassen, daß ich in einem Zuge und ohne vorbereitende Ausführungen über solch grundlegende, schwerwiegende Fragen spreche. Aber wenn etwas überhaupt zu tun wert ist, ist es das auch in unvollkommener Weise. Und daher wage ich es, diesen Versuch über die *quaternitas perfecta* zu unternehmen, weil es etwas ist, das uns alle angeht als Menschen und Lebewesen; etwas, das notwendiger Bestandteil der Wirklichkeit ist.

Was ich ausdrücken möchte, birgt verschiedene Schwierigkeiten in sich: erstens die Schwierigkeiten meiner eigenen Sprache; zweitens die besonderen Schwierigkeiten der heutigen Sprachen, um mit ihnen die hier bedeutsamen Gegebenheiten und Erlebnisse zum Ausdruck zu bringen; drittens die Schwierigkeit der Sprache schlechthin. Ich kann diese integrale Anthropologie hier auch nicht gebührend ausführen; nicht einmal alle Symbole werden eingehend behandelt. Unser eigentliches Anliegen ist es, auf den Sitz der Weisheit hinzudeuten, auf dem nach christlicher Tradition Maria sitzt (*sedes sapientiae*). Er ist das Symbol der unversehrten menschlichen Natur, und wir wollen Maria dort nicht allein lassen. Marias Berufung ist das Schicksal des Menschen schlechthin – sonst hätte es ja unter den Engeln im Himmel keine Revolution gegeben. Aber der Mensch, der ebenfalls dort seinen Sitz einnimmt, soll ein voller Mensch sein, *Adam, purusha*. Um dieses Ganze soll es hier gehen – und im Moment nicht um die verschiedenen Einzelheiten.

Erstes Zentrum: Erde und Leib

Was ist die erste Dimension? Zunächst sind die Symbole: Erde, *sôma* oder *jîva* (Leib, Individualität), *karman* (Tun), *bonum* (das Gute), Wachen und das Gebiet des Moralischen. Einige von ihnen werden wir nun genauer erläutern:

Sôma und Jîva: Wir *sind* Leib, wir haben nicht nur einen Leib. Wir *sind* Individuen und haben nicht nur Individualität; wir *sind* tätige Wesen und üben nicht nur gewisse Aktivitäten aus; wir *sind* Erde und ruhen nicht nur auf einem Planeten auf, wohnen nicht nur in einem Land, stehen nicht nur auf der Erde als einer Unterlage. Solange wir unser Getrenntsein von der Materie nicht überwinden, die Spaltung nicht heilen, solange wir Leibarbeit oder Yoga nur als technische Übung machen, den Leib im einen Extrem als Feind oder im anderen als Herrscher betrachten: Solange haben wir uns als Menschen nicht realisiert. Die Zerrissenheit bleibt, und irgendwann rächt sie sich, nicht nur gesundheitlich oder im Tun, sondern auch durch innere Unzufriedenheit und Unruhe.

Unsere Besinnung könnte auch unter dem Thema stehen: *Einübung in die Spiritualität*. Das Wort Spiritualität hat gute und schlechte Beiklänge: Es ist sehr hilfreich, weil es die doktrinären Aspekte umgeht, die mit dem Wort Religion gewöhnlich verbunden sind: Spiritualität ist nicht so gebrandmarkt durch dogmatische Unterschiede und doktrinäre Spitzfindigkeiten. Zudem hat das Wort den Vorteil, daß es die Geschlossenheit der Religionen als mit faden Grenzen abgesonderter Gebiete überspringt. Z.B. gibt es eine Spiritualität der Liebe oder des politischen Engagements, die sich quer durch die verschiedenen Religionen zieht. Zugleich hat das Wort auch schlechte Beiklänge, weil es andeutet, es hätte nur mit dem »Spirit«, dem Geist, zu tun, als ob wir alles andere vernachlässigen könnten. Das wäre eine falsche Spiritualität, weil sie die Materialität, die Erdhaftigkeit verloren hat.

Wir sind wesentlich Leib, Individuum, Erde. Mit dieser Leiblichkeit und Erdhaftigkeit verbunden ist die Tätigkeit, die Aktion, das *karman*. Wir *sind* diese Individuen, diese leiblichen Wesen, diese tätigen Subjekte; der Zustand des Wachens gehört wesentlich zu dem, was wir sind. Nur deshalb sind wir fähig, zu fühlen, zu spüren, zu empfinden.

Erde: Zunächst müssen wir nun unsere Verbindung mit der Erde näher erläutern. »Erde«, das ist Materie, es kann ein Stein sein, ein Baum, ein Berg, ein Haus, mein Finger – mit einiger Großzügigkeit vielleicht auch eine Maschine, ein Wagen, ein Flugzeug. Wir dürfen uns von der Erde nicht distanzieren. Wenn wir uns zum Beispiel, wahrscheinlich mit schlechter Exegese, auf jene Bibelstelle in Gen I,28 berufen und uns in souveräner, elitärer Weise »die Erde untertan machen« (und uns selbst zugleich zu großzügigen Königen), indem wir sie intellektuell durchdringen und dadurch besser zu verstehen glauben, mag das für einige Zeit unsere menschliche Eitelkeit befriedigen. Letztlich genügt es jedoch nicht – für unsere menschliche Vervollkommnung, für die Erfüllung der Erde und für das Schicksal des Universums. So dringend und notwendig kurzfristige Lösungen sein mögen, die zugrundeliegenden Probleme bedürfen einer viel tieferen Behandlung. Wir müssen mit der Erkenntnis beginnen, daß die Spaltung zwischen dem »Es« und dem »Wir« überwunden werden muß; mit der Erkenntnis, daß wir auch Erde sind.

Solange ich nicht jedes Stück bloßer Erde wie meinen Leib betrachte, verachte ich nicht nur die Erde, sondern verkenne auch meinen Leib. Hier fängt die Erkenntnis an! All die naturwissenschaftlichen und anthropologischen Entdeckungen (und Einbildungen) über den Menschen sind erst später zu dieser Art der Wahrnehmung hinzugekommen – Proteine, Chromosomen, Alpha- Wellen… Über Tausende von Jahren sind die Menschen nicht schizophren gewesen, haben ein volles Bewußtsein ihrer Personalität besessen, ohne irgend etwas von unserer Physiologie, Biologie, Chemie zu erahnen. All das mag heute nötig, schön und fruchtbar sein, aber menschheitsgeschichtlich handelt es sich dabei um Akzidentien, Nebensächlichkeiten, etwas, das für die Fülle des Menschseins nicht notwendig ist. Vielleicht sind sie nach einer bestimmten Entwicklung gar hinderlich, ganz gewiß aber nicht nötig, um die Fülle des menschlichen Wesens zu genießen und zu haben. Was die Menschlichkeit betrifft, sind wir keinesfalls außergewöhnlich, nur weil wir Europäer, Erste-Klasse-Passagiere auf diesem Planeten sind.

Erde – Leib – *yoga* – Wachen; ein normales Bewußtsein zu haben – einen Sinn für unsere Individualität: All das ist wesentlich menschlich, wirklich; wir sind nur wirklich, wenn wir dies alles *sind*. Wenn ich die Drehung meines Leibes oder die Kunst der Bewegung erst mit Hilfe eines Tanzkurses erlernen muß, dann fehlt etwas an meinem Menschsein; oder wenn ich in einem Buch lese, daß die Bäume hier schön sind, und dann gucke ich hinaus und sage, es stimmt: Wenn das unsere Haltung ist, sind wir noch nicht völlig Mensch. (Nichts gegen Bücher und Tanzkurse; es kommt darauf an, wie wir damit und mit unserem Leib umgehen.) Wir müssen umkehren und eine Haltung hervorbringen, in der echte menschliche (nicht nur animalische) Spontaneität möglich wird, in der wir wieder von innen her lernen, sprechen, sehen, genießen können.

Es ist kaum anzunehmen, daß Blumen denken, sich vorstellen und überlegen, sie seien schön. Und wir sind mehr als Blumen, wie das Evangelium sagt (Mt VI,30). Um die menschliche Schönheit zu verwirklichen, müssen wir von der Knospe lernen, wie sie die Blüte aus sich hervorbringt: ohne Mühe, ohne Gewalt, im richtigen Rhythmus zur passenden Zeit. Das Evangelium sagt, daß wir die Lilien des Feldes und die Vögel des Himmels *ansehen* sollen, nicht über sie nachdenken und sie auch nicht nach Hause bringen, um sie besser betrachten zu können. Unsere Kultur sollte mindestens so natürlich sein wie die Natur einer Blume. Gewalt gibt es nur, wo unsere Kulturen unnatürlich sind. Kampf ist ein natürlicher Zustand, nicht aber der Krieg. Jagen mag zur menschlichen Kultur gehören, nicht aber die Praxis der modernen Gesellschaften: Sie häufen Nahrung künstlich an und machen aus ihr selbst eine Waffe. Es sollte eigentlich keiner Gesetze bedürfen, die uns sagen, daß die Herstellung von Waffen menschenwidrig ist. Nur ist unser Menschenbild und Ethos in bezug auf Waffen noch nicht so weit wie etwa bezüglich des Kannibalismus, den unsere Sensibilität als Verstoß gegen die innere Menschlichkeit wahrnimmt.

Karman, bonum und das Moralische: Individuelle Aktion – äußere Tätigkeit: Wir sind auch dies – wenn auch nicht ausschließlich. Ein westlicher Meister, genauer gesagt ein Rheinländer, Meister Eckhart, spricht von drei Schleiern, die die Wirklichkeit vor uns verbergen wie ein Mantel den Leib. Er erwähnt sie in einer Auslegung zu Röm VIII,18 (LW IV,11,2)[35]. Dort geht es um die *revelatio*, die Offenbarung, das heißt eigentlich »Entschleierung«, der Herrlichkeit, des Glanzes, der »*gloria*«. Wir müssen hier über den ersten Schleier sprechen. »*Velamen boni*« nennt er ihn, Schleier des Guten, des Sittlichen. Es ist ein dicker Schleier: Alles auf der Welt steht unter dem Schutzmantel des Guten und unter der Bedrohung durch das Böse. Alles wird in den Kategorien von gut und böse beurteilt. Was immer wir erreichen wollen, wir wollen es *sub specie boni*, unter dem Gesichtspunkt des Guten. Ich tue etwas, *weil* es gut ist! Ich will das, *weil* der Zweck gut ist! – was dieses Gute auch sei. Wir bewegen uns, weil wir ein gutes Ziel vor Augen haben. »*Voluntas videtur quasi mercennaria*«, sagt Eckhart, »der Wille scheint wie ein Mietling«.

Das Gute bewegt nicht nur die Menschen, es herrscht auf allen Ebenen des Seins. Vielleicht sind wir ein wenig vollkommener als ein Tier, dem ein Stück Futter gezeigt wird. Was uns anzieht, mag vielleicht ein Glanz, ein Stück Wahrheit, eine Offenbarung der Schönheit sein, etwas, das uns vor Augen steht, das wir erreichen müssen oder wollen. Es ist sehr mächtig, aber letzten Endes nur eine Hülle.

Der Schleier des Guten hat mit dem Willen zu tun. Nur unter diesem Schutz – so Eckhart – vermag der Wille, (Gott) zu »begreifen«. Offenbarung ist die Enthüllung jener Herrlichkeit, das Abtun des Schleiers, der über allem liegt, was vom Guten (und dem Bösen als seinem Gegenstück) bestimmt ist, und was damit dem Reich des Willens angehört. Schelling hat gesagt: »Das Urseyn ist Wollen« (Werke II,1,338). Hier haben wir das

Gegenteil: Der Wille ist nur ein Schein des Seins. Die Menschheit, die an den Willen zur Macht und an die Macht des Willens geglaubt hat, hat mit diesem Glauben große Leistungen vollbracht. Der Wille ist der Motor, die Kraft, die uns bewegt. Unsere moderne Erziehung sagt uns, daß wir ein Ziel haben, einen guten Willen besitzen und den Willen benutzen müssen, um das Ziel zu erreichen. Damit haben wir aber auch eine Götzerei des Willens hervorgebracht. Der Wille ist uns der höchste Wert, wir sind unfähig, unser Leben ohne Ziel, Zweck und Willen vorzustellen. Oft erreichen wir auch diese Ziele und erfüllen unsere Entwürfe. Alle großen Reiche der Geschichte, alle großen menschlichen Leistungen sind wunderbare Zeugnisse, die Frucht des Willens eines Menschen oder eines Volkes. Nach jahrtausendelanger menschlicher Erfahrung können wir aber sehen, daß dieser Glanz auch seine Schattenseite hat, daß der Preis für jene Zeugnisse unserer Kultur die Ausbeutung und Unterwerfung anderer Völker und auch anderer Seiten unserer eigenen Persönlichkeit ist.

Der Wille richtet sich gewöhnlich auf das Tun, das *karman*, die Aktivität. Sein Gebiet ist die Moral, das moralische Leben. Er »will« die menschliche Wirklichkeit beherrschen. Er regiert auf dem Gebiet des Individuums, des Leibes, der Erde; unter den Jahreszeiten gehört ihm der Sommer. All diese Gebiete werden durch den Willen gestaltet. Wenn wir uns aber nicht einseitig entwickeln wollen, müssen wir *Konzentration* erlernen, ein Zentrum in diesem ungeheuer komplizierten Reich des Willens erlangen. Der Weg dorthin kann nicht durch Verdrehung, Ressentiment, Verdrängung beschritten werden, d.h. durch einen noch strengeren Willen oder noch stärkeres Nicht-Wollen. Sondern er besteht darin, *sich selbst zu zentrieren.* Man kann nichts gegen den Willen tun, ohne von neuem unter den Willen zu geraten. Die Weisheit kann, wie wir schon gesehen haben, nicht ein Ziel des Willens sein. Nur wenn man zentriert ist, ist der Wille auf dem Platz, der ihm zukommt.

Harmonie des Tuns: Für dieses Zentrum gibt es ein Kriterium (ich könnte hierfür Zeugen aus verschiedensten religiösen Traditionen nennen): Im Geiste des heiligen Ignatius von Loyola ist es die *indifferentia sancta*, die »heilige Indifferenz«: eine gewisse Gelassenheit, souveräne Freiheit über die Sache[36]. Um es in unserer Sprache auszudrücken: Die Eigenschaft des Zentrums, des Mittelpunkts, ist seine Äquidistanz, die *gleiche Entfernung* von allen Punkten auf der Kreislinie. Das ist Indifferenz in unserem Sinn. Gleichmut sagten die Alten, nicht aber Gleichgültigkeit. *Upekshâ* (*upekkhâ*) nennt es die buddhistische Tradition.

Es wäre eine falsche Indifferenz – und diese findet man sehr häufig – wenn ich mich nicht mehr begeistern, erregen, mit aller Kraft einsetzen könnte für etwas, was mir am Herzen liegt, und gegen etwas, was ich für schlecht oder menschenunwürdig halte. Aber es bedeutet andererseits den Verlust der Mitte, eine Verabsolutierung, die in Fanatismus abgleitet, wenn ich diese Bewegung des Gemütes, des Geistes und meines Selbstes so vergötze, daß alles davon abhängt, ob ich im Kampf siegreich sein werde. Wenn ich »zentriert« bin, verliere ich nicht die Mitte, die sowieso nicht verlierbar ist. Ich erreiche dann eine Gelassenheit, ein Gleichgewicht und eine innere Kraft, die es mir erlaubt, mein Leben aufs Spiel zu setzen, ohne daß alles von irgendeinem Sieg meines Bemühens abhängt: Es gibt viel mehr im menschlichen Leben, als Siege!

Auch hier gibt es ein Laster, in das sich die gerade beschriebene Qualität verkehren kann. Das ist die Trägheit, der Mangel an Vitalität und Enthusiasmus, an Interesse, Engagement und Elan. Wie immer, besteht die wahre Weisheit im richtigen Gleichgewicht; durch Kontemplation kann man zu diesem Gleichgewicht kommen. Natürlich ist dazu eine gewisse Kunstfertigkeit vonnöten. Ich will dazu das Wort »Harmonie« einführen. Die Suche nach dem Zentrum ist kein Kreuzzug. Harmonie kann nur entstehen, indem sie sich von selbst ergibt. Sie kann nicht herbeigezwungen werden. Nirgends darf ein Anzeichen von Gewalt vorhanden sein, vor allem nicht von innerer Gewalt. Die konfuzianische Tradition lehrt: Wenn ein Gong gut geschmiedet ist, kannst du ihn anschlagen, wie du willst, womit du willst, am Rand oder in der Mitte, mit guter oder böser Laune – der Ton, der herauskommt, wird immer rein und harmonisch sein. Es ist eine Harmonie, die nicht vom äußerlichen Schlag abhängig ist, die einfach da ist und keiner Propaganda bedarf.

Die Wirklichkeit der Natur und insbesondere des Menschen ist von solcher Art: ein Netz, ein großer Reichtum verschiedenster Einflüsse, die doch zu einer Einheit führen – wir sind *jîva*, individuelle Wesen. Daher brauchen wir die Identifikation mit unserem Leib, mit unserer »Erde«. Alchemie und die traditionelle Elementenlehre hatten ihren Ursprung in solcher Identifikation, nicht in einer physikalischen Neugier, wie die Erde sich dreht, wie schwer oder dicht etwas ist und dergleichen. Auch ohne Kenntnis der Newtonschen Gravitationsgesetze kann man die Entdeckung machen, daß der eigene Leib und ein Stein etwas mit Gewicht zu tun haben und in dieser Hinsicht von gleicher Art sind.

Der Schleier des Guten: Wie kann ich diesen Schleier des Guten ganz zart durchlässig machen, ohne ihn zu zerreißen, so daß es nicht zu einem Vergessen des Guten und Bösen kommt? Wie kann ich ihn als Schleier wahrnehmen, ihn belassen wie er ist, ihn schließlich selbst als Werkzeug der Offenbarung, der »Entschleierung« entdecken? Meister Eckhart schreibt: »Nicht durch Zufügen, sondern durch Abtun wird Gott in der Seele gefunden… Er ist nämlich zuinnerst in der Seele, und das Wirken des Geschöpfes kann hierzu nur durch Reinigung und Bereitung beitragen« (LW IV,11,2). Nicht jenseits des Guten und Bösen ist das Ziel, und dennoch müssen wir erkennen, daß Gut und Böse nur äußerliche Schleier sind, die das nackte Wesen, die pure Realität nicht berühren. In der indischen Tradition ist der Lotus das Symbol dieser unberührten Reinheit.

Indra ist ein vedischer Gott, der – als Skandalon der Indologen – jenseits des Guten und des Bösen steht: Nicht weil er moralische Frevel begeht – dann wäre er nicht jenseits des Bösen – sondern weil er diesen Schleier zerrissen hat. Höchst gefährlich und beunruhigend, gewiß! Aber solange man sein Tun nach einem

Modell ausrichtet, ist es noch nicht ganz frei. Vielleicht kann nur ein Gott es sich leisten, auf das Modell zu verzichten – oder eine neue menschliche Unschuld; vielleicht ist es das, was die Christen *Theiosis* nannten.

In diesem Zentrum vereinigen sich also die *Äquidistanz* und die gleichzeitige Teilhabe an allen Dingen. Es geht darum, meine Identität so wachsen zu lassen, daß ich mich mit meinem Leib und mit der ganzen Erde identifizieren kann und gleichzeitig distanziert bin von alledem und es nicht verabsolutiere. Dabei brauche ich als Grundlage die Erfahrung, die ich mit meinem eigenen Leib mache. Auch Kopfschmerzen und Magenverstimmungen gehören dazu, sie brauchen mich nicht zur Verzweiflung zu führen. Umgekehrt werde ich entdecken, daß ich zwar das Erfahrene bin, aber nicht *nur* das. Denn was ich bin, das ist »mein« Sein, und das Sein ist es, das meine Identität konstituiert: Sein ist ein Zeitwort, aus dem man kein Subjekt und noch weniger ein Objekt machen kann. Wenn wir »unser« Sein durch unseren Leib und durch die »Erde« hindurchgehen lassen, dann können wir es frei in uns sein lassen. Das wäre dann eine Überwindung des Sollens.

Ich hatte dieses Kapitel begonnen mit der Frage: »Was soll ich tun?«, was soll ich denken? Diese Überwindung des Sollens kann nur aufrichtig sein, wenn gleichzeitig das andere kleine Wörtchen jenes klassischen Satzes überwunden wird: Was soll *ich* tun und denken? Das führt uns zum zweiten Zentrum unserer *Quaternitas*. Die Überwindung des Ich – und das heißt paradoxerweise: Die Überwindung jeder beliebigen Identifikation dieses Ich – kann nur zustandekommen, wenn die Vielheit nicht verdrängt, sondern so assimiliert und einverleibt wird, daß Platz bleibt für immer weitere Assimilierung und Einverleibung. »Der Weise handelt, ohne Entscheidungen zu fällen«, sagt Chuang-tzu (II,9)[37].

Zweites Zentrum: Wasser und Ich

Die zweite Dimension, durch die wir sind, die uns bestehen läßt, ohne die unser Leben verkümmern würde, hat wiederum verschiedene Symbole, die in den Traditionen unterschiedlich benannt werden. Jedes dieser Symbole beleuchtet einen ihrer Aspekte: *Wasser, psychê (Seele), aham (Ich), jñâna (Wissen, Erkenntnis, Vernunft), verum (Wahrheit), Träumen, das Psychologische im tiefsten Sinne des Wortes.* Wie wir *jîva, sôma,* Erde sind, so sind wir auch dies.

Vier dieser Symbole wollen wir nun genauer erläutern. Die Bedeutung des *Wassers* ergibt sich schon daraus, daß unser Leib zu 70 Prozent aus ihm besteht. Doch sind wir noch in einem anderen Sinne »Wasser«. Ebenso sind wir auch (und haben nicht nur) *Wissen, Erkenntnis, Vernunft.* Das ist nicht abstrakt gemeint. Denn wir sind *aham,* »Ich«. Und wir sind *Wahrheit,* indem wir nach ihr suchen. Alle diese Symbole weisen unmittelbar auf *den anderen* hin, auf die Andersartigkeit (unseres Selbst), auf den *alius,* nicht nur das *aliud,* das Fremde, das Nicht-Ich. Es gibt kein »Ich« ohne ein »Du«; es gibt überhaupt keine isolierte und für sich bestehende Seele, kein individuelles Leben. Wasser und Erkenntnis sind Symbole für Beziehung. Wir sind und leben in einem Netz von Beziehungen. Wir werden unserer selbst bewußt, indem wir des anderen bewußt werden.

Diese zweite Dimension der Quaternitas hat etwas mit Geduld zu tun. Wie das Lukas-Evangelium sagt: Wir werden nur in Geduld unser Leben leben und gewinnen können (Lk XXI,19). Und Geduld ist gleichbedeutend mit Toleranz; zumindest gilt das für das griechische Wort *hypomonê* im Evangelium (Lk VIII,15). Das können wir uns ebenfalls am Symbol des Wassers erschließen: Wasser ist Toleranz; irgendein Gefäß genügt, groß, klein, das spielt keine Rolle. Wasser schmiegt sich an, paßt sich an, nimmt alles hin, hat keine besondere Vorliebe, ist nicht eckig, nicht solide, gibt immer nach. Man kann – wenn man es richtig macht – aus ein paar Metern Höhe hineinspringen, es schmiegt sich noch immer an.

Wasser: Die symbolische Kraft des Wassers liegt zunächst darin, daß es fließt, uns erfrischt, Leben ermöglicht und versiegen kann. Doch es kommt noch etwas hinzu, für das wir manchmal das Gespür verloren haben (hier sind verschiedene weisheitliche Traditionen Afrikas sehr wichtig): Das Wasser ist nicht nur die Quelle des Lebens, sondern es ist das Leben selbst. Wasser ist Leben. Daher sind Formulierungen wie »Lebenswasser« oder »Wasser des ewigen Lebens« (vgl. Joh IV,14) nicht nur in einem übertragenen Sinn zu verstehen. Es geht um mehr als das bloße Gedankenspiel, daß wir ohne Wasser nicht existieren können. Auch der Gegensatz von Dynamik und Fließen einerseits und ruhigem Wasser andererseits erschöpft das Symbol noch nicht. (Seine Symbolkraft wird in manchen Traditionen für den geistigen Weg genutzt: Fließendes, sprudelndes Wasser bedeutet *Leben*, während das ruhige Wasser als Spiegel zum Symbol der Selbsterkenntnis wird). Wasser ist Leben, und deshalb sind seine Eigenschaften die Eigenschaften des Lebens selbst.

»Mit Wasser der Weisheit hat er sie getränkt«, wurde am Osterdienstag in der lateinischen Liturgie gesungen, in Anlehnung an Sir XV,3. »Warum hören die Gewässer, die zur Wahrheit strömen, niemals zu fließen auf?«, singt der *Atharva Veda* (X,7,37). Nach vielen Traditionen sind die Urgewässer ungeschaffen, so auch nach der jüdischen (Gen I,2). Das Wasser ist »der Heilstrank der Unsterblichkeit« (SB IV,4,3,15) und der Schoß Gottes (SB VI,8,2,4). Und es ist die Quelle des Menschen: *Ch'üan* im Chinesischen besteht aus den Zeichen »rein« und »Wasser«, wie auch *fons* (Quelle) im Lateinischen Ursprung bedeutet.

Jñâna: Erkennen heißt das intellektuelle Vernehmen des Gegebenen, des Gegenwärtigen. »Alles was erkannt wird, wird durch etwas Anwesendes erkannt«: Mit diesem Satz faßt Bonaventura in seiner abendländischen Sprache zusammen, was in vielen Traditionen gelehrt wird[38]. Von der *parousia* der Griechen über die *pramâna* der indischen Philosophie bis zu den Unterscheidungen von Präsens (sei es *prae-sensu*, *praes-ens*, *prae- essentia…*) und Gegenwart, *présence* und *trace*, läßt sich alles auf die Problematik des Dazwischen zuspitzen. Christus soll gesagt haben: »Das Reich Gottes ist *zwischen* euch« (»mitten unter«, *entos*, Lk XVII,21); oder wie das Thomasevangelium überliefert: »Das Reich ist inwendig in euch und außerhalb von euch« (3). Wie auch immer, der Mensch ist ein Wesen, dem die Wirklichkeit als ganze präsent ist. Darum ist er auch Wissen und Erkenntnis.

Wissen ist nicht nur Wissen *von* etwas; Erkenntnis heißt nicht nur, etwas zu *kennen* (bzw. zu *können*: es zu beherrschen, Macht darüber zu haben). Wenn wir Erkenntnis nur als eine raffinierte Jagd nach Kenntnissen, nach Gesetzmäßigkeiten, nach irgendwelchen Objekten ansehen, denken wir in Wahrheit noch sehr grob. Nicht nur Frauen sollen für die Männer keine Objekte sein – und umgekehrt; auch die Dinge fangen an, dagegen zu protestieren, daß sie nur als »Sex-Objekte« beziehungsweise Erkenntnis-Objekte behandelt werden. Wir haben langsam gelernt, Tiere als fühlende Wesen ernstzunehmen. Daher der Protest gegen ihre eiskalte Instrumentalisierung im Versuchslabor. Aber die Sache geht noch tiefer: So grausam Tierversuche sind, es gibt auch einen Schrei der Dinge, die uns sagen: Schluß damit!

Das Bedürfnis nach manipulierenden Experimenten mit dem Ziel des Erkennens und unter dem Vorwand der Nützlichkeit ist, kulturkritisch gesehen, ein pathologisches Bedürfnis. Gewiß zwingt man der Natur auf diese Weise viele Kenntnisse ab, wie man auch mit der Folter Bekenntnisse erpressen kann; nützlich ist das immer – für die »Herrschaften«. Man darf sich nicht mit dem Gedanken trösten, daß die Frösche oder Amöben mit ein bißchen Anästhesie weniger unter unseren Manipulationen leiden. Es geht hier nicht um theoretische Puritanismen, sondern um die Grundhaltung, die dahintersteht. Die Amerindianer haben die Bäume, deren Holz sie brauchten, um Verzeihung gebeten, bevor sie sie fällten. Die Alchemisten versuchten, den tieferen Verwandtschaften unter den Elementen und dem Dynamismus der Schöpfung Gottes nachzuspüren. Die Astrologie forschte – trotz vieler Entartungen – nach der Zusammengehörigkeit aller Geschehnisse im Kosmos. Sie alle haben eine Ehrfurcht vor der Schöpfung in ihren Handlungen bewahrt. Das ist heute anders. Wir können jedoch nicht einfach zu diesen Traditionen der menschlichen Entwicklung zurück. Sondern es geht um eine Umkehr, die – wie fast alle Traditionen sagen – mit einer Einkehr beginnt. Was uns hier besonders betrifft, ist eine Kritik der wichtigsten Methode heutiger Naturwissenschaften, des Experiments. Das Experiment stellt keinen Weg zur Weisheit dar und setzt ein verzerrtes Bild vom Menschen voraus. Wir wollen hier nicht das sogenannte Erkenntnisproblem der westlichen Philosophie diskutieren (oder das, was die indische Philosophie unter *pramâna* versteht), d.h. die Mittel der wahren Erkenntnis wie Schlußfolgerung, Zeugnis, Wahrnehmung und dergleichen. Wir kritisieren auch nicht jede menschliche Intervention (das bedeutet eigentlich »Vermittlung«) in die Natur. Sondern es geht um den Begriff der Erkenntnis als Eingriff in die Klausur des Seins. Dafür müssen wir das Experiment von Erfahrung und Beobachtung unterscheiden.

Erkenntnis durch Erfahrung, Beobachtung und Experiment: *Erfahrung* bedeutet, etwas unmittelbar auf mich und durch mich wirken zu lassen, es in mir aufzunehmen, wodurch ich mich mit dem Erkannten identifiziere. Das Erkenntnisvermögen des Menschen ist nichts anderes als die Fähigkeit zur Identifikation: daß wir *alles* werden können. In der westlichen Tradition hat Aristoteles formuliert: »Die Seele *ist* gewissermaßen alles« (*De anima* III,8; 431 b 21), gerade weil sie alles zu erkennen vermag. Das ist auch eine der Säulen der mittelalterlichen Ontologie gewesen, solange die Epistemologie noch nicht von ihr abgetrennt worden war. Daher sagen die Upanishaden: »Du wirst, was du erkennst«; »wer *brahman* erkennt, wird *brahman*« (MandU III, 2,9,3B). Und das ist kein *circulus vitiosus*, sondern ein *circulus vitalis*, ein Kreis des Lebens.

Erfahrung ist voller Risiko. Nur was man in sich selbst erfährt, kann man wiedergeben, nur dann erkennt man es. Nur was durch mich hindurchgegangen ist und dann spontan aus mir heraussprudelt, hat Leben, Kraft und Autorität. Man könnte das in philosophischer Sprache näher ausführen. Die buddhistische Logik sagt sogar, daß der Identitätssatz nicht aussagekräftig genug ist, um wahre Erkenntnis aufrechtzuerhalten, weil die Identität zwischen Erkennendem und Erkanntem größer ist als die Identität des logischen Indentitätssatzes. Dem würde übrigens auch Thomas von Aquin zustimmen.

Es läßt sich aber auch anders erklären: Ende der 20er- oder Anfang der 30er-Jahre kam eine einfache Frau nach Ahmadabad zu Mahatma Gandhis Ashram und bat ihn: »Mahatma, sagen Sie bitte meinem Kind, es soll nicht so viele Süßigkeiten essen! Sagen Sie ihm, daß es schlecht für die Zähne ist!« Gandhi blieb stumm und sagte gar nichts. Die Mutter schlug die Augen nieder. Sie hatte den Eindruck, etwas Ungeschicktes geredet zu haben und trat ganz verlegen zurück. Einige Monate später kam sie wieder zum Ashram, und es ergab sich die Gelegenheit zur Nachfrage – das hatte jetzt mehr mit femininer Neugier als mit Mutterliebe zu tun. Sie fragte also nochmals, warum er damals nicht geantwortet habe. »Weißt du, meine Tochter«, sagte Gandhi, »zu jener Zeit aß ich diese Süßigkeiten selbst so gerne. Da hätten meine Worte keinen Einfluß gehabt!«

Predigten, die man nicht selber lebt und liebt und sich einverleibt, Worte, die nicht Ausdruck eigenen Lebens sind, können nicht vollmächtig sein. Wie kann ich dem kleinen Mädchen sagen: »Iß keine Süßigkeiten!«, wenn ich selbst Süßigkeiten esse? Wie kann ich es wagen, irgendein Wort zu sagen, wenn ich es vorher nicht selbst geschaffen, erlebt, erlitten, entdeckt habe? Diese Logik versteht jeder Mensch. Erfahrung als Weg der Erkenntnisse, als Identifikation mit dem Erkannten, ist eine sakramentale Verknüpfung des Menschen mit den Dingen, die er erkennt. So wachsen wir, so werden wir reif, und so leben wir.

Bei der Erfahrung ist die Identität total: Ich bin, was ich erkenne. Doch ist es unmöglich, *alles* im Leben durch Erfahrung zu erkennen. Zum Beispiel kann man die Schädlichkeit des Rauchens nicht durch Identifikation mit dem Rauchen erkennen. Man kann sich informieren bei anderen, mit Hilfe von Statistiken über Lungenkrebs usw. Aber sobald ich selbst erkenne, daß das Rauchen meinem Körper nicht bekommt, höre ich damit auf – es sei denn, ich will ihn bewußt schädigen. Wenn ich dennoch weitermache, heißt das, daß ich nicht eigentlich erkenne, daß Rauchen für mich schädlich ist, zumindest nicht in diesem existentiellen Sinn. Doch es gibt eine zweite Art der Erkenntnis, die, anders als die Erfahrung, eine gewisse Trennung zwischen Erkennendem und Erkanntem voraussetzt. Es ist die *Beobachtung*. In der Erfahrung geht alles durch mich hindurch; vielleicht halte ich sie nicht aus, würde zusammenbrechen unter der Kraft, der Intensität, der Macht der Erfahrung. Die Beobachtung ist anders, eine paradoxe Angelegenheit. Zum einen läßt sie sich bezeichnen als eine »passive Aktivität«, die Aufmerksamkeit und Betrachtung verlangt; zum anderen als ein Sich-beeinflussen-Lassen, Sich- erreichen-Lassen von außen her, manchmal fast als ein Sich- angreifen-Lassen. Die Erkenntnis durch Beobachtung ist noch nicht identisch mit dem, was wir in den meisten westlichen Sprachen im engeren Sinn unter Erkenntnis verstehen: erkennen, vernehmen, ergreifen. Im Englischen gibt es ein Wortspiel: *To understand*, verstehen, heißt wörtlich *to stand under*, darunterstehen. Man steht nicht darüber, wie wir das gewöhnlich sehen würden, sondern man ist besiegt von der Sache, die man versteht. Das ist Beobachtung.

Um beobachten zu können, braucht man sich selbst nicht mit der Sache oder dem Wesen zu identifizieren. Man braucht kein Fisch zu werden, keine Kohlmeise; sondern man muß einfach da sein und warten, bis das (Un)Erwartete erscheint. Nur darf man nicht zu intensiv erwarten, sonst wird man nervös; nur einfach warten. Und wenn das Tier da ist, die Offenbarung kommt, die Sache sich bewegt, darf man nicht gewalttätig werden: Man wartet, erwartet, beobachtet, ist passiv, überläßt die Initiative der Sache, dem Ding (nicht dem *objectum*, das man »aus sich herausschleudert«). Und dann lernt man und erkennt. Dafür braucht man Zeit, und man ist den Launen der Sache, der Freiheit der Wirklichkeit ausgesetzt, deren Rhythmen man nicht verletzen darf. Eigentlich bedeutet Beobachtung, *observatio*, den Sachverhalt zu bewahren (*servare*), wie er ist. Ein mehr philosophischer Name für diese Aufnahme der Gegenwart eines Sachverhaltes in unserem Bewußtsein wäre der der Wahrnehmung: Wir nehmen wahr, was vor uns steht.

In diesem Sinn, nämlich durch Erfahrung und Beobachtung, gewinnt jeder Mensch Erkenntnis. Kinder machen Erfahrungen von der ersten Sekunde ihres Lebens an. Beim Erwachsenwerden nimmt die Fähigkeit zur Beobachtung immer mehr zu. Erfahrung kann gefährlich werden, Beobachtung enttäuschend; Erfahrung verlangt Aufgeschlossenheit, Beobachtung Geduld.

Die moderne Naturwissenschaft bevorzugt eine dritte Methode des Erkennens. Es ist das *Experiment*. Es besteht darin, eine mehr oder weniger künstliche Veränderung an mindestens einer Variablen eines beobachteten Systems durchzuführen und dann die Änderung des Systems im ganzen festzustellen. Das Experiment ermöglicht die Berechnung der Variationen und Variablen und baut zugleich auf dieser Berechnung auf. Man kann eine Gesamtrechnung aufstellen; man kann planen. Die Erfahrung erfordert lange Vorbereitung, die Beobachtung ein einfühlendes Sich-Anschmiegen an die Rhythmen der Natur. Das Experiment ist angeblich praktischer und kommt schneller zum Ziel. Die Erfahrung geht in mich hinein, an der Beobachtung muß ich teilnehmen, aber das Experiment läuft »nebenbei«; ich muß nur gelegentlich nachsehen, was geschehen ist.

Francis Bacon, der als der Vater des Experiments in diesem modernen Sinne gilt, spricht ausdrücklich von dem Ziel, die Natur zu beherrschen (*Novum Organum* I, 70ff.). Vorher war das Wort fast gleichbedeutend mit *experientia*, Erfahrung. Strenggenommen müßte man auch zwischen Experimenten und Messungen unterscheiden. Beides hängt aber eng zusammen.

Ich möchte behaupten, daß diese dritte Art des Erkennens eine entartete Art ist. Man erkennt eigentlich nicht die Sache. Man lernt nur eine bestimmte Reaktion des Sachverhalts in einem vordefinierten Rahmen kennen. Das Experiment ist hauptsächlich eine Möglichkeit der Beherrschung, des Berechnens, vielleicht des Vor-Sehens und des An-Griffs. Es bietet lediglich Informationen über einen bestimmten Ablauf, aber es sagt nicht viel aus über die Natur der Sache, über die Wirklichkeit, über unsere eigene Natur. Schon das Kind probiert diesen Erkenntnisweg aus, wenn es mit seinen Spielsachen experimentiert – aber danach kann man mit dem Spielzeug nicht mehr spielen, denn das Experiment verändert die Natur der Dinge. Macht, Prestige, Geld und vieles andere kann man auf diese Weise gewinnen, vielleicht sogar Selbstzufriedenheit – ohne Zweifel eine faszinierende Sache. Aber Erkenntnis im eigentlichen Sinne gewinnt man auf diese Weise nicht. Man fügt die Wirklichkeit in ein Gedankensystem ein, nicht umgekehrt. Diese Unterscheidung von Erfahrung, Beobachtung und Experiment soll keine Trennung bedeuten. Die drei Erkenntnismethoden sind oft verflochten und zeigen auch eine gewisse hierarchische Ordnung: Das Experiment braucht am Ende eine Beobachtung, und diese muß in eine gewisse Erfahrung einmünden, wollen wir Erkenntnis gewinnen. Es gibt kein reines Experiment, aber auch keine reine Erfahrung.

Aham: Es gibt eine innere Zusammengehörigkeit des Ich mit dem Du. Die Philosophie des deutschen Idealismus könnte sich völlig umkehren, wenn sie anstatt der Dialektik von Ich und Nicht-Ich eine Dialogik von Ich und Du eingeführt hätte. Sie hat zweifellos recht: Das Nicht-Ich ist nicht Ich und steht im Widerspruch zum Ich. Man kann aufgrund dessen die Wirklichkeit logisch in die Sphäre von Ich und Nicht-Ich einteilen, was folgerichtig zum absoluten Idealismus führt. Aber das Du ist weder Ich noch Nicht-Ich. Das Verhältnis des Du zum Ich ist weder das dialektische Verhältnis des Nicht-Ich zum Ich, noch ist es ein Identitätsverhältnis des Ich mit sich selbst. Das ist nichts Kulturspezifisches, sondern eine allgemeine menschliche Erfahrung, die ein jedes Kind durchlebt. In den modernen Sprachen haben wir allerdings den Dual (die Zweizahl neben Einzahl und Mehrzahl, die dieses besondere Verhältnis auch in der Grammatik zum Ausdruck bringt) völlig verloren. Im Sanskrit, im Arabischen und im Griechischen wird er noch immer bewahrt.
In diesem Zusammenhang erlaube ich mir eine allgemeinere Bemerkung: Ich habe den Eindruck, daß wir zur Zeit einen Sprachen-Genozid verüben. Wir lassen nicht nur die Bäume sterben, sondern auch die Sprachen der Menschen. In diesem Jahrhundert sind schon über tausend Sprachen verschwunden.

Wenn es so weitergeht, wird in weniger als hundert Jahren die Mehrheit der heutigen fünftausend Sprachen ausgerottet sein. Sprachen sind nicht nur Werkzeuge, sondern jede Sprache ist eine ganze Welt – nicht nur eine Weltanschauung. Jede Sprache ist ein Reichtum des menschlichen Lebens. Nicht nur Tierarten werden ausgerottet, sondern auch Hunderte von menschlichen Heldengestalten und Mythen verschwinden oder sind bedroht. Und das liegt daran, daß wir die Sprachen so vergewaltigt haben, als wären sie nur Informationsmittel, wie Satelliten oder Radios.

Nun zurück zu Singular, Dual und Plural. Eins und mehrere, ich und sie alle: Es gibt bei uns keine grammatische Form, um das Ich-und-Du auszudrücken. Das wäre der Dual. Er hat eine kolossale Kraft, er ist keine Mehrzahl, sondern setzt ein Du voraus und bildet eine »höhere« Einheit. Sehr eindrücklich haben das Ferdinand Ebner, Martin Buber und andere dargestellt. Das Du ist die Ansprechbarkeit der Person, sagt Ebner. Der Zwischenmensch ist die wahre Person, vertritt Buber. »Gibt es keinen Anderen (nichts Anderes), so gibt es kein Ich«, vernehme ich aber schon von Chuang-Tzu (II,2)[39]. Das Zwischenmenschliche ist der Dual, das, was die »Dulosigkeit« (Ebner) des Ich überwindet.

Der Dual spiegelt die Entdeckung wider, daß das Ich ein Du erfordert, das wesensverschieden von einem Dritten, einem Es, von allem anderen ist. Der Dual ist ein Erlebnis, und sein Verlust ist ein vielsagendes Beispiel für die artfremde Veränderung des menschlichen Verhaltens. Ob wir uns nun (weil wir ein bißchen Vertrauen haben) duzen oder nicht, hat damit sehr wenig zu tun. Es geht um etwas ganz anderes. Es ist die Erfahrung des Ich, die nicht ohne die Erfahrung des Du möglich ist. Und das Du braucht nicht nur das »geliebte Du meines Herzens« zu sein; es kann auch etwas Bedrohendes sein. Aber es ist etwas, was zu mir gehört, ohne das ich nicht leben kann. Es ist etwas, was mich herausfordern, mir gefährlich werden, mich lieben, mich irgendwie verwandeln kann und was mich aus meiner stolzen Einsamkeit erlöst. Vieler Menschen Erlösung mag es sein, daß sie eine Katze oder einen Hund haben. Das ist besser als gar nichts, aber es kann wohl nicht das Modell dieser Ich-Du-Beziehung sein. Um sich auf sich selber zu besinnen, um sich selber zu sein, *aham*, ist das Du nötig, ohne das kein Ich sein kann.

Das Du ist nicht etwas, was ich mir auswähle. Indische Soziologen sind sehr stolz darauf, daß sich die indischen Heiratssitten trotz ihrer »Primitivität« offenbar besser bewähren als die westliche Vielfalt der Heiratsmärkte und Wahlfreiheiten. In Indien ist die Entdeckung des Du nicht eine Frage meiner individuellen Wahl und Entscheidung. »Ich heirate die Frau, die ich liebe« – »Ich liebe die Frau, die ich heirate«: Das ist die geläufige Formel für den Unterschied. Natürlich ist das abhängig von Glaube und Aberglaube, Tradition und Routine. Hier im Abendland wäre es verwerflich, ein solches, zumindest heutzutage fremdes System einführen zu wollen. Das ist nicht meine Absicht. Ich will nur den Versuch machen, die Unterschiede zu verstehen. Denn letztlich geht es um die nackte Erfahrung des Lebens, die jenseits solcher kultureller oder historischer Differenzen steht, aber nicht getrennt ist von ihnen.

Psyche, Träumen und verum: Um etwas über *psychê* zu sagen, könnte ich von der Zen-Meditation sprechen, die uns behilflich sein will, unsere *psychê* zur Stille zu führen. Die Erwähnung mag an dieser Stelle genügen. Zum Symbol des Träumens (im besten Sinn dieses Wortes) müßte man über Tiefenpsychologie sprechen, aber auch die *Mundaka Upanishad* erwähnen. Wenn die Gefahr der ersten Dimension die Trägheit ist, so ist es hier der Intellektualismus, der Drang, die Dinge durch Experimente erforschen zu wollen und sie nicht durch Beobachtung und Erfahrung zu erkennen.

Wenn – nach Meister Eckhart – die Versuchung und zugleich Aufgabe der ersten Dimension das *velamen boni* ist, der »Schleier des Guten«, so ist die Versuchung der zweiten das *velamen veri*, der »Schleier des Wahren«. Wie der Wille nur unter dem Schleier des Guten funktionieren kann, so der Intellekt nur unter dem Schleier des Wahren. Wenn die erste Dimension die Gefahr in sich trägt, alles auf den Willen zu setzen, so besteht hier die Gefahr, allein die Vernunft zu benutzen. Es wäre eine ähnliche Überlegung einzufügen wie beim ersten Zentrum: Man darf die Vernunft nicht vernachlässigen, man darf das Wahre nicht vergessen, aber die Realität läßt sich nicht auf Intelligibilität, d.h. auf Denkbarkeit reduzieren. Die Wirklichkeit ist nicht *nur* Wahrheit. In Anlehnung an Dionysius sagt Bonaventura: »Die höchste Realität wird Finsternis genannt, weil der Intellekt nicht versteht« (...*dicitur tenebrae, quia intellectus non capit: Hexaemeron*, col. 2, n. 32).

Die Geschichte scheint zu zeigen, daß die unmenschlichsten Taten der Menschen im Namen der Wahrheit getan worden sind. Phänomenologisch ließe sich dazu verteidigend sagen, daß Wahrheit das ist, was man *sucht*. Es ist damit nicht gesagt, daß sie sei, was man *findet*. Was man sucht, ist wohl die Wahrheit; aber was man findet, kann wahr oder auch nicht wahr sein. Wenn einer behauptet, die Wahrheit zu besitzen, hat er schon die Wahrheit in seiner Seele vernichtet, weil die Weisheit nicht mehr darin wohnt. Wie Thomas von Aquin lehrt, ist es ein Widerspruch in sich selbst zu behaupten, man könnte die Wahrheit besitzen; sie kann höchstens uns besitzen. Die Wahrheit ist immer nur eine Hülle; und das heißt letzten Endes, daß wir die Wahrheit nicht mit der Realität als ganzer identifizieren dürfen. Sobald wir die Wahrheit berühren, wird sie von all unseren Unzulänglichkeiten angesteckt. Damit wird die Wahrheit, die uns frei machen soll, zu unserer Gefangenen. Wie kann sie uns dann befreien?

Das will nicht heißen, wir könnten uns auf die Wahrheit nicht verlassen. Es soll andeuten, daß die Wahrheit selbst nur eine Hülle der Realität ist, die notwendig ist, um uns das Sein sichtbar zu machen. Die Wahrheit ist die Sichtbarkeit des Seins, insofern das Sein intelligibel ist. Aber der Mensch muß auch der Offenbarung dieses Vorhangs entgegengehen und bereit sein, im grundlosen Un-Grund des Mysteriums weiterzuleben.

Drittes Zentrum: Feuer und Sein

Die erste Dimension der *quaternitas* habe ich mit dem Wort »Wachen« bezeichnet; die zweite mit dem Wort »Träumen« (hier liegt eine tiefe Ironie des Seins verborgen, die ich nicht näher ausführen kann: Träumen gehört mit dem Denken und der Vernunft zusammen). Die dritte Dimension hängt mit dem »Schlafen« zusammen, im klassischen Sinne der indischen Philosophie (*sushupti*). Wird die erste Dimension *jîva* und die zweite *aham* genannt, dann ist die dritte *âtman* . Wenn in der ersten von *sôma*, in der zweiten von *psychê*, so soll hier von *polis* die Rede sein. Wenn das Symbol der ersten die Erde, der zweiten das Wasser ist, so ist es hier das Feuer. Und wenn Ebene eins *karman* ist, Ebene zwei *jñâna*, so ist Ebene drei *bhakti*. Wenn das Zentrum der ersten Dimension das Moralische und das der zweiten das Psychologische ist, so ist das Zentrum der dritten das Ontische: Wir sind Feuer, *polis* (Stadt), *âtman* (Selbst), *bhakti* (Hingabe), *ens* (Sein), dem der Zustand des Schlafens und das Gebiet des Ontischen entspricht.

Als Gefahr der ersten Dimension haben wir die Trägheit benannt; bei der zweiten den Intellektualismus. Bei der dritten müssen wir einen gewissen Sentimentalismus erkennen (das Gemüt, das Fühlen, all das hat hier seinen Platz, aber auch seine Gefahren). Der Schleier der ersten Dimension ist der Wille, der uns alles unter dem Aspekt des Guten und Schlechten, des Anzustrebenden und des zu Vermeidenden vor Augen führt. Der Schleier der zweiten ist die Wahrheit, die uns durch die Vernunft und den Willen vor Augen gestellt wird. Der Schleier der dritten Dimension ist noch schwieriger zu beschreiben und hängt mit dem hier wirksamen Symbol des Feuers zusammen. Meister Eckhart nennt ihn *velamen entis*, Schleier des Seins, des Seins schlechthin.

Ens: Ich möchte das Problem, um das es hier geht, an einem Beispiel aus der Religionsgeschichte verdeutlichen: Das kolossale historische Mißverständnis zwischen Christentum und Buddhismus hat seinen essentiellen Grund darin, daß man von einer *âtma-vâda*-Position her, das heißt von dem Standpunkt, es gebe eine feste Substanz, einen festen Wesenskern, eine »Seele« im Menschen, den *an-âtma-vâdin* (Anhänger der *an-âtman*-Lehre) nicht verstehen kann. Zwischen *âtman* und *anâtman* ist auf der Ebene der Lehren nicht zu vermitteln. Denn die Substantialisierung des Seins einerseits, nach der die höchste Realität das höchste Seiende ist, und die Überzeugung von der grundsätzlichen Nicht-Substantialisierbarkeit der Realität andererseits, nach der die »höchste Realität« *shûnyatâ*, *nirvâna*, die Leere »sei«, sind zwei miteinander unverträgliche Urentscheidungen, die sich auf keinen gemeinsamen Nenner bringen lassen. Trotzdem gibt es gewisse geistesgeschichtliche Brücken, wo sich die beiden Haltungen dem Dialog nicht verweigert haben. Auch in der christlichen (sowie in der jüdischen und islamischen) Tradition findet man bei einigen Autoren die Aussage, daß Sein und Realität nicht identisch sind.

Meister Eckhart bringt diesen dritten Schleier mit jener schon genannten Bibelstelle, Röm VIII,18, zusammen. Eckhart spricht über die *gloria*, die *doxa*, d.h. die »Herrlichkeit«, den Glanz des endgültigen Lebens. Die Offenbarung entfernt sämtliche Hüllen. Sie bewirkt, daß alles weggerissen wird, was die Glorie verdeckt: der Schleier des Guten, der Schleier des Wahren und auch der Schleier des Seins selbst. Dieser Vorgang geschieht »in uns«, wie Eckhart mit Bezug auf den lateinischen Wortlaut der Bibelstelle betont. Denn »das Wesen der Seele ist ferne vom Reich dieser Welt, weil es in einer anderen Welt oberhalb der Seelenvermögen, oberhalb des Intellekts und des Willens ist. (…) In das Wesen der Seele aber dringt niemals ein Geschaffenes ein und Gott selbst nur ohne irgendwelche Hülle« (LW IV,11,2).

Es geht an dieser Stelle nicht um intellektuelle Lehrentscheidungen. Wir müssen nachzuvollziehen versuchen, was in seiner besonderen Erfahrung Eckhart und im größeren Zusammenhang auch – jeweils in ihrer eigenen Sprache – die ganze buddhistische Tradition, ein Teil der indischen Überlieferung und manche Ströme in der Mystik verschiedenster Zeiten zu verstehen geben. Es ist im Grunde die Einsicht, daß die Wirklichkeit sich nicht spalten läßt, und daß deshalb ein gesondertes Selbstbewußtsein nicht der Ordnung der Wirklichkeit entspricht. Auf eine einfache Formel gebracht, könnte man mit Hilfe jener indischen Version sagen: *Brahman* ist so sehr reines Bewußtsein, daß es nicht einmal Bewußtsein *von etwas* ist. Deshalb ist *brahman* selbst nicht selbst-bewußt; deshalb weiß *brahman* nicht, daß es *brahman* ist. *Brahman* weiß *nichts! Ishvara* dagegen weiß, daß er *brahman* ist – und dadurch, daß er es weiß, ist er es.

Polis: Um den eingeführten Parallelismus der Begriffe fortzusetzen, kann man sagen:»Ich bin *âtman*, ich bin *polis*, ich bin *Feuer*, ich bin *bhakti*.« *Bhakti* ist Hingabe und Liebe. *Polis* bedeutet Stadt, Stamm, Gemeinschaft, politische Gemeinschaft. Es geht dabei nicht nur um eine Gemeinschaft, die durch hohe geistige Verbindungen und Ideale zustandekommt, sondern es geht um den Stamm, die natürliche Gemeinschaft, die deshalb natürlich ist, weil man in der Nachbarschaft wohnt, sich gegenseitig kennt, zusammen kämpft und in gewisser Weise auch blutsverwandt ist. Telefon- und Fernsehapparate sind nur Ersatzformen einer wirklichen Nachbarschaft. Ich meine das nicht in einem entarteten rassistischen Sinn, sondern als wirkliche, verwurzelte, fleischliche, politische Gemeinschaft im Unterschied zu irgendwelchen Ideal-Gemeinschaften. Der Mensch befindet sich nicht nur in einer Gemeinschaft, gehört nicht nur einer gewissen Gesellschaft an. Der Mensch ist Gemeinschaft, ist *polis*.

Eine Anmerkung zur westlichen Tradition dieses Symbols: Man würde die griechische *polis* gänzlich mißverstehen, wenn man darin eine rein technische Angelegenheit sehen würde, eine Demokratie, die bloß dazu da ist, die Regeln des gegenseitigen Benehmens festzulegen. Eine *polis* ist ein *Mesokosmos*, ein Feld, in dem sich Mikro- und Makrokosmos treffen. Eine *polis* ist ohne ihre Tempel, ihre Götter, ihre vertikale Dimension undenkbar. Diese gehören zu ihr wie das Wasser zum Schwimmbad. Wo anders als in der *polis*, im politischen Leben, vervollkommnet sich der Mensch, erreicht er sein Heil, kann er sämtliche Möglichkeiten seiner Persönlichkeit zur Fülle kommen lassen, wird er vergöttlicht, geheilt, erlöst? (Das politische Leben in diesem Sinn ist natürlich mehr als nur parlamentarisches Hantieren mit Gesetzen.) Die Fülle des Menschen wird erst Wirklichkeit in der Gemeinschaft mit den Göttern, den Mitmenschen, den Sachen, den Tieren, also mit allen Lebewesen, die eine *polis* ausmachen. Auch die Sterne gehören dazu. Eine *polis*, *civitas*, ohne alle diese könnte niemals dem Menschen Fülle ermöglichen.

Es war Augustinus, der in der christlichen Tradition diese umfassende Bedeutung der *polis* theoretisch zerstört hat – gerade um den Menschen in seiner Zeit zu helfen, das Politische zu retten – indem er die Spaltung zwischen *civitas Dei* und *civitas terrena* vornahm, der Gottesstadt und der irdischen Stadt. Warum? Augustin stand in einer Zeit des Zerfalls der griechischen und der römischen Ideale. Die natürliche Gemeinschaft der *polis* war praktisch zerstört. Die Mehrzahl der Menschen konnte dieses Ideal der Vervollkommnung in der Stadt, im politischen Leben, sowieso nicht erreichen. Die alten Götter waren verbannt, ihre Heiligtümer geschleift. Zu Augustins Zeiten wurden auch ihre Anhänger schon verfolgt. Der christliche Gott war zwar durch Konstantin in einem politischen Zusammenhang eingeführt worden – was wir aus unserer Sicht zu leicht verurteilen, wenn es auch für das spätere Christentum furchtbare Wirkungen nach sich zog. Aber die alte politische Ordnung des römischen Reiches, obwohl im Verfall begriffen, war damals die einzige, die man sich denken konnte.

Augustin hielt an der Einheit von Himmel und Erde fest und wollte die Einheit des menschlichen Lebens retten, das seine Vollkommenheit in der *polis* erreicht. Aber er sieht – das ist aus unserer nach-aufklärerischen Position heraus schwer zu verstehen – daß es ein nicht zu verwirklichender Traum ist, in einer einzigen *polis* das Heil des Menschen zu erreichen. Da sind Sklaven, Frauen, Kinder, die Mehrheit der Menschen, die an jener Vervollkommnung, Vergöttlichung in der *polis* keinen Anteil haben kann. Augustin öffnet ein Fenster, indem er dem

Menschen eine göttliche Stadt vorstellt (nicht nur irgendeinen diffusen Himmel, an den man immer schon geglaubt hatte) und ihm nahelegt: Da der Mensch hier sein menschliches Leben nicht im Vollsinn realisieren und vollziehen kannt, hat er jene Gottesstadt als eine wirkliche *polis*, als eine weitere Chance. Das ist ein großartiger Gedanke pastoraler Natur, aber historisch gesehen ist es der Anfang einer Dichotomie von Himmel und Erde, die von nun an das Christentum durchzieht. Vielleicht gibt es heute eine Möglichkeit zur Versöhnung; das ist eine der Hauptaufgaben der Christen im Westen heute.

Atman: Ich *bin* Gemeinschaft. Der Mensch kann sein Leben nicht verwirklichen, sein Wesen nicht realisieren, wenn er nicht noch etwas anderes ist als sein eigenes, alleiniges Ich, wenn er sich nur um die Beherrschung seines Körpers, den Schmuck seiner Seele und um gute Beziehungen zu seinem Du kümmert. Der Reichtum des Menschen geht viel tiefer. Ich bin nicht nur Individuum. Das steckt in dem Wort *âtman*. Dieses Wort läßt sich im Grunde nicht übersetzen. Das übliche Äquivalent »Selbst« ist ebenso erhellend wie verführerisch. Daß ich *âtman* bin, oder besser: Daß *âtman* das ist, was auch ich bin, darin besteht die Entdeckung jener dritten Dimension des Seins, um die es hier geht. Jedoch kann dies keine Entdeckung der Vernunft sein. Der *âtman* muß sich offenbaren, denn in ihm wird alles zur Einheit. Diesem *âtman* soll man in allem Bemühen auf der Spur sein, denn durch ihn erkennt man alles.
Die dafür grundlegende Erfahrung möchte ich anhand der heutigen Situation der wissenschaftlich-technologischen Welt zusammenfassen, in der wir mehr oder weniger alle leben. Etwas Ähnliches haben die Chinesen im 13. Jahrhundert mit größerer Klarheit gesehen, und auch die Upanishaden im 6. Jahrhundert vor Christus geben uns schon einen Wink. Aber jetzt fängt es auch bei uns an, erlitten zu werden: Es ist die *prinzipielle* Unmöglichkeit, sämtliche Wissensgebiete zu beherrschen. Ich kann nicht alles wissen. Und je mehr ich weiß, umso mehr weiß ich, daß ich nicht weiß. So entsteht eine Inflation des Wissens, die ebenso schlimm ist wie die Bevölkerungsexplosion. Die uns heute zugängliche Literatur ist so

umfangreich, daß kein Mensch alles lesen kann, nicht einmal in seinem Fachgebiet. Ich bin angewiesen auf Auszüge aus Auszügen von dieser Literatur. Aber wie kann ich erkennen, indem ich (in einem quantitativen Sinne) *alles* zu erkennen versuche? Kann ich prinzipiell mehr als nur diese oder jene Einzelheit erkennen? Ich fange an zu erkennen, daß selbst unter der Annahme, daß ich alles erkennen könnte, dieses Wissen mir keine wahre Erkenntnis schenken würde.

Das war Heraklits Klage gegen die Pythagoräer. Und auch die indische Tradition weiß das:»Wo es etwas wie eine Zweiheit gibt, dort sieht einer den andern; dort riecht einer den anderen; dort schmeckt einer den andern; dort spricht einer zum andern; dort hört einer den andern; dort denkt einer an den andern; dort berührt einer den andern; dort erkennt einer den anderen. Wenn einem aber alles zum *âtman* geworden ist, wodurch und wen soll man dann sehen? Wodurch und wen soll man dann riechen? Wodurch und wen soll man dann schmecken? Wodurch und zu wem soll man dann sprechen? Wodurch und wen soll man dann hören? Wodurch und an wen soll man dann denken? Wodurch und wen soll man dann berühren? Wodurch und wen soll man dann erkennen? Das, wodurch man die ganze Wirklichkeit erkennt: Wie kann man dieses erkennen? Es ist nicht so und nicht so *(neti – neti)*. Es ist unfaßbar, denn es wird nicht erfaßt; unzerstörbar, denn es wird nicht zerstört; ungebunden, denn es wird nicht gebunden; es ist frei, unerschütterlich, unverletzlich. Wie könnte man den Erkenner selbst erkennen?« (BU IV,5,15, Übersetzung B. Bäumer). Die zutreffende Frage ist dann:»Wie kann ich das erkennen, wodurch alles erkannt wird?« (BU II,4,14).

Was hier verlangt wird, ist eine radikale Umkehr der Ausrichtung unserer Zivilisation: Entweder richtet sie sich auf die Herstellung von Gegenständen (Technokratie) oder auf die Vervollkommnung der Subjekte (Humanismus). Beides sind Grundentscheidungen, die sich in ihren Zielen gegenseitig ausschließen. In unserer Zeit herrscht die Technokratie über den Humanismus. Wenn es darum geht, Macht zu erlangen, kann man – aber immer nur eine Minderheit! – mit ihrer Hilfe sehr leicht Erfolg haben. Die Welt zu dominieren, zu verändern (oder kaputt zu machen), da sind wir heute schnell zur Stelle. Persönlich glücklich zu sein, das hängt von ganz anderen Faktoren ab; manche Menschen erreichen das, andere nicht. Doch um das geht es hier, um die Fülle des Lebens und die Teilhabe des Menschen an dieser Fülle. (Humanismus nenne ich die Kultur des *humanum* als *quaternitas perfecta* und nicht das übliche anthropozentrische Menschenbild, wie ich schon 1963 in meinem Buch *»Humanismo y cruz«* erläutert habe.) Um es in der christlichen Tradition zu sagen: Es geht um *gloria, exousia* und *doxa*, um den Glanz und die Herrlichkeit des Wirklichen. Wozu das Leben? Was ist dies, wodurch wir uns nicht nur bewegen, sondern durch das wir *sind*?

Es geht dabei um eine Grundentscheidung, die nicht individueller Natur ist, sondern uns gemeinsam betrifft: Ob der einzelne glücklich ist oder nicht, mag eine individuelle Frage sein. Aber ob die Prioritäten unserer Zivilisation auf Glück oder Macht ausgerichtet sind, das können wir nur zusammen bestimmen. Das ist diese dritte Dimension, und hier beginnen wir schon zu ahnen, daß wir, um das Sein zu belassen, es aufgeben müssen. Wir müssen im doppelten Sinne des Wortes das Sein sein lassen. Denn wir entdecken, daß das Sein-Selbst beeinträchtigt wird, sobald sich mein Gedanke, mein Wille oder mein Selbst einmischen.

Hier wird die Zerrissenheit der Augustinischen Trennung sichtbar: Mein Heil, d.h. meine ganzheitliche Gesundheit, meine menschliche Realisation, geschieht nicht mehr im Gebiet des Hier-Seins, des Daseins, sondern im Reich des Später-Habens in der *civitas Dei* (nicht *hominum*). Damit hat eigentlich die Bitte ihre Gültigkeit verloren: »Wie im Himmel, so auf Erden« (Mt VI,10).

Feuer und bhakti: An dieser Stelle ist die Symbolik des Feuers wesentlich, wie sie zahlreiche Traditionen der Menschheit gesehen haben. Das Feuer verzehrt, wütet, zerstört. Es macht die Dinge zu Asche, die der Wind zerstreut. Das Feuer kann nur so lange Feuer sein, wie es etwas zu verbrennen gibt. Es ist dadurch Feuer, daß etwas in ihm verbrannt wird. Indem es Feuer wird, hört das auf zu sein, was das Feuer möglich macht. Das Feuer nährt sich von dem, was ihm selbst Leben gibt. Es ist nicht wie die Erde. *Agni* ist im Hinduismus die sich selbst vernichtende, selbst sich Leben gebende Kraft, die durch ihre Selbstopferung erst sich als Feuer selber verwirklicht. Und im Buddhismus ist *nirvâna*, jedenfalls wörtlich verstanden, die Auslöschung des Feuers. Wenn von der Kerze nichts mehr da ist, alles Wachs verbrannt, erlöscht die Flamme von selbst. Denn die Flamme ist nichts anderes als noch nicht zu Feuer gewordenes Wachs.

Die christliche Tradition spricht von zwei Büchern, dem Buch des Lebens (nämlich der Heiligen Schrift, in der die Gelehrten lesen, und für die man eine gewisse Vorbereitung haben muß) und dem Buch der Natur, in dem *jeder* lesen kann. Augustin sagt, das Buch der Heiligen Schrift sei elitär, nur für einige wenige bestimmt; das Buch der Natur ist für alle da, sogar – wenn man es buchstäblich übersetzt – für den »Idioten« (*idiotes* bedeutet wörtlich »Laie«, »gewöhnlicher, ungebildeter Mensch«). In jenem Korpus lesen nur die Gelehrten, in der Welt aber kann auch der Unkundige lesen. Augustinus sagt: »Die göttliche Seite [d.h. die Heilige Schrift] sei dir ein Buch, damit du es hörst [man »hört« das Buch!]; die ganze Welt sei dir ein Buch, damit du es siehst.« Augustinus weiß, daß nach Paulus Glauben aus dem Hören erwächst, Erkenntnis aber aus dem Sehen. Das Buch kann man »hören«, für sich vielleicht einen Sinn daraus gewinnen; die Welt aber kann man sehen. Die Codices sind für die Gelehrten da, der Unwissende aber kann in der ganzen Welt lesen. Bonaventura lehrt, daß nach dem Sünden-fall »das Buch der Welt erstorben und zerstört« war[40]. Durch die Gnade aber seien die Dinge der Welt »wie ein Buch, aus dem die gestaltende (*fabricatrix*) Trinität widerstrahlt, sich darstellt und gelesen werden kann«[41].

Das ist menschliche Weisheit, die aus den Traditionen erwachsen ist. Sie setzt uns heraus aus den Errungenschaften unserer nach-aufklärerischen Welt, so daß wir vielleicht eine allgemeine menschliche Erfahrung machen können, ohne fixiert zu bleiben auf den hermeneutischen Zusammenhang der letzten drei oder vier Jahrhunderte. Wie können wir uns anmaßen, Gemeinschaft mit den

Menschen zu haben – ganz zu schweigen von der Gemeinschaft mit der Erde – wenn wir *nur* aufklärerische Menschen sind? Wir werden sie so niemals erreichen können. Wir müssen nochmals Lesen lernen, diesmal nicht die Bücher aus Papier, sondern das Buch der Natur, das nicht nur Wälder und Flüsse beinhaltet, sondern die direkte Schau, mitten aus der Welt, in der wir stehen. Jeder kann sehen – nicht nur in dem Sinn, wie es die elitären »Hörer« des Buches tun (das früher laut vorgelesen wurde), sondern in der direkten Anschauung der Wirklichkeit. Diese hat eine letzte, wesentliche Eigenschaft: Das Sehen ist nicht Reflexion über das Gesehene, sondern es ist einfach ein Erblicken, Erschauen, um sich vom Geschauten anstecken zu lassen. Es ist nicht nur wie das Durchblättern eines schönen Foto-Albums, das uns vielleicht helfen kann, uns daran zu erinnern, es aber nicht ersetzt. Um zu sehen, muß ich vergessen, daß ich sehe. Sonst *denke* ich nur, daß ich sehe, *stelle mir nur vor*, daß ich eine schöne Landschaft erblicke. Doch das eigentliche Sehen ist unvermittelt. Und das ist eine universale Analogie. Es hat nichts zu tun mit irgendwelchen optischen Phänomenen; es ist nicht denken, daß ich sehe; ist nicht genießen, was ich sehe; sondern es ist einfach nur sehen. Das, was man sieht, ist etwas nie Gesehenes, unerforschlich, ungesehen: *âtman, polis*, Feuer, *bhakti. Bhakti* heißt hier »Liebe«, es bezeichnet die zentrifugale Kraft, aus sich selbst herauszugehen und sich selbst zu verzehren wie das Feuer.

Wenn wir mit diesen Symbolen und Bildern nichts anzufangen wissen, dann können wir vermuten, daß eine fundamentale Seite unserer Menschlichkeit an Schwindsucht leidet. Um uns selbst zu entdecken, uns selbst zu kennen in der Tiefe der Menschlichkeit, die uns gegeben ist, müssen wir wirklich leben. Das besagen die drei Dimensionen, über die wir gesprochen haben, die erste Triade der *quaternitas perfecta*. Der Mensch ist, indem er menschlich lebt.

Viertes Zentrum: Luft und Geist

In den dreißiger Jahren traf Gandhi bei einer Kampagne der Non-Cooperation-Bewegung in Bihar in Nordindien einen Schulkameraden wieder, den er seit vielen Jahren nicht gesehen hatte. Dieser kam ihm entgegen, um ihn zu begrüßen. Aber er trug keine handgemachte Kleidung, was damals das Erkennungszeichen in Gandhis Unabhängigkeitsbewegung war, sondern »englische« Kleidung. Sie musterten sich und erkannten die Lage sehr schnell. Der Freund erklärte ihm: »Ich muß schließlich leben! fünf Kinder, Schwiegermutter....« Gandhi sagte: »Das interessiert mich nicht«. Und er ging weiter mit seinen Leuten. Entweder – oder. Es ist hart, wenn man viele hungrige Mäuler ernähren muß. Der Mann arbeitet bei den Behörden, und wenn sie sehen, daß er sich mit diesen halbnackten Halunken abgibt, dann verliert er seine Stelle. Er muß Geld verdienen, Gutes tun, die Familie durchbringen... Gandhi sieht das nicht ein und geht weiter.

Das ist ein Bild für die Haltung des geistigen Lebens. Alles wird aufs Spiel gesetzt: »Wenn aber deine Hand oder dein Fuß dich ärgert, so haue ihn ab und wirf ihn von dir...« (Mt XVIII, 8); »Wer sein Leben retten will, der wird es verlieren...« (Mt XVI, 25). Ebenso kompromißlos ist Shankaras *Viveka-Chûdâmani* (21.79.164.299.508 – und viele andere Stellen). Entweder nehmen wir das geistige Leben in unserem Herzen an, stürzen uns mit aller Intensität und Leidenschaft hinein, oder es ist nur eine neue Form des Edelkonsums. Jeder muß dieses Dilemma mindestens einmal im Leben erleben. Das Leben ist in unseren Händen. Wir schmieden unser Schicksal selbst, auch wenn äußere Kräfte uns beeinflussen und mitspielen. Das schließt auch weder Zufall noch Vorsehung aus. Wenn ich ein Schriftsteller bin, muß ich vielleicht auf die Inspiration warten, die von außen kommt: »Der Geist weht, wo er will« (Joh III,8). Aber wenn mich der Heilige Geist nicht mit der Feder in den Händen vorfindet, wird die Inspiration nutzlos vorbeiziehen.

Die vierte Dimension ist Luft (Hauch, Geist), *kosmos* (*âkâsha*, Äther, der leere Raum), *brahman*, *tûshnîm* (Schweigen) *nihil*

(Nichts, die Leere), *turîya* (das »Vierte«, das über Wachen, Träumen und Schlafen hinausgeht), der Bereich des Mystischen: das, was man nicht sieht, aber spüren kann, und was manchmal sogar die Bäume zerreißt und gewaltige Kraft in sich hat. Hier gibt es keinen Schleier, weil nichts zu verbergen ist. Und es ist deshalb nichts zu verbergen, kein *velamen*, weil *nichts ist*: das Nichts, das nichts sagt.

Wir haben eine ursprüngliche Erfahrung, die uns helfen kann, diese Dimension zu beschreiben. Es ist die Erfahrung der *Freiheit* – nicht der Begriff der Freiheit, auch nicht die Vorstellung, sondern die Erfahrung. Natürlich heißt Freiheit in diesem Sinne nicht, im Supermarkt zwischen zwei Teesorten wählen zu können. Wenn unser Leben nur im Auswählen von Gegebenem besteht, leben wir nicht wirklich. Wir leben nur, wenn wir dieses Leben immer von neuem aufs Spiel setzen, d.h. wenn wir das Leben leben lassen.

Wenn es uns nicht gelingt, das auf eine natürliche Weise zu tun, werden uns die Kräftigen unserer Gesellschaft und die junge Generation auf ihre Weise beibringen, daß das Leben gelebt werden will, indem es aufs Spiel gesetzt wird. Dann gibt es plötzlich verrückte Autofahrer, Fixer, Leute, die irgend etwas tun, das wenigstens das Gefühl gibt, daß man lebt, weil man spürt, daß man das Leben verlieren kann. Wenn die Besten einer Gesellschaft nur durch solche Torheiten leben können, ist das ein Beweis dafür, daß wir das Leben vor lauter Versicherung, Angst und Schonung nicht leben. Ich sehe das, was sie machen, als eine Perversion, aber keine Verneinung des Lebens an. Wenn wir nicht wirklich bestimmt sind vom Leben selbst, in unseren Worten, im Benehmen, in dem, was wir glauben und tun; wenn wir nur versuchen, was sicher und wohltuend und nicht gefährlich er-scheint – dann leben wir nicht. Das nicht gelebte Leben rächt sich durch den Tod. Das Leben will leben, aber das verdrängte Leben sucht den Tod. Die tragischen Geschehnisse unseres Jahr-hunderts, die – mitten aus einer Zivilisation der Ordnung und Sicherheit heraus – zum modernen Krieg geführt haben, sollten uns eine Warnung sein.

Die Erfahrung des Lebens gehört zusammen mit der Erfahrung unserer Befindlichkeit – und das sogar auf dem Gebiet des Wissens. Das widerspricht natürlich Descartes' Philosophie, dessen Sorge um Gewißheit uns, nicht ohne unsere Mitschuld, zur Mentalität des Sicherheitsstaats verführt hat. Mit erstaunlich strengen Worten sagt Bonaventura, der Zeitgenosse Thomas von Aquins: »Zu der These, daß eine Wissenschaft desto wertvoller (edler) sei, je größer die Gewißheit, muß gesagt werden, daß sie keine Wahrheit besitzt.«[42] Und der geniale Augustinus hatte schon vorher seine Version des Cartesianischen *cogito ergo sum* formuliert: *Si enim fallor, sum* (»Auch wenn ich mich täusche, bin ich«: *De civitate Dei* XI, 26).

Nihil: Wir müssen noch tiefer gehen. Die echte Erfahrung des Lebens bringt das Erlebnis der Kontingenz mit sich, d.h. die Berührung (*tangere*) des Nichts. »Falls jemand, indem er Gott sieht, erkennt, was er sieht, hat er Gott selbst nicht gesehen«, sagt Dionysius Areopagita[43]. Ein shivaitischer Text aus Kashmir sagt[44]: »Das größte Geheimnis ist, daß es kein Geheimnis gibt.« Oder Evagrius Ponticus[45]: »Selig ist jener, der die unendliche Unwissenheit erreicht hat.« Unwissenheit, *agnosia, ignorantia* – aber sie muß unendlich sein!
Brahman, das nicht einmal weiß, daß es *brahman* ist; der Äther; der leere Raum (der mit dem naturwissenschaftlichen Begriff gleichen Namens wenig zu tun hat); der Wind; der Atem: *Ich bin auch dies!* Wenn wir unser Ich auf unser kleines Individuum oder auf die Gemeinschaft oder die sozialen Beziehungen beschränken, dann zeigt das, daß wir nur eine kümmerliche Meinung von uns selbst haben. Was uns am meisten fehlt, ist die Überzeugung von unserer Würde, die Erfahrung unserer Unendlichkeit, das Vertrauen in uns selbst; die Entdeckung, daß ich kein Einzelteil des Universums bin – das wäre lächerlich, vor allem dann, wenn ich das Universum nur quantitativ betrachte. Nein, ich bin ein Spiegel der ganzen Wirklichkeit (um eine alte Metapher zu gebrauchen). Es ist ein ganz besonderer Spiegel, in dem die Wirklichkeit so abgebildet wird, daß die Unterscheidungen verschwinden. Es bleibt

nichts zu sehen als das, was schon die Antike den Mikrokosmos nannte. Aber in diesem ist der ganze Makrokosmos enthalten. Beide gehören konstitutiv, ihrer inneren Verfassung gemäß, zusammen.

Schweigen: An dieser Stelle ist das Wort »Kontemplation« zu Hause. Es hat sehr wenig mit »Überlegung«, »Besinnung« oder »Theorie« zu tun. Kontemplation ist nicht so sehr die Synthese von *actio* und *theoria*, von Praxis und Theorie, als vielmehr der Urgrund, aus dem beide erst hervorgegangen sind. Deshalb hat Kontemplation ein intellektuelles und ein praktisches Moment; Denken führt zu einer gewissen Klarheit, Praxis zu einer gewissen Veränderung des Sachverhalts. Kontemplation ist nicht eine Mischung aus beiden, auch nicht ihre Synthese, sondern jene zugrundeliegende Haltung, in der Wissen und Tun sich noch nicht getrennt haben. Die Alten sagten: *Operari sequitur esse* (das Tun folgt auf das Sein); später sah man es umgekehrt: *Esse sequitur operari*. Aber ist es nicht die eigentliche menschliche Erfahrung, daß wir *sind*, indem Handeln und Denken nicht gespalten sind, wenn auch das Nachdenken beide unterscheiden kann[46]? Das kontemplative Leben ist weder reine Beschauung noch bloße Tat; es ist eher die beschauliche Tat und die tätige Beschauung, das ungespaltene Leben. Sein Name ist Weisheit.

Was wir hier betonen müssen, ist die Einsicht, daß der Mensch nicht ein isoliertes Seiendes ist, dem äußere Beziehungen als Ergänzung hinzugefügt werden – dann wären sie bloß Akzidentien. Sondern der Mensch ist seiner Natur nach gerade diese Ganzheit. Es sei nochmals hervorgehoben, daß die Anthropologie der heute dominanten Zivilisationsform eine viel zu enge Auffassung vom Menschen hat. Wenn man die Tiere nur als Maschinen sieht, wie es der Westen nach Descartes praktisch angenommen hat, so wird der Mensch, nach aristotelischer Definition das *animal rationale*, in der Sicht der Moderne zu einer »vernünftigen Maschine«. Damit kann unsere *Quaternitas* wenig anfangen.

Hier liegt der existentielle Kern der Sache. Die Korrelation zwischen *karman*, *jñâna* und *bhakti*, Tätigkeit, Erkenntnis und Liebe, ist vollständig, es fehlt ihr nichts. Man könnte daher für das vierte Zentrum das Wort *tûshnîm* wählen, was Ruhe, Schweigen, Stille heißt, um die Quaternität abzurunden. Andere Traditionen haben dafür z.B. *sigê, silentium, sosiego,* Abgeschiedenheit gewählt. Damit ist aber nicht eine Stille des Denkens gemeint, das wäre *yoga*; nicht eine Stille des Tuns, das wäre unmenschlich; nicht eine Stille des Herzens, das könnte tödlich enden.

Sondern es ist etwas, das die alten Chinesen *wu wei* genannt haben; Chuang-tzu beschreibt es als eine Absichtslosigkeit, die die notwendige Voraussetzung für jede Tätigkeit ist:»Das Nicht-Handeln ist das Gesetz des Weisen« (XIII,3). Im Tao-te king (2) wird gesagt:»Der Weise wirkt ohne handeln, lehrt ohne reden« – gerade weil dieses Nichts auch zum Menschen gehört. Christliche Mariologen würden es»Fülle der Gnade« nennen – wie sie Maria vom Engel erfahren hat (Lk I,28). Durch sie vereinen sich Natur, Kultur und Gnade in völliger Harmonie und Untrennbarkeit in einem Menschen. Da ist nichts Künstliches, Artifiziöses, nichts Hinzugefügtes. Es ist dennoch keine bloße Passivität, kein Quietismus, denn es gehört mit zur Würde des Menschen, daß er das Universum zur Vollkommenheit bringen soll. Vielleicht ist es der kosmische Rhythmus, der in uns hinein und durch uns hindurchgeht, und der durch uns im gleichen Moment transformiert wird, indem wir uns ihm anpassen. Der Rhythmus des Seins ist nicht vorgegeben, die Harmonie ist eine schöpferische und selbst sogar eine zu schaffende.

Das Mystische: Wenn das erste Zentrum das Moralische umfaßt, das zweite das Psychologische und das dritte das Ontische, so müssen wir hier vom Mystischen sprechen. Doch muß man beim Wort»mystisch« vorsichtig sein, sonst besteht die Gefahr, daß es wie in einem englischen Wortspiel (zu *mysticism)* mit *mist* (Nebel) anfängt und mit»*schism*« (Spaltung) aufhört. Das wäre keine gute Perspektive. Aber diese Gefahr ist unvermeidlich. Die höchsten und feinsten Dinge auf der Welt sind gerade die, die sich auch am schlimmsten auswirken und selbst verderben können. Die echte Mystik aber gehört mit zur Harmonie jenes Nicht-Wissens, jenes inneren Friedens, jener unsterblichen Freude, die leicht in Zynismus, Gleichgültigkeit, Unmenschlichkeit und anderes umschlagen kann.

Was könnte jenes Wort »mystisch« bedeuten? Man kann dafür die Analogie des »dritten Auges« benutzen. Seit Platon sagt man in der griechischen Tradition, daß man die ganze Wirklichkeit durch das Empirische, d.h. durch die fünf Sinne, Sehen, Tasten, Schmecken, Riechen, Hören, wahrnehmen kann. Die *aisthêsis* – das ist eigentlich die »Sinnlichkeit« – ist eine menschliche Beschaffenheit und somit unentbehrlich für alle Wege der Spiritualität. Wenn sie nicht berücksichtigt wird, wird sich das schwer rächen. Die Sinnlichkeit ist nicht nur wesentlich menschlich, sie ist auch ein konstitutiver Bestandteil der Gesamtwirklichkeit. Und in der Sinnlichkeit, im Ästhetischen, ist zugleich auch die Schönheit zu Hause. *Kosmos* heißt zugleich Schmuck und Welt. Die griechisch-orthodoxe Tradition des Christentums, die jener vorchristlichen Philosophie besonders verbunden ist, sagt, daß das erste Attribut Gottes die Schönheit ist.

Wenn man die Sinnlichkeit verliert, dann ist man verloren. Aber die Sinnlichkeit muß durchdrungen werden – nicht nur ergänzt – vom Intellekt, vom *nous*, vom Geistigen, vom Denken, von unserem intellektuellen Bewußtsein, das nicht von ihr zu trennen ist. Wenn diese Durchdringung gelingt, werden wir unsere Sinnlichkeit, unseren Willen und unser Denken entfalten können. Der Mensch ist ein sinnliches, aber auch ein vernünftiges Wesen. Wir dürfen die intellektuelle Dimension des Menschen nicht vernachlässigen; wenn wir sie beseitigen würden, wären wir nicht mehr Menschen. Die Vernunft hat ihre Rechte, die zu bestreiten selbstmörderisch wäre.

Doch hat sich in einigen Kulturen das Menschenbild und die Realitätsauffassung anscheinend auf zwei Dimensionen reduziert. Das ist die große Gefahr jeder ausschließlich technokratischen Zivilisation. Menschen aller Zeiten, auch in diesen im höchsten Grade dualistisch denkenden Kulturen, erinnern uns daran, daß es noch ein drittes Auge gibt, das uns eine dritte Dimension der

Wirklichkeit erschließt. Mit Platon könnte man die erste Dimension *ta aisthêtika*, die zweite *ta noêta* und diese dritte *ta mystika* nennen: das Mystische.

Wir haben ein drittes »Organ«, das uns wie die anderen Wahrnehmungsorgane in Berührung mit der Wirklichkeit bringt. Den Sinnen entspricht die materielle und raum-zeitliche Dimension der Realität. Dem Intellekt, dem *nous*, entspricht die intellektuelle Dimension der Wirklichkeit, die genauso wirklich ist wie die physische. Wir sagen zum Beispiel »Gerechtigkeit« und »Wahrheit«, und damit ist ein gewisser Sinn verbunden, eine gestaltende, Wirklichkeit schaffende Kraft. Aber es gibt auch noch diese dritte, zusätzliche Wahrnehmungsmöglichkeit einer sonst unsichtbaren Dimension der Wirklichkeit. Das ist das Mystische, das Unaussprechliche, das man mit nichts benennen kann, so daß man, wenn ein Wort vonnöten ist, »Nichts« oder »das Nichts« sagt.

Das Verhältnis dieser dritten Dimension zur zweiten ist analog der Beziehung zwischen dieser und der ersten. Der Mensch kann keine rein sinnliche Wahrnehmung haben, die nicht irgendwie auch intellektueller bzw. bewußter Natur ist. Ähnlich kann man keine intellektuelle Anschauung haben, ohne daß gleichzeitig die dritte Dimension gegenwärtig ist. Sie spielt sich so hinein, daß sie uns in derselben intellektuellen Einsicht »erspüren« läßt, daß es »mehr gibt«, als was uns die Vernunft erschließt. Mit dem Intellekt ahnt der Mensch, daß die Wirklichkeit, auch das kleinste Seiende, eine unergründliche Tiefe hat. Ebenso erspürt er mit dem Intellekt, daß sie auch anders sein könnte. D.h. Unendlichkeit und Freiheit sind zwei menschliche Urerfahrungen, die die Vernunft voraussetzen, aber gleichzeitig übersteigen.

Unsere drei »Organe«, Fenster, Wahrnehmungsmöglichkeiten für die Wirklichkeit gehören untrennbar zusammen. Wenn ich denke, ist auch mein Gehirn dabei. Wenn ich empfinde, ist auch mein intellektuelles Bewußtsein dabei. Ähnlich ist auch dieses Dritte immer präsent. Die Wirklichkeit läßt sich nicht auf zwei Dimensionen reduzieren. Es ist die Funktion des dritten Organs, die beiden anderen zu vertiefen. Es ist ihr Wesen, diese zu durchdringen, und zwar gerade so, daß sie selbst unsichtbar, unaussprechbar, unwahrnehmbar bleibt. Die Mystik ist zu Recht in Verruf geraten, wo man aus ihr eine von anderen Dimensionen des Lebens abgetrennte Spezialität hat machen wollen. Schon die Annahme der Möglichkeit, von diesem dritten Gebiet separat zu sprechen, ohne die beiden anderen einzubeziehen, ist ein Widerspruch. Sobald man sich vorstellt, daß dieses dritte Auge, diese Offenbarung des Höchsten, diese Besonderung des Herzens allein und unabhängig sein könnte von der Sinnlichkeit und vom Intellekt, genau dann fängt die Verdorbenheit an, die mit dem Stichwort Religion so oft verbunden ist. Nur wenn ich mir die sinnlich-materielle und die intellektuelle Dimension der Wirklichkeit aufschließe, kann ich erfahren, daß sie im ganzen nicht ausreichen. Und dadurch öffnet sich langsam oder schnell dieses Dritte in meiner Wahrnehmung. Und gleichzeitig können wir nicht verneinen, daß gerade die sich selbst »entwickelt« nennenden Völker der Erde im großen und ganzen geistig unentwickelt sind und unter einer kulturellen Atrophie dieses drittes Organes leiden.

Teresa von Avila ist einmal während der ersten Jahre ihres Konventslebens von diesem Hochmut des mystischen Lebens geheilt worden. Eine neue Priorin sollte gewählt werden – in den Klöstern herrschte damals eine gewisse Demokratie. In ihrer geistigen Versunkenheit hörte Teresa eine übernatürliche Stimme, die ihr versicherte, daß es der Wille Gottes sei, sie selbst solle Priorin werden. Daher lachte sie insgeheim über all die anderen, jene kleinen Politiker, die auch in den Konventen am Werk sind und eine Art »Wahlkampf« veranstalteten. Dann kam die Wahl, aber Teresa wurde nicht gewählt. Sie ging betrübt zum Kruzifix und klagte ihm ihr Leid, wo sie doch zum Göttlichen so gute Beziehungen hatte. Teresa war klug genug, keine besondere Offenbarung zu erwarten. Trotzdem hörte sie auf einmal ganz klar die Antwort auf ihre Tränen: »Ja Teresa, *ich* wollte schon, daß du Priorin wirst, *aber die Nonnen wollten nicht!!*«. Mystizismus gegen den Willen der Nonnen ist unmöglich. Gott will, aber wenn die Nonnen nicht wollen, geht nichts…

Das Mystische ohne das Intellektuelle ist ein Gespenst. Das Mystische ohne das Sinnliche ist unmenschlich. Aber genauso ist das Sinnliche ohne das Intellektuelle und ohne das Mystische verkümmert und banal. Und Gedanken allein, ohne jenes andere, das die Atmosphäre erschafft, das Verständnis ermöglicht, sind lediglich Waffen der intellektuellen Gewalt. Die drei gehören wesentlich zusammen.

Doch ist dabei ein Unterschied zu beachten: Das Sinnliche kann man kultivieren. Dazu braucht man Disziplin und sogar Askese. Auch das Intellektuelle kann man kultivieren, wenn auch diese Kultur viel raffinierter ist. Der Wille läßt sich zwar nicht kommandieren, sonst wäre er kein Wille; doch hängt das Wollen des Willens nicht vom Willen ab. Deshalb ist Freiheit mehr als nur eine Sache des Wollens. Man muß den Willen auf eine sehr sanfte Art kultivieren. Das Intellektuelle läßt sich nicht zwingen, aber erziehen. Wahre Erziehung ist kein Militärdienst.

Beim Mystischen ist die Sache noch subtiler: Man *muß* es ebenfalls kultivieren. Aber im Gegensatz zum Sinnlichen und zum Intellektuellen *kann* man es weder zwingen noch erziehen; es ist keine Sache des Trainings noch des Willens. Gerade die Begierde nach *nirvâna* ist das große Hindernis vor dem Erreichen des *nirvâna*. Der Wille zur Heiligkeit führt zu Heuchelei oder Hochmut. Der Drang, mich irgendwie zu einer geistigen Persönlichkeit oder zu einem spirituellen Menschen zu entwickeln, damit ich ein bißchen mehr Frieden, ein bißchen weniger Leid, eine bessere Laune habe oder was auch immer, gerade er führt zur Frustration. Er ist letztlich verantwortlich für die Epidemie der Depressionen in unserer modernen Zeit. Depression heißt nichts anderes, als daß da ein Druck ist gegen eine andere »Pression«. Sie ist eine Krankheit des Willens: Ich ziele hoch, und dann kommt etwas dazwischen, das meinem Willen widersteht.

Das Mystische läßt sich weder trainieren noch kultivieren. Doch es läßt sich lieben. Wir sind einfach ausgeliefert. Lieben kann man nicht auf Kommando. Liebe ist schöpferisch, wirklich, »sunder Warumbe« (Eckhart). Nur die Reinheit des Herzens versetzt uns in eine Situation, in der diese dritte Dimension des Schweigens und des Unsichtbaren die beiden anderen vervollständigt. Das ist alles. Es bedeutet, daß das »Urseyn des Willens« nicht das letzte Wort hat. Der Weg der Spiritualität ist letzten Endes kein Weg. Dennoch können wir uns, gerade weil wir gezwungen sind, auch Intellekt und Sinne zu gebrauchen, nicht mit bloßem Glauben begnügen und uns darauf verlassen, daß alles Gnade sei, ein göttliches Geschenk, bei dem wir lediglich Empfänger sind. Zwar ist alles Gnade, aber es fängt immer wieder von vorne an – und niemals ohne uns. Solange wir leben, sind wir nie am Ende dieses Prozesses. Die neue Unschuld ist eine immerwährend sich erneuernde Unschuld.

Kosmos: An dieser Stelle muß einiges über die Freiheit gesagt werden: Freiheit hat wenig mit Wahlfreiheit zu tun. Denn Wahl bedeutet, zu entscheiden, d.h. zu scheiden zwischen »A« und »B«, einen Schnitt durch die Wirklichkeit zu machen. Freiheit kann nicht Trennung zur Folge haben. Salomon wußte das, als er sein berühmtes Urteil sprach. Denn es gibt nicht halbe Kinder; die Mutter wird das Kind nicht in zwei Teile teilen lassen, selbst wenn es ihr der Richter nicht zuspricht (IKön III,16-28). Wer die Wahl hat, hat die Qual, sagt man. Qual ist nicht Freiheit.

Wie erfahre ich, was erfahre ich, wenn ich mich als frei erfahre? Erstens, und das ist die Voraussetzung, mache ich die Erfahrung, daß alle Angst verschwunden ist: Angst vor dem Leben, dem Tod, dem Erfolg, dem Fiasko, der Liebe, der Verachtung, dem Leid, der Wahrheit, vor mir selbst. In allen ihren Stufen ist die Angst verschwunden. Sie fehlt nicht deshalb, weil es keine ängstigenden Objekte mehr gäbe – es gibt auch Angst vor dem Nichts – sondern weil das Subjekt der Angst nicht mehr vorhanden ist. Nicht, daß es keine Gespenster gäbe, keine bedrohlichen Machthaber oder was immer, sondern mein Kern, der eigentlich Angst haben müßte, ist einfach nicht da.

Es ist einleuchtend, daß man nicht völlig frei von Angst sein kann, wenn man nicht frei ist, wenn noch ein *ego* da ist. Solange das *ego* existiert, mag es sogar heilsam sein, Angst zu haben. Ohne eine gewisse Furcht würde das menschliche Leben chaotisch. Es soll also nicht gesagt sein, daß jede Angst verwerflich sei; wir behaupten nur, daß jede Angst die Freiheit beeinträchtigt.

Zweitens: Wenn ich wirklich furchtlos bin und in diesem Sinn keine Hemmung mehr habe, dann bin ich losgelöst von allen Determiniertheiten. Damit meine ich nicht den Rahmen und die Konturen, die zu meinem Wesen gehören. Sie begrenzen mich und verleihen mir dadurch die Fähigkeit, die Wirklichkeit zu umfangen. (Das sei gegen jeden Individualismus gesagt, der Freiheit als Grenzenlosigkeit mißversteht). Sondern es geht um eine tiefere Dimension des Seins, eine letztliche Nicht-Determiniertheit am Grunde von allem, was ich tue und bin. Freiheit in diesem Sinn ist nicht eine Frage der Chromosomen meiner Eltern und Großeltern, der Kultur und der Sprache, der sozialen Beziehungen und anderer Bedingtheiten. Sondern ihre Sphäre liegt dort, wo ich, metaphysisch gesagt, das Nichts erfahre (was eine Erfahrung ohne Inhalt, eine Erfahrung von nichts ist). Diese Erfahrung läßt sich nicht beschreiben, man kann sie nur aufstrahlen lassen. Es ist dies, daß mein Leben noch nicht gelebt ist, und daß das Leben dieses Lebens nicht von Autobahnen, Geschäftsordnungen und irgendwelchen anderen Äußerlichkeiten abhängt, sondern von *nichts*. Ich werde mit dieser Erfahrung keineswegs Selbstmord begehen – das wäre im Gegenteil ein Beweis für meine Unfreiheit, mein Verhaftetsein in den Äußerlichkeiten, von denen ich mich befreien will. Die Freiheit bedarf keiner Befreiung.

Freiheit ist jene Erfahrung der Unendlichkeit, daß das, was ich bin, noch niemals jemand gewesen ist. An ihrem Beginn steht die Erfahrung der Unvertauschbarkeit. Es gibt etwas in mir, das es erst möglich macht, daß *ich* vergessen will, daß *ich* vielleicht neidisch bin auf Sachen, Werte und Leute, daß *ich* genießen will, daß *ich* haben will. Es ist etwas, was in mir drinnen steckt, was ich mit all diesem Neid, dieser Gier bedecke. Und dieses Etwas ist einmalig, unentbehrlich. Und es ist, um paradox zu sprechen, *mir anvertraut*. Gerade ich bin dieser Kern der Wirklichkeit, der in genau diesem Fall durch nichts anderes bestimmt ist. Es ist der Ernst des Lebens, die Erfahrung der Freiheit, daß mir etwas anvertraut ist, daß dieses Etwas unersetzlich ist und daß ich es bin. Das ganze Universum ist da, aber auch ich bin da, mit der Möglichkeit des Nichtseins.

Worum es geht, läßt sich am besten an der sehr unpopulär gewordenen Lehre von der Hölle verdeutlichen. Das Ernsthafte des Glaubens an die Hölle ist die Erfahrung, daß es etwas gibt, was in mir sprießen und sich entfalten will, was aber auch in einer Art Abtreibung endgültig verloren gehen kann. Ich bin kein Ersatzteil, das austauschbar wäre: Wenn ich das, was ich bin, nicht tue, macht es kein anderer. Hier kann niemand helfen, niemand mich ersetzen, und zwar deshalb, weil es gar nicht darum geht, irgendeine Arbeit zu leisten, eine Funktion zu erfüllen. Es geht um Sein und nicht um Haben; es geht darum, daß etwas in mir ist, was endgültig, nicht rückgängig zu machen ist. Hiob spricht von dem Weg, der nicht zurückgegangen werden kann (Ijob XVI,22). Das ist die Erfahrung der Freiheit, der höchsten Würde des Menschen.

Thomas von Aquin sagt:»Die Sünder, insoweit sie Sünder sind, sind nicht« (*Sum. Theol.* I, q.20, a.2, ad 4.). Etwas, was hätte geboren werden können zum ewigen Leben, ist nicht geboren worden. Für immer wird an seiner Stelle ein Loch sein. Es geht nicht um fünf Minuten oder um irgendeine Zeit, sondern es wird kein Ich sein. Ich habe mein Ich, meine Wirklichkeit verloren. Das ist Hölle. Dann verstehen wir die christliche Tradition im Munde des Dichters Dante:»Ich habe mir die göttliche Macht geschaffen, die höchste Weisheit und die erste Liebe« (Inferno III, 5-6).

Das besagt, daß ich einmalig, unersetzbar bin, kein Abbild irgendeines Modells. Es bedeutet auch, daß ich niemanden nachahmen soll. Damit soll nicht gesagt sein, daß ich im Kosmos besonders wichtig oder von langer Dauer wäre, was die Vorstellung der Hölle vielleicht suggeriert. Ich habe einmal eine sehr rechtgläubige Dame in ihrer Höllenangst getröstet, indem ich ihr sagte, daß diese Ewigkeit, die die Hölle ist, nicht einmal eine Minute dauern wird. Ewigkeit hat keine Dauer.

Der Weg der Spiritualität ist kein Weg, wie uns Abhinavagupta sagt (*upayânupaya*), und auch Johannes vom Kreuz:»Auf dem Gipfel gibt es keinen Weg... auf dem Gipfel: nichts«. Es ist paradox: Einübung in eine echte Spiritualität ist die Erfahrung einer Wirklichkeit, die noch nicht gemacht worden ist, die nicht von einem fertigen Menschenbild oder einer apriorischen Weltanschauung abhängt, sondern die gerade eben erst von uns neu geschaffen wird. Weil es keinen Weg gibt, haben wir keine Angst, uns zu verirren, ihn zu verlieren. Es geht darum, in uns eine reine Vitalität zu erwecken, worauf ich oben hinzudeuten versucht habe. Wenn wir auf dieser Tiefenebene sind, wo wir wirklich ausgeliefert sind, wo uns die Erfahrung der Gnade oder der inneren Wirklichkeit als zentrale Realität gegeben ist und das Ich nichts anderes mehr ist als dieses Empfangen, dann erfahren wir paradoxerweise die Freiheit, die uns jede Angst, jedes Gefühl der Selbstgenügsamkeit nimmt: Wir erfahren die Einzigartigkeit unseres Lebens, die dem ganzen Universum gleicht.

Das ist das Mysterium Mensch, eine *quaternitas*, die sich einerseits in jedem von uns widerspiegelt, andererseits uns durch ihren Spiegel selbst sein läßt. Das folgende Schema veranschaulicht das Gesagte:

I	**II**	**III**	**IV**
Erde	Wasser	Feuer	Luft
sôma	*psychê*	*polis*	*kosmos*
jîva	*aham*	*âtman*	*brahman*
karman	*jñâna*	*bhakti*	*tûshnîm*
bonum	*verum*	*ens*	*nihil*
Wachen	Träumen	Schlafen	Schweigen
das Moralische	das Psychologische	das Ontische	das Mystische

Die »vollkommene Vierheit« im Gespräch

In der Bibel steht, daß der Geist weht, wo er will (Joh III,8). Daraus folgt doch, daß er dem Menschen nicht verfügbar ist und daß daher alles, was der Mensch erkennen kann, schleierhaft und unvollkommen ist. Auch Paulus sagt:»Jetzt schauen wir in einen Spiegel und sehen nur rätselhafte Umrisse, dann aber schauen wir von Angesicht zu Angesicht. (1 Kor XIII,12)« Wie können Sie dann vom Zerreißen der drei Schleier reden? Wie kann jene Erkenntnis der religiösen Wege, die quaternitas perfecta, frei sein von dieser Verschleierung, die den rechten Weg eben doch verhüllt? Steht nicht deshalb jener Satz im Johannes-Evangelium (XIV,6): »Ich bin der Weg, die Wahrheit und das Leben. Niemand kommt zum Vater denn durch mich«? Wie sehen Sie einen Menschen, der an diesen Satz glaubt?

Wenn er *nur daran* glaubt, ist er noch kein Christ. Wenn ich glaube, daß Jesus auferstanden ist, und ich habe selbst an dieser Auferstehung überhaupt keinen Anteil, dann ist mein Glaube nur eine Abstraktion. Die Mysterien Christi sind auch unsere Mysterien. Wenn wir an diesen Mysterien nicht teilhaben, haben wir nichts davon. Glauben ist nicht ein Akt des Denkens, kein bloßes Für-wahr-Halten. Sondern dieses Wort bezeichnet die existentielle Teilhabe am Schicksal Jesu Christi, an seiner Erfahrung und Realität. Ist er tatsächlich auferstanden, so bin ich es auch – oder ich bin auf dem Weg dorthin (vgl. Röm VI,8). Ist er die Wahrheit, so bin ich es auch, indem sich mein Ich mit dem seinen identifiziert (vgl. Joh VI,58; Phil I,21; IIKor V,15 usw.). Gerade ein Christ kann das aussprechen und seinen Mut bestärken, weil Jesus ihm zeigt, daß das der Fall sein kann. Die Mysterien seines Todes und seiner Auferstehung sind nicht Ausnahmen nur für Jesus. Er ist gestorben, damit *wir* Leben haben. Er ist auferstanden, damit auch *wir* auferstehen können. Er ist Wahrheit, damit auch *wir* sagen können, was er gesagt hat. Sonst sind wir nur stolz darauf, einen guten Führer zu haben. Das ist kein Glaube, der zur Rettung fähig ist. Glaube ist immer persönliche Anteilnahme - und keine Magie. Um auf die theologischen Fragen einzugehen, müßte ich auf meine anderen Schriften hinweisen. Philosophisch will ich nur sagen, daß die existentielle Aussage: »Ich bin die Wahrheit« nicht identisch ist mit der rein objektiven Aussage: »Christus ist die Wahrheit«, weil das Subjekt nicht mehr Christus ist, sondern mein Verständnis von ihm. Das Symbol des Weges ist ganz richtig gewählt: Die Schleier sind (nur) für unterwegs da. Offenbarung aber bedeutet die Aufdeckung eines jeden Schleiers (*inchoatio vitae aeternae*).

Wie verhält sich das, was Sie über die quaternitas perfecta gesagt haben, zur christlichen Trinitätslehre? Betont diese nicht sehr unzweideutig die Absolutheit Gottes und daher auch des Christentums als Religion? Geht die Offenheit Ihrer Aussagen nicht vorbei an den klaren Lehrsätzen des Christentums, wie sie zum Beispiel das Verhältnis des Vaters zum Sohn und Geist, Gottes zum Menschen und zur Welt beschreiben? Läßt sich die Trinitätslehre zu einer Art Schöpfungstheologie umfunktionieren? Deuten Sie das nicht alles zu sehr in anthropologischen Kategorien? Oder kann man von einer Art interreligiöser Trinitätslehre sprechen, die diese Klärungen als Engführungen versteht und transzendiert?

Dazu müßte vieles gesagt werden. Man darf in der Tat nicht vergessen, daß es sich um grundsätzliche Fragen handelt, die nicht leichthin erledigt werden können. Vielleicht darf ich mich hier als orthodoxen, d.h. weder heterodoxen noch mikrodoxen Christen bekennen, der sich gerade durch Christus seiner Freiheit freut (vgl. Gal V,1.13; Röm VIII,21; IIKor III,17 usw.).

Ich habe hier nur die Anthropologie behandelt, während ich die Theologie anderswo entfaltet habe. Auf keinen Fall möchte ich beide identifizieren, obwohl sie untrennbar sind: Die Lehre von Gott ist immer eine Gotteslehre, wie *Menschen* sie annehmen, verstehen, glauben. Ich bin so sehr von der zentralen Bedeutung der Trinität überzeugt, daß ich mich aus diesem Grund nicht als Monotheist bezeichne – ohne jedoch Tritheist zu sein. Ich möchte nur einen besonderen Aspekt herausheben: Die Trinität ist kein Monopol Gottes. Die ganze Realität ist trinitarisch.

In der heutigen Theologie spricht man von der »immanenten Trinität«, das heißt dem Verhältnis der göttlichen Personen, Vater, Sohn und Geist, zueinander. Es gibt aber auch die Theologie der »ökonomischen Trinität« – und das steht in ältester theologischer Tradition, die auf die Kirchenväter zurückgeht. Ökonomie ist das Heilshandeln Gottes in der Schöpfung. Ökonomische Trinität bedeutet, daß alles, was Gott erschafft, ein Bild des trinitarischen Gottes ist, und daß die ganze Trinität an der Schöpfung mitbeteiligt ist. Das ist ein klassisches theologisches Modell. Im Geiste von Thomas von Aquin kann ich sagen: *Unus idemque actus quo Pater generat Filium creat mundum* (»Im selben, einzigen Akt, in dem der Vater den Sohn zeugt [also im innertrinitarischen Akt], erschafft er auch die Welt«)[47].

Ich gehe noch einen Schritt weiter und spreche neben der immanenten und der ökonomischen Trinität von der *radikalen Trinität*. Sie besagt, daß die ganze Wirklichkeit trinitarisch ist, und zwar in dem Sinne, daß es immer nur eine Abstraktion ist, wenn wir von »Gott« oder vom »Menschen« sprechen. Ich kann von Gott nicht sprechen, ohne zu berücksichtigen, was Gott getan hat. Gottes Sein und Gottes Tun sind untrennbar. Daher gehört, was Gott getan hat, zu Gott. Gott, Mensch und Welt sind einfach nur drei Abstraktionen. Es gibt keinen Gott ohne Menschen, keinen Menschen ohne Welt, keine Welt ohne Gott. Die drei gehören zusammen, wenn wir existentiell und der Wirklichkeit entsprechend reden. Alles was tatsächlich ist, ist göttlich, menschlich und raum-zeitlich, d.h. materiell. Es gibt nichts, was nicht materiell, menschlich und göttlich ist. Denn letztlich sind das unsere Einteilungen. Deshalb ist das Göttliche überall, wie auch das Materielle und das Menschliche.

Die wahre Schau der Wirklichkeit entdeckt in jedem Wesen, in jedem kleinen Ding das Göttliche wie das Menschliche wie das Materielle. Das nenne ich die *kosmotheandrische Schau*, oder die *theanthropokosmische Vision*. So ist die Trinität der Ansatzpunkt des Ökumenismus, der Begegnung und gegenseitigen Befruchtung der verschiedenen religiösen Traditionen.

Um auf die Frage der Schöpfung kurz einzugehen, meine ich, sagen zu können – und im christlichen Sinne auch sagen zu dürfen – daß der Anfang der Schöpfungserzählung (Gen I,1) durch *Joh 1,3* interpretiert werden muß: »Alles ist durch Ihn geworden«.

Heißt dies, daß die Mystik der drei Schleier nicht nur in bezug auf das objektive Jesusdogma, sondern auf das ganze christliche Dogmensystem relativierend wirkt?
»Hortet euch nicht Schätze wo Motte, Wurm oder Diebe etwas tun können« – wird in der Bergpredigt gesagt (Mt VI,19).
Zusammenfassend möchte ich folgendes zu den drei Schleiern sagen: Die letzte Würde unseres Lebens ist die Weisheit, und sie wohnt nur da, wo weder das Gedächtnis, noch der Intellekt noch der Wille ihr etwas antun können. Alles, was man vergessen kann, sämtliche Anhäufung von Informationen, ist sicher nicht Weisheit. Was wir durch unseren Intellekt meistern können, was wir begreifen, anpacken, also worüber wir herrschen können, das ist wiederum keine Weisheit. Nicht ohne Grund unterscheiden die Alten zwischen Erkenntnis, Wissen und Weisheit (Jes XI,3 beispielsweise). Die Weisheit ist nicht nur für die Schlauen da. Auch was Gegenstand des Willens sein kann, ist unfähig zur Weisheit. Die Weisheit ist nicht eine Sache des Willens, sie ist kein Objekt, das mit unserem Willen manipuliert werden kann. Nicht ohne einen tiefen und gleichzeitig ironischen Grund wird sie so oft als eine Dame symbolisiert!
Es steht aber auch am selben Ort geschrieben: Wo unser Schatz ist, da wird auch unser Herz sein (Mt VI,21). Ist unser Schatz die Geschichte, also das was man verlieren kann, die Kenntnisse, also alles war wir gelernt haben, oder das Gute, das wir gewollt und gesammelt haben, so wird die Weisheit nicht bei uns wohnen; sie ist nicht da, wo etwas durch Motte, Wurm oder Dieb verzehrt oder gestohlen werden kann, bzw. ist sie solcher Natur, daß alle unsere seelischen Mächte ihr nichts antun können.
Deshalb versteht und verwirklicht nur die Weisheit das, was auch geschrieben steht: »Sorgt euch nicht um das Morgen!« (Mt VI,34). Das kann man mit der Vernunft nicht rechtfertigen. Es sieht tatsächlich verantwortungslos aus. Und die, denen es so erscheint,

sie sollten sich um Gottes willen nicht von den Kümmernissen des Morgen befreien!

Ich könnte eine dialektische Antwort geben, doch wäre sie keine weise Antwort. Ich kann nur bezeugen, daß diese Haltung nicht irrational ist, noch sein soll. Man muß gleichzeitig Taube und Schlange sein! Wer Augen und Ohren hat, der mag tasten, schmecken, also die *sapida scientia*, die weise (schmackhafte) Erfahrung machen.

Was meinen Sie mit »polis« in Ihren Ausführungen zur »quaternitas perfecta«?

Ich habe den Begriff *polis* in einem Zusammenhang eingefügt, den ich in meinem französischen (unveröffentlichten) Buch: *La metapolitique* ausgearbeitet habe: Also das Meta-Politische ist gemeint, obwohl vielleicht manche glauben, das existiere nicht.

Es ging darum, was *âtman* ist. Ich habe gesagt, Atman bedeutet nicht »Selbst«. Es ist nur eine Notlösung, das Wort so zu übersetzen. Atman ist der Mittelpunkt jener Realität, die gleichzeitig immanent und transzendent ist, und symbolisiert die Selbst-Vervollkommnung des Menschen. Das kann nur in der *polis* geschehen, in dieser kosmischen, hauptsächlich aber menschlichen Gemeinschaft, in der auch die Alltagstätigkeiten ihren Platz haben und nicht als minderwertig herabgewürdigt sind. Es geht um jenen Atman, der in allem da ist. Er soll sich nicht nur auf die Spitze der Seele und des menschlichen Lebens konzentrieren, sondern ALLES durchdringen. Und deshalb ist das Symbol dieser dritten Dimension das Feuer, und die menschliche Zugangsweise ist hier nicht das Intellektuelle, sondern die Liebe, die Hingabe und so weiter.

In Ihrer Darstellung der »Quaternitas« kam der Eros nicht vor. Hängt das vielleicht mit dem Thema »bhakti« zusammen, oder mit »Sinnlichkeit«, oder mit beidem?

Ich habe nicht ausdrücklich über Eros gesprochen, weil dieses Thema jetzt so in Mode gekommen ist, daß es fast zur Selbstverständlichkeit geworden ist, darüber zu reden. Eros ist in der Tat *bhakti*, Eros durchdringt alles, und Sinnlichkeit ist auch Eros (obwohl der Begriff Eros dazu näher erklärt werden müßte). Ich schließe Eros nicht aus, sondern ein. Das Wort müßte bei einer genaueren Entwicklung des Begriffs *bhakti* eine große Rolle spielen. Nur hat es auch keinen Sinn, obsessiv alles mit Eros zu besetzen.

Wir sind immer in konkreten Situationen. Und das Lebendigste, Nächstliegende in einer Situation ist die spontane Reaktion auf das, was in ihr dominant ist. Ein Dominikaner gab mir den Rat: »Willst du eine gute Predigt halten, so denke dir einen Feind!« Wenn du weißt, *gegen wen* es geht, hast du Kraft. Und wie mühsam geht es zu, wenn du gegen niemanden bist! Das gilt auch hier: Wenn im Christentum die Sinnlichkeit unterdrückt ist, wenn wir innerlich kastriert worden sind, dann ist es verständlich, daß wir von Eros-Bildern, von sexueller Freiheit und Befreiung reden und so weiter. Aber andere Menschen werden sich denken: Ich habe das gar nicht nötig. Und dann? Dann ist es außerhalb der eigenen Situation. Und da man sich hier in anderem Sinne befreien muß, ist es sinnlos, so viel Zeit und Energie auf etwas zu verschwenden, was mich nicht so sehr angeht, oder was ich nicht für so wichtig halte.

Eros ist wichtig. Jene gewisse Befangenheit, Unterdrückung und Verdrängung in der christlichen und katholischen Erziehung ist etwas wirklich Schändliches und Tödliches, gegen das man kämpfen muß. Aber manchmal ist das beste ein ganz gelassener Kampf, in dem man das alles nicht so ernst nimmt. Wenn das Zweite Vatikanum meine Bücher verboten hätte, wären sie mit Sicherheit Bestseller geworden, aber dazu bin ich anscheinend zu brav. Ich will nicht die Kirche reformieren; ich habe schon genug zu tun, mich selbst zu reformieren.

Wir haben davon gesprochen, daß den Kindern jene Ursprünglichkeit genommen wird, die wir alle für uns selbst wieder zurückerlangen wollen. Was ist die Funktion der Eltern bei der Entwicklung ihrer Kinder, um sie zu bewahren vor den spirituellen Verfestigungen, über die wir gesprochen haben? Ich sehe drei Möglichkeiten. Die erste wäre, das Kind religiös zu erziehen. Die zweite wäre,

das zu bewahren, was ihm ursprünglich eigen ist, damit es später
nicht in die Situation gerät, in der wir heute alle sind. Die dritte
wäre: beides zusammen. Muß man nicht auch vermeiden, daß die
Rolle der Eltern einen zu großen Einfluß auf die Eigenentwicklung
des Kindes hat?

Ich wäre für die dritte Möglichkeit. Eine kleine Geschichte
hierzu:
Eine Frau in Italien bat mich, ihr Kind auf die Erstkommunion
vorzubereiten. Sie war sehr darum bemüht, daß das Kind den
allerbesten Unterricht bekommt. Ich sollte ihm als Vorbereitung
zur Kommunion jene befreienden Ideen des Christentums einpflan-
zen. Ich sagte damals zu ihr: Ich habe nicht dafür auf eigene Kinder
verzichtet, um anderer Leute Kinder zu unterrichten. Aber wenn
Sie wollen, werde ich Sie unterrichten. Ihrem Kind müssen Sie es
dann selbst sagen. Sie antwortete daraufhin, sie selbst glaube ja
nicht an Gott. Aber das Kind soll glauben?, fragte ich. Ich werde
Ihnen Erstkommunions-Unterricht geben, wenn Sie das wollen,
aber nicht dem Kind.

Die Eltern sind unentbehrlich. Das Kind weiß das, auch wenn
es gewisse Unabhängigkeitsversuche unternimmt. Und das ist
nicht nur kulturell bedingt; es ist naturgemäß so. Die Eltern
können sich der Verantwortung nicht entziehen. Ich gebe zu,
daß die Eltern bis jetzt oft zu gewalttätig, zu autoritär, vor allem
zu possessiv gewesen sind. Die Folge davon ist, daß die jüngere
Generation sagt, wir haben die Nase voll, und sich befreien
will. Es ist gewiß nicht die Aufgabe der Eltern, die Kinder von
einem bestimmten Alter an in Gefangenschaft zu halten; andererseits ist die Verbindung zwischen Eltern und Kind nicht nur
eine durch Chromosomen bestimmte. Deshalb soll die Kommunikation zwischen Eltern und Kindern geprägt sein durch Re-
sonanz, Ansteckung; traditioneller gesagt: durch das eigene Beispiel. Und hier ist es ganz wichtig zu sehen, daß wir durch
unser Sein diesen Einfluß schaffen: ich kann nicht zu meiner
Frau *so* reden und zum Kind *anders*. Diese Verbindung muß
man aufrechterhalten. Im übrigen keine Rezepte.

III Philosophie als Lebensstil

Kein Wort sei ohne Klang und Leib –
»sino con la presencia y la figura«

Einleitung

Ich kann über mich selbst nicht schreiben. Erstens und vor allem
bin ich dazu nicht fähig. Ich habe nicht einmal eine eigene Sprache.
Zweitens bin ich mir zu bewußt, daß, wenn ich es denn versuchte,
das Selbst, über das ich schriebe, nicht das Selbst wäre, das ich
bin. Denn ich bin ein Subjekt und kein Objekt. Drittens ist
Schreiben über Zielsetzungen und Entschlüsse wie Pläneschmie-
den. Es mag interessant sein für Freunde und für Menschen, zu
denen ich eine persönliche Beziehung habe. Aber in diesem
persönlichen Rahmen hat es auch seine Grenze.
Und dennoch schreibe ich. Ich schreibe nicht über mich selbst;
sondern ich schreibe mich selbst. Alles, was ich schreibe, ist
zumindest ein Teil meiner selbst. Alles ist autobiographischer
Natur. Ich schreibe nur Begriffe nieder, die ich selbst schon als
Worte begriffen habe. Ich selber bin es, worüber ich schreibe. Und
ich schreibe als einer, der spricht.
Ich bin besonders achtsam, das *Wort* sprechen zu lassen, der
Sprache selbst zu erlauben, ihr Selbst zu entfalten. Das Selbst, das
auch in der Sprache wohnt (und das verschieden ist vom *Ego*),
spricht und offenbart sich *selbst*, indem es sagt, was *es* zu sagen
hat. Dabei spricht sich dieses Selbst nicht selber aus, und der
Prozeß der Sprachwerdung läuft auch nicht automatisch ab. Sondern das Selbst bedarf meiner als eines notwendigen Mittlers. Ich
bin ein aktives Element dieser Enthüllung, und vieles hängt von
meiner Transparenz ab, außerdem von meiner Aufmerksamkeit
und anderen Faktoren.

Ich entsinne mich eines alten Ideals: Jeder Abschnitt, den ich schreibe, nach Möglichkeit jeder Satz, sollte mein ganzes Leben widerspiegeln und ein Ausdruck meines Wesens sein. Aus einem einzigen Satz müßte man mein ganzes Leben erkennen, so wie man aus einem einzigen Knochen das komplette Skelett eines prähistorischen Tieres rekonstruieren kann. Es geht mir dabei um die symbolische Zusammengehörigkeit alles Lebendigen. Ein einziges Wort, der Logos, spricht das ganze Universum aus. Jedes Wort von mir sollte zugleich ein Symbol meines ganzen Lebens sein. Die Verbindungen dieses Symbols sind nicht mathematischer Natur (bloße rationale Kohärenz), sondern vitaler Art.

Warum ich schreibe? Ich möchte dazu ein Bruchstück aus meinen Aufzeichnungen zitieren, die ich vor Jahren niedergeschrieben habe, lange bevor diese Frage von anderen an mich gestellt wurde: *Warum schreibe ich?* Nicht nur, um mich auszudrücken, nicht nur, um meine Gedanken zu artikulieren, um sie schärfer in den Blick zu bekommen und verständlicher zu machen. Denn all dies liegt auf der Ebene der Mittel, aber Mittel zu welchem Zweck?

Nun, anstatt »das Leben als Späßchen zu durchleben« oder irgendwelchen Menschen »Gutes zu tun«, stehe ich unter einer aufwendigen Disziplin, die auf den Abschluß einiger meiner Schriften gerichtet ist. Zwar ist klar: Ich schreibe im Moment, um einen Text abzuliefern, den zu verfassen ich gebeten worden bin. Aber das ist gewiß nicht meine letzte Motivation.

Ich schreibe nicht einfach, um Informationen zu übermitteln oder Kommunikation herzustellen. Das wäre immer noch ein Mittel und kein Zweck. Andere Menschen würden meine Ideen aufnehmen können. Aber wofür? Was ist letztlich der Zweck davon, eine gute Idee mitzuteilen? Ich habe sie und gebe sie weiter an eine zweite Person. Jetzt sind wir zwei. Das ändert nicht die Welt. Oder schreibe ich, um die Welt zu verändern? Geht es noch immer um Messianismus?

Wenn öffentliche Ideen die Welt veränderten – und ich strebte in meinem Leben danach, sie zu verändern – hätte ich meine Zeit besser mit den Massenmedien zugebracht, mit der Propaganda, oder vielleicht mein Leben dem Kino oder Fernsehen gewidmet.

Direkt gesprochen: Um die Welt zu verändern, das Universum zu erlösen, so würden Buddhisten und Christen sagen, braucht man nicht unbedingt die Meinung der Mehrheit zu verändern. Ist das nicht eine Illusion? Die Illusion der bloßen Zahlen? Zwei Leute mit guten Ideen sind nicht genug, aber wenn wir zwei Millionen wären? Das ist der Mythos der Demokratie. Mehr als drei Milliarden wollen die globale Abrüstung, doch nichts passiert. Wahrscheinlich will sie die Mehrheit der Weltbevölkerung, und dennoch haben wir sie nicht. Weder kommt es nur auf die Ideen an, noch zählen allein die Zahlen.

Warum nehme ich dann die harte Disziplin des Schreibens auf mich? Sollte ich vielleicht nach dem Warum nicht fragen und einfach meiner Neigung folgen? Das mag richtig sein; ich bin jahrzehntelang so vorgegangen, ohne die Frage nach diesem Warum zu stellen. Aber wenn sie sich einmal erhebt, kann ich, soll ich sie nicht unterdrücken.

Wenn ich nun antworten würde, daß ich schreibe, weil es zu meinem Leben gehört, wäre das wohl wahr, aber nicht genug. Warum lenke ich mein Leben gerade in diese Richtung, anstatt in eine andere?

Ich schreibe nicht, um Leute zu beeinflussen, nicht einmal, um eine Kunst zu pflegen – obwohl das schon viel näher bei der Wahrheit wäre. Schreiben ist für mich Meditation, d.h. Medizin und zugleich Moderation, Ordnung für die Welt[48]. Schreiben ist für mich intellektuelles Leben, und das ist spirituelle Existenz. Und es gipfelt für mich darin, am Leben des Universums teilzuhaben, an der kosmischen und göttlichen Symphonie zu partizipieren, zu der auch die Sterblichen geladen sind. Es geht nicht nur darum zu leben, sondern auch, das Leben zu belassen, die Gabe des Lebens, welche uns gegeben ist, selbst aufrechtzuerhalten und zu vertiefen. Daher ist für mich das Schreiben ein religiöser Akt. Unter »Religion« verstehe ich dabei jene Aktivität, durch die wir Menschen das Universum erlösen, befreien, daran teilhaben, es verschönern, es vervollständigen. Wir tun das, indem wir den Mikrokosmos, der wir selbst sind, erlösen, befreien, vervollständigen – oder vergöttlichen, würden einige sagen.

Das Schreiben erlaubt mir und zwingt mich schier, mich ins Mysterium der Wirklichkeit zu vertiefen. Natürlich ist es Denken, Kontemplation. Aber zugleich ist es die Form, die Gestalt, die Schönheit, der Ausdruck, die Offenbarung, die ich hinzufügen muß. Schreiben ist *nâma-rûpa* und gleichzeitig *âtman*, es ist *morphê* als Essenz und Gestalt zugleich. Schreiben setzt voraus, zu denken, aber auch zu gestalten, Gedanken zu meißeln, sie zu reinigen, sie mit Farben, Gerüchen und Formen zu bekleiden, ja sogar, sie zu bekräftigen und in die Tat umzusetzen. Es ist ein Prozeß der Inkarnation des »Wortes, das Fleisch wird«. (Soweit meine eigenen Aufzeichnungen vor mehr als einem viertel Jahrhundert).

Ich bin gefragt worden, was ich über das »Verhältnis meines persönlichen Lebens zu meiner beruflichen Arbeit« zu sagen habe. Die erste Schwierigkeit besteht darin, daß ich nicht in der Lage bin, irgendeinen Sinn zu sehen in der Trennung zwischen dem, was man üblicherweise »persönliches Leben« nennt, und »beruflicher Arbeit«. Mein persönliches Leben ist von meiner ebenfalls persönlichen Aktivität nicht zu trennen. Nicht ohne Grund unterscheide ich zwischen *work* und *labour*, »Wirken« im Sinne von schöpferischer Tätigkeit, und Arbeit im Sinne von Geldverdienen.

Wirken ist die Aktivität meines Seins, die Aktualisierung meiner Fähigkeiten für die Vervollkommnung der Welt und/oder des Menschen – mich selbst nicht ausgeschlossen. Die religiöse Sprache der abrahamitischen Tradition hat dafür das Wort »Berufung«. Wirken in diesem Sinn ist die Verwirklichung dessen, wozu ich berufen bin, die Berufung, die mich zur Erfüllung meiner Existenz führt. Arbeit besteht dagegen darin, meine Fähigkeiten jemandem oder einer Sache im Austausch für einen vereinbarten monetären Ersatz zur Verfügung zu stellen. In vielen Fällen versucht man allerdings, das letztere mit dem ersteren in Übereinstimmung zu bringen.

Diese Unterscheidung ist keine Spitzfindigkeit. Die Etymologie von Arbeit, *trabajo*, *travail* usw. und auch *labour* weist immer auf Mühsal, Qual und Schmerz hin. Meine Verwirklichung ist etwas anderes als die Anspannung meiner Fähigkeiten für entfremdete Zwecke.

Ich bin auch nicht in der Lage, auf die anderwärts so übliche und legitime Frage bezüglich meiner »Arbeits-, Denk- und Problemlösungsmodelle« zu antworten. Ich bin mir der Notwendigkeit nicht bewußt, Modelle für mein Denken zu gebrauchen. Auf philosophischer Ebene kritisiere ich die übliche Sichtweise Platonischen Ursprungs, die davon ausgeht, daß das Denken anhand von Paradigmen, Mustern, abläuft. Diese Art der mentalen Aktivität ist bestenfalls ein Kalkulieren, Schlüsse-Ziehen, Ableitungen-Herstellen aus einer Reihe von Axiomen, die postuliert oder angeblich entdeckt worden sind. Ich bin überzeugt, daß Denken anhand von Modellen einfach wie Reisen mit dem Zug oder Auto ist. Man braucht Geleise oder Straßen dafür, und diese bedingen – um nicht zu sagen: erzwingen – wohin man zu gehen hat. Man kann so in der Tat sehr viel schneller vorankommen; nur daß man einen ausgetretenen Pfad braucht, der vorschreibt, wohin man gehen muß.

Diese Vorstellung, daß man anhand von Modellen denkt, zieht den Glauben an Platons Welt der Ideen nach sich, auch wenn diese dann oft Naturgesetze oder Denkweisen genannt werden. Doch, wie uns der *Dhammapada* sagt: »Im Himmel gibt es keine Straßen«. »*Caminante, no hay camino; se hace camino al andar*«, schrieb Antonio Machado (»Wanderer, es gibt keinen Weg; du machst den Weg, indem du ihn gehst«). Denken ist nicht, was man heute Forschung nennt. Das echte Denken erst macht die Wege.

Ich erlebe das Leben oder die Wirklichkeit nicht als ein Rätsel, das eine Problemlösungs-Strategie erfordert. Ich gehöre einer anderen Kosmologie an. Die Wirklichkeit erscheint mir nicht als ein *Objekt* (lat. *objectum*, »das Entgegengeworfene«) und daher auch nicht als ein *Problem* (griech.: *pro- ballô*, das bedeutet ebenfalls vor- oder entgegenwerfen). Ich meine hier mit Kosmologie nicht eine Doktrin über den Kosmos, sondern das Erlebnis, wie der Kosmos zu mir spricht (*kosmos legein*).

Es ist auch schwierig für mich, über meine »Sicht des Einflusses meiner Arbeit auf andere« authentisch Auskunft zu geben. Ich sage authentisch, weil ich mit Leichtigkeit eine überzeugende Antwort aushecken könnte. Diese wäre auch nicht gänzlich falsch; es wäre das Ergebnis meiner vermutlich orientalischen Veranlagung, die instinktiv nur solche Antworten gibt, die die Erwartungen des Fragestellers befriedigen, das heißt, subjektivistisch vorgeht und nicht gemäß den Gesetzen der Objektivität. In dieser Hinsicht könnte ich sagen, daß viele meiner Ideen in den Hauptstrom der gegenwärtigen Vorstellung von der Wirklichkeit eingeflossen sind, daß viele Begriffe, die ich vor Jahrzehnten eingeführt habe, jetzt als personunabhängige Wahrheiten und selbst-evidente Begriffe erscheinen. Ich könnte das Feld der Begegnung der Religionen als einen Fall dieser Art erwähnen.

Um der Klarheit willen sei es mir erlaubt, einen Vergleich zu ziehen, für den ich selbst die Verantwortung übernehme, ohne irgend jemand anderen hineinziehen zu wollen.

Ich kenne viele prominente Theologen, die mit einem erbaulichen Eifer versehen sind, ihre Kirche zu reformieren, speziell die römisch-katholische Kirche. Sie haben ein genuin seelsorgerliches Interesse an sich. Dem stimme ich völlig zu. Ich bin auf ihrer Seite im gleichen Kampf um Gerechtigkeit, Freiheit, Mut und Transparenz; kurz, um die Läuterung unserer alten Kirche gemäß dem Muster dessen, was die Kirche theologisch ist oder zu sein beansprucht. Ich bewundere jene Freunde und versuche, mit vielen von ihnen in dieser Aufgabe zusammenzuwirken. Aber wenn ich auf einer tieferen Ebene nach meiner persönlichen Sorge gefragt wäre, würde ich antworten, daß mein Ziel zuerst und vor allem nicht die Reform der Kirche ist, sondern die Transformation meiner selbst, meines Selbst – wobei ich mir bewußt bin, daß das eine zum anderen führt, und daß sie beide nicht voneinander getrennt werden können. Es geht sicher dabei nicht um eine selbstische Sorge um mein *Ego*, nicht um eine individualistische Reaktion auf eine subjektivistische Natur, nicht um die Geisteshaltung einer supranaturalistischen Spiritualität. Das will ich betonen. Es ist nicht eine Frage von Innerlichkeit versus Äußerlichkeit, *actio* versus *contemplatio*, der Priorität einer bestimmten Sorte von Mitteln gegenüber einer anderen Art des Vorgehens. Die meisten von uns sind, so vermute ich, über solche Spaltungen hinaus. Der Unterschied liegt in dem, was ich als *Kosmologie* bezeichnet habe, das heißt in dem Mythos vom Kosmos, von der Wirklichkeit, wie sie uns erscheint, wie sie uns anspricht. Der Unterschied ist, genau gesagt, nicht ein Unterschied der Meinungen, sondern der Denkformen. Das jeweilige Universum ist verschieden. Ich bin mir voll bewußt, daß ich mit solchen Aussagen im Westen nur eine winzige Minderheit repräsentiere – und Westen bedeutet hier eine kulturelle und nicht geographische Kategorie.

Vermutlich läßt sich dies prinzipiell nicht klar genug ausdrücken, weil man sich ein anderes Universum als das eigene nicht vorstellen kann. Soll ich einfach sagen, daß ich nicht glaube an den Mythos der Geschichte – als das Feld der Wirklichkeit? Oder, daß der Tod nicht *vor* mir steht? Aber indem ich die Ansatzpunkte des Westens wähle, um mich auszudrücken, verrate ich schon die Unmöglichkeit einer solchen Unternehmung.

Zur Person

Dennoch will ich der ersten Frage nicht ausweichen, die die »kritischen Ereignisse« in meinem Leben betrifft. Zunächst will ich sagen, daß ich mir nicht irgendeines Traumas bewußt bin, sei es positiv oder negativ. Ich kann mich an keine Bekehrungserfahrung oder irgendeinen abrupten Wendepunkt in meinem Leben erinnern. Während meines ganzen Lebens habe ich kaum geträumt bzw. Träume im Gedächtnis behalten, und ich kann auch nichts herausragendes über meine Kindheit berichten.

Vielleicht hat mich deshalb nichts außergewöhnlich beeindruckt, weil ich extrem aufmerksam, sogar empfindlich war gegenüber allen Ereignissen in meinem Leben. Alles hat mich beeindruckt, vielleicht gleichförmig, aber tief. Ich war nie daran interessiert, mein Leben psychoanalytisch zu erforschen. Wenn ein Ereignis einmal verarbeitet ist, wird es zum Teil und Posten meines Lebens und damit ununterscheidbar vom Rest.

Allerdings kann ich einige Erlebnisse hervorheben, die vielleicht Anhaltspunkte für die Entwicklung meiner Ideen bieten. Ich führe sie an ohne ernsthaftes Abwägen, ob sie wichtig oder unwichtig für mich gewesen sind. Ich muß bekennen, daß ich mich noch immer ängstlich und unbequem dabei fühle, irgendein persönliches Ereignis nachzuerzählen, und es mag sein, daß ich das »objektive« Bild verzerre. Es ist für mich wie die Scheu eines Menschen, der Folterungen ausgesetzt war und nun nicht in der Lage ist, seine Gefühle und die Details seines Leidens zu beschreiben.

Obwohl ich nie einen Krieg mitgemacht, noch militärischen oder paramilitärischen Dienst abgeleistet habe, ist mein Leben von Kriegen gezeichnet. Meine Geburt fällt zusammen mit dem Ende des Ersten Weltkriegs. Später, im Jahr 1936, unterbrach der spanische Bürgerkrieg mein Leben, nicht nur äußerlich, sondern auch innerlich. Viele meiner Schulkameraden waren an der einen Front oder an der anderen, manche von ihnen kamen dabei ums Leben. Drei Jahre Nazi-Deutschland bis kaum zwei Monate vor dem Kriegsausbruch im September 1939 gaben mir einen Eindruck von der Unmenschlichkeit eines jeden militärischen Regimes. Als ich wieder sicher in Spanien war, litt ich unter dem Wissen, daß Kommilitonen über viele Fronten zerstreut waren und vertraute Städte bombardiert wurden. Die spanische Diktatur war eine weitere Erfahrung.

Meine mehr als zehnjährige Existenz am Ufer des Ganges, während der ich die menschlichen Bedingungen in ihrer nacktesten Gestalt miterlebte, haben mein Leben natürlich auch tief beeinflußt. Ich erkannte, daß die Menschheit nicht von einer einzigen Art ist, daß der West-Zentrismus nur eine einzelne und in gewisser Weise Minderheiten-Perspektive ist. Ich erlebte, wie erfüllt ein menschliches Leben sein kann, vorausgesetzt, es ist ein Glaube da, und mit wie wenig äußerem Komfort das Leben in seiner Fülle gelebt werden kann. Über mehr als ein viertel Jahrhundert bestätigte mir mein Aufenthalt in der indischen Welt, was mir seit meiner Geburt ein verschwommenes Gefühl gewesen war: Die Selbst-Identität des Menschen ist transkulturell und kann daher nicht irgendeinen einzelnen Bezugspunkt haben.

Eine akademische Tätigkeit in den USA lehrte mich wiederum, wie verschieden die »Neue Welt« vom Alten Europa ist und wie inkommensurabel der Osten ist, wenn er mit den Maßstäben des Westens gemessen wird – und umgekehrt. Über ein weiteres viertel Jahrhundert bin ich zwischen einer der reichsten Städte des reichsten Staates der mächtigsten Nation und seinem Gegenstück (zwölf Flugstunden entfernt), einer der chaotischsten Städte in einem der »unterentwickeltsten« Staaten in einem der ärmsten Länder der Welt (wenn man eine winzige Minderheit übersieht), hin und her »gependelt« – zwischen Santa Barbara in Kalifornien, USA, und Varanasi in Uttar Pradesh, Indien. In einem ganz wörtlichen Sinne war mein inneres Leben das einzig Gemeinsame meiner beiden Lebenssphären.

Ohne diese oder vergleichbare Erfahrungen ist es kaum möglich, jene Mode der modernen Kultur zu überwinden, die viele zu der Meinung verleitet, daß die Entwicklung des Menschen einer einzigen Linie gefolgt sei und in den universalen Errungenschaften des *homo technocraticus* gipfele.

Auf meine Weise habe ich mich nicht zwischen, sondern in der Mitte von Ost und West gefunden, und zwar jeweils in deren hinduistisch/buddhistischer und christlich/säkularer Version, die Teil meines persönlichen Universums geworden sind. Was Anekdoten aus meinem Leben und sogenannte religiöse Erfahrungen angeht, darüber will ich lieber schweigen.

Zur Frage über meine »Hörerschaft« kann ich ebenfalls eine Standard-Antwort geben und ausführen, wer meine Leser sind, weil ich nämlich weiß, daß mein verdichteter Schreibstil nur einer begrenzten Anzahl von Intellektuellen und anspruchsvollen Interessenten zugänglich ist. Aber meine ernsthafteste Antwort wird sagen, daß die »Hörerschaft«, die ich im Sinn habe, der *dharma-kâya* ist, der Leib Christi, die karmische Struktur der Welt, der Du-Charakter der Wirklichkeit, um verschiedene Ausdrücke zu gebrauchen. Vor über dreißig Jahren haben Svami Abhishiktânanda (Henri Le Saux) und ich in Indien Gespräche solcher Art gehabt: Wenn es uns gelingt, *als Christen* – und das soll heißen, ohne jede innere Apostasie und ohne irgendeinen oberflächlichen Synkretismus – durch die *advaitische* Erfahrung hindurchzugehen, wie sie in den besten Hindu-Traditionen gelebt wird, dann wird sich dadurch *für Christen*, mindestens für solche indischer Herkunft, von selbst die Möglichkeit eröffnen, einen *advaitisch- christlichen Glauben* zu leben, der ein volles hinduistisches und zugleich christliches Leben erlaubt – ohne die leidvolle und schmerzliche Erfahrung, eine gespaltene Persönlichkeit zu sein. Mehr noch, Hinduismus und Christentum würden sich dann wirklich begegnen. Nicht nötig, Bücher darüber zu schreiben, die Anerkennung der Bischöfe zu suchen oder große Kolloquien zu veranstalten. Die genuine Erfahrung würde genügen. Wir hatten damals keine »Hörerschaft« im Sinn, wir dachten nicht an irgendwelche bestimmten Leute. Ich entsinne mich jetzt an jene Stelle der Bibel, die auch Augustinus bewegt hat: »Eine Anzahl von Weisen ist das Heil (*sôtêria*) *der Welt*« (Weish VI, 26 bzw. 24)[49]. Es gibt einen inneren Fluß der Wirklichkeit, der seine Epiphanien hier und dort geschehen läßt, wenn der Boden bereit ist. Andererseits habe ich auch nichts gegen Bücher, Bischöfe und Kolloquien.

Der akademische Betrieb, die Kirche, der Staat und noch mehr die sozio-ökonomischen, industriellen Komplexe haben subtile Wege, die Regeln ihres Spiels durchzusetzen, die Grenzen abzustecken, in denen Diskussionen, Dialog, Gesetzlichkeit, Anstandsregeln ablaufen können. Dieser Ort ist Teil dessen, was ich den vorherrschenden Mythos oder die angenommene Kosmologie nenne.

Ich bin weder ein Dissident, noch ein Häretiker, Anarchist oder Aussteiger. Aber ich verteidige die Möglichkeit, das faire Spiel realistisch zu spielen, ohne die von außen vorgegebenen Regeln akzeptieren zu müssen. Mit anderen Worten, es geht mir darum, den Mythos, den Rahmen, die Kosmologie in Frage zu stellen, ohne »Terrorist« sein zu müssen. Jede Gesellschaft, jedes Individuum und jede Kultur haben eigene, ihnen zugemessene Grenzen des Tolerierbaren. Und ich glaube, daß mein größter Dienst an unserer gegenwärtigen Zeit, die nach meiner Sicht der Dinge in eine monokulturelle, technokratische Zivilisation verstrickt ist, darin bestehen kann, mich für Pluralismus einzusetzen. Pluralismus ist nicht synonym mit Toleranz gegenüber einer Vielfalt von

Ansichten. Das versteht sich von selbst. Pluralismus gipfelt in der Anerkennung des Undenkbaren, des für mich Absurden und bis zu einer gewissen Grenze Unerträglichen. Diese variablen Grenzen sind die Grenzen des Pluralismus. Alles dreht sich um das Gewahrsein unserer Kontingenz. Der Pluralismus entthront den Monismus mitsamt dem Monotheismus. Die Wirklichkeit braucht in sich selbst nicht transparent und intelligibel zu sein.

Wer sind meine Hörer? Ich habe lange gebraucht, bis ich verstanden habe, daß die »Öffentlichkeit«, für die ich schreibe, dieselbe ist wie die, für die ich lebe: die Menschheit im ganzen. Diese Öffentlichkeit ist keine Abstraktion. Sie ist das *corpus mysticum*, der *dharmakâya*, das gesamte karmische Netz und seine Grundlage, die gesamte Realität. Habe ich nicht die Person als einen Knoten im Netz der Beziehungen definiert? Das Netz reicht bis an die äußersten Grenzen der Welt, wie es der Rig Veda ausdrückt (I,164,34) und es hängt von der Dichte (Weisheit) des Knotens ab, ob er sich an der gesunden Spannung des Netzes beteiligen kann. Ich habe lange gebraucht, um mir bewußt zu werden, daß die meisten Menschen eine festgefügte Umgebung haben, sei es in Gestalt der existentiellen Mühen des täglichen Lebens oder als Welt der Ideale, in der sie leben: Familie, Partei, Vereinigung, wissenschaftliche oder berufliche Zunft oder Schulrichtung, Stamm, Nation oder Kirche. Sie leben und schreiben für eine spezielle Hörerschaft. Darin ist eine enorme Effektivität begründet: Sie haben ein spezielles Volk und konkrete Probleme vor Augen, ihre Sprache ist scharf geschliffen, sie haben immer ein Gegenüber. Sie leben in ihrer speziellen Welt, sie haben eine Umwelt, mit der sie umgehen können. Wenn ich voreingenommen wäre, würde ich die Gefahr hervorheben, daß sie bloß den Markt füttern – den Markt der heutigen Massenmedien.

Ich habe dagegen keinen Wahlkreis, keine Klientel. Das sehe ich zunächst einmal als ein Hindernis an. Denn aus diesem Grund bin ich dazu gekommen, in sechs oder sieben verschiedenen Sprachen zu schreiben. Trotz grammatischer Unvollkommenheiten und Irrtümer, technologischer Fehler sozusagen, habe ich immer gespürt, daß jede Sprache eine Welt für sich ist. Vielleicht hat sie mit einer anderen Welt manche Entsprechung, aber sie läßt sich nie mit ihr zur Deckung bringen. Jedes Wort hat ein Zuhause. Daran liegt es, daß mein schriftliches Werk so verschieden ist vom gesprochenen Wort. Wenn ich spreche, identifiziere ich mich – oder versuche es zumindest – mit dem Publikum, das ich gerade vor mir habe, und ich gebrauche die Sprache, die mir für die jeweilige Gelegenheit angemessen erscheint, oder besser, angeboten wird. Ich kann ganz spontan eine katholische Liturgie halten, einen hinduistischen *upadesha*, ein profanes Gespräch, eine wissenschaftliche Vorlesung, eine philosophische Meditation, und so weiter.

Doch wenn ich schreibe, empfinde ich eine Art Gemeinschaft mit der gesamten Menschheit, besonders mit der Kultur der Gegenwart und den Überlieferungen des mir persönlich vertrauten Stromes der Vergangenheit. Ich versuche, eine Sprache zu sprechen und Erfahrungen auszudrücken, mit denen ich mich in Gemeinschaft mit dem Rest der Menschheit befinde. Und dennoch bin ich mir voll bewußt, daß meine Sprache nicht universal ist und es auch nicht sein kann. Sie ist gefärbt von der Zeit, dem Ort, der Kultur und von meinen eigenen Begrenzungen. Ich schreibe meine Texte sechsmal und noch öfter um. Meine Zuneigung zum *etymos*, zur Herkunft der Wörter, gründet genau in diesem Wunsch, eine ursprüngliche menschliche Erfahrung zum Ausdruck zu bringen, obwohl diese natürlich mit den Farben meiner besonderen Situation eingefärbt erscheint.

Das ist vermutlich auch der Grund dafür, daß ich meine Schriften instinktiv viele Jahre »liegen« lasse, bevor ich mich entschließe, sie zu veröffentlichen. Dies geschah oft nicht willentlich, es war bedingt durch die Umstände und meinen Drang, zu vervollständigen, zu ergänzen, die andere Seite der Sache zu sehen, meine Perspektive zu erweitern und ähnliches. Es ist etwas, an dem ich bewußt nur wenig ändern kann. Im nachhinein kann ich meine Position natürlich verteidigen und ihr einen besonderen Wert beimessen…

Bombardiert, wie wir es sind, von journalistischen Texten (Journale, d.h. »Tages«-Presse), gibt es, wie ich denke, dennoch Raum genug für Überlegungen, die nicht auf den neuesten Nachrichten und ihren unmittelbaren Reaktionen aufbauen. Es mag einiger Sinn darin liegen, daß ich seit sechs Jahren keine Zeitungen lese, nicht Radio höre und auch nicht fernsehe. Das ermöglicht es mir, auf die Stimmen der Stimmlosen zu hören, auf den Pulsschlag der Wirklichkeit selber. Natürlich besteht meine Hörerschaft äußerlich aus denen, die mir *zuhören*. Doch habe ich den Eindruck, daß auch meine Zeitgenossen etwas in sich haben, das den raschen Fluß der vorüberziehenden Empfindungen und Wahrnehmungen transzendiert. Ich schreibe nicht für die Zukunft und noch weniger für die Ewigkeit. Ich schreibe ganz gewiß für meine Zeitgenossen, wenn auch nicht exklusiv für die eines einzigen Kontinents oder einer einzigen Tradition – sofern das Thema es nicht verlangt. Aber ich glaube, daß wir alle eine Zeitgenossenschaft mit der gesamten Menschheit, mit dem Kosmos im ganzen besitzen, und daß wir in einer Art kosmischer Synchronizität das Ganze der Wirklichkeit repräsentieren: Ich glaube, daß es einen sehr kontingenten und unvollkommenen, partiellen und begrenzten Ausdruck für dies Etwas gibt, das sich, obwohl es nicht ohne all jene Manifestationen existiert, gleichwohl in ihnen auch nicht erschöpft. Jedes meiner Worte schließt ein, weist hin auf, legt nahe, symbolisiert jenen mysterischen Abgrund, jene Gottheit, jene Leere (*shûnyatâ*), die in uns und allem Seienden gegenwärtig ist – wie unbeholfen und beschränkt meine Worte auch sein mögen. Gerade das könnte der Grund sein für meinen Widerwillen beim Schreiben über spezifisch »spirituelle« Themen, wodurch man diese zu einer neuen Spezialität macht. Der »unsterbliche« Kern, das »Fünklein«, der Atman ist nicht eine Spezialität, die an einem bestimmten Ort lokalisierbar wäre.

Es gibt eine akademische Weise, dies zu formulieren, doch würde sie mich nicht ganz zufriedenstellen. In gelehrter Ausdrucksweise könnte man behaupten, daß meine Welt das Universum der großen Meister sei, daß meine »Gesprächspartner« zum Beispiel ein Heraklit, Platon, Aristoteles, Thomas, Hegel, Heidegger, die Autoren der Upanishaden, oder Shankara, Abhinavagupta, Lao-tzu, Shinran und andere Leute von solchem Format seien. Das wäre nicht ganz richtig, denn ich bekenne schamvoll, daß ich nicht genügend von jenen großen Geistern gelesen und studiert habe. Ich habe – leider? – keinen einzigen Meister gehabt. Ich berühre dieselben Themen, mit denen sie sich beschäftigt haben. Das glaube ich jedenfalls. Aber ich bin ihnen nicht nachgefolgt, ich gehörte nicht zur Schule eines von ihnen, obwohl ich gewiß viele Einflüsse in mir finden kann. Aber es ist eher so, daß ich von denselben Problemen bewegt werde und mich in tiefer Gemeinschaft mit den meisten von ihnen fühle. Sozusagen haben mich die Probleme selbst so sehr in Anspruch genommen, daß ich jede konkrete Führung von außen vergessen habe. Auf dieser Ebene würde ich sagen, daß ich ein »Autodidakt« bin – obwohl ich mein ganzes Leben damit zugebracht habe, von allen Winkeln der Erde zu lernen, und dabei viele Lehrer gehabt habe.

Ich möchte präzisieren, daß dies nicht bedeuten soll, mein Publikum sei das Reich der Ideen oder das zeitlose Universum abstrakter ontologischer Spekulationen. Krieg und Frieden, Wirtschaft, Ökosophie, Religion, Gewaltlosigkeit, Technologie, die Menschheit, ja selbst die Gottheit und die Natur sind für mich nicht entfleischlichte Konzeptionen rein »theoretischer« Art.

Die Weisheit der Liebe

Ich will nun versuchen, dasselbe in akademischere Worte und in die philosophische Standestracht zu kleiden, indem ich einige Seiten überarbeite, die ich vor mehr als einem Jahrzehnt geschrieben habe[50].

(1) Philosophie ist für mich ebensosehr die Weisheit der Liebe wie die Liebe zur Weisheit. Und wahrhafte Liebe ist nicht nur spontan, sondern auch ekstatisch, d.h. nicht-reflexiv: Sie wendet sich nicht in kritischer Analyse zurück auf sich selbst. Sie kennt kein Warum. Sobald ich einen Grund für meine Liebe angeben kann, ist es kein authentisches Lieben mehr, geht es nicht um ein Letztgültiges. Man

ist ein Philosoph, so wie man ein Liebender ist. Es geht um etwas, das einem widerfährt. Philosophie ist eine primäre Geisteshaltung, nicht eine sekundäre: »Wer von Gott verdammt ist, ein Philosoph zu sein!« Philosophie kann man nicht manipulieren, weder mit Hilfe des Willens noch der Vernunft. Wille und Intellekt sind die Mittel und Werkzeuge, aber nicht die Meister. Doch ist die Philosophie eine sehr eigenartige Liebe. Sie ist Weisheit, die Weisheit der Liebe, die Weisheit, welche in der Liebe enthalten ist. Sie ist nicht bloßer *eros* oder *agapê* oder *bhakti* oder *prema*. Sie ist jene *sôphia (jñâna)*, die in der ursprünglichen Liebe enthalten ist. Sie ist die Transparenz und Selbst-Erleuchtung, *svayamprakâsha*, des anfänglichen und alles hervorbringenden *kâma*, des Impulses, *nixus*, Dranges, Aktes, des *karman* der Wirklichkeit. Und Weisheit entsteht, wenn sich die Liebe zum Wissen und das Wissen um die Liebe vereinigen.

Ursprüngliche Philosophie wird sich dann in einer Lebensweise kristallisieren; besser gesagt, sie ist der Ausdruck des Lebens selbst, wie es hineingesprochen wird in die Wirklichkeit, oder eher niedergeschrieben mit dem *stylus* (Federhalter), dem Stil des eigenen Lebens. Für mich ist eine Philosophie, die sich nur mit Strukturen, Theorien, Ideen befaßt und das Leben scheut, die Praxis umgeht und die Empfindungen unterdrückt, nicht nur einseitig, weil sie andere Aspekte der Wirklichkeit unberührt läßt, sondern gerade deshalb eine schlechte Philosophie. Die Wirklichkeit als solche kann nicht mit einem einzigen Organ oder anhand nur einer ihrer Dimensionen erfaßt, verstanden, *verwirklicht* werden. Dies würde die Philosophie bloß zu einer neuen Wissenschaft machen – vielleicht einer allgemeineren Wissenschaft, einer neuen Art von Algebra – aber es würde die Philosophie als *Weisheit* zerstören und ihren Ausdruck in Gestalt einer menschlichen Lebensweise verhindern. Darum wird in allen Traditionen das reine Herz, die asketische Geisteshaltung, das authentische Leben als Grundlage wahrhaften Philosophierens gefordert. Die philosophische Tätigkeit fordert das Ganze. Ein moralisch schlechter Mensch kann ein guter Mathematiker sein, aber kein Philosoph – zumindest nicht im existentiellen Sinne. Oder wie es ein Zen-Meister sagen könnte:

Nur wenn du du selbst bist – dein reines Du – wirst du die Dinge erkennen, wie sie sind. Diese Weisheits- oder Erfahrungsbezogenheit der Philosophie schließt ein und transzendiert zugleich, was in der westlichen Tradition seit Kant der kritische Aspekt der Philosophie genannt wird. Jede Kritik muß irgendwo an einer letzten Erfahrung zu Ende kommen; und gerade hier, am Sitz der Weisheit, wird die Philosophie geboren. In früheren Jahren habe ich das *Sophodizee* genannt.

Der Einfluß der Naturwissenschaften auf die Philosophie und auf die philosophische Methode ist so bestimmend gewesen, daß heute nicht nur die akademische Philosophie selbst, sondern auch die kirchliche Theologie eine Fachwissenschaft über Spezialgebiete geworden ist und dadurch die Weisheit entweder verlorenging, oder zu einer unkritischen, naiven, wenn nicht gar primitiven Zufriedenheit mit der Welt herabgewürdigt wurde. Hier zeigt sich wieder die tödliche Spaltung zwischen Vernunft und Glauben, Wissenschaft und Religion, »Philosophie« und »Theologie«. Man begnügt sich mit der Rechtfertigung, das moralische Gesetz gelte für alle, als ob sich die Moral selbst rechtfertigen könnte, unabhängig von jeder Weltanschauung und immun gegen kritische Untersuchung wäre.

Die traditionelle Bezeichnung für eine in dieser Weise hellseherische, kritische, intellektuelle, zugleich aber spontane, freie und existentielle Haltung ist Weisheit und auch Philosophie. Wenn wir diese Harmonie nicht wiederherstellen, geht unsere Zivilisation zugrunde. Mein philosophisches Anliegen besteht gerade darin, der zerstörerischen Schizophrenie unserer vorherrschenden technokratischen Kultur eine überzeugende Alternative anzubieten.

Diese *manuductio artium scientiarumque ad sapientiam* (Heranführung der Künste und Wissenschaften an die Weisheit) kann ich hier nicht vollziehen. Statt dessen möchte ich nun den allgemeineren Gedankengang weiterführen.

(2) Kann ich also meine Philosophie darlegen, ohne sie dadurch schon zu verfälschen? In dem Augenblick, da meine Lebensweise nicht spontan ist, da mein Stylus sich nicht frei bewegt – weil er

nicht rein oder von auswärtigen Faktoren bestimmt ist – hört meine Philosophie auf, authentisch zu sein. Kann ich mir denn selbst ein Zeuge sein? Kann ich selbstkritisch sein? Kann das Selbst der Handelnde und Wissende bleiben, wenn es zum Gehandhabten und Gewußten wird? Würde ich nicht die Quelle verstopfen, wenn ich zu ihr zurückkehrte? »Wie kannst du, Lieber, den Erkenner erkennen?« – fragt eine *Upanishad* (BU II,4,14). Ich könnte in der Tat dazu fähig sein, meinen Lebensweg zurückzugehen, aber ich kann die Fußstapfen nur sehen, wenn ich nicht mehr darin bin. Ich zweifle daher an der Durchführbarkeit einer persönlichen Stellungnahme über mich selbst. *Kein Wort sei, wenn es nicht Fleisch wird*[51]!

Was ich vielleicht tun kann: die Last in Erinnerung rufen, die ich während meiner Pilgerschaft nach oben mitgenommen habe, und sehen, ob ich sie leichter machen kann, indem ich unnötigen Ballast abwerfe.

(3) Von jeher verspüre ich einen großen Drang, die Wirklichkeit in ihrer ganzen Fülle zu erkennen, oder besser, sie selbst zu werden – zu leben. Daher habe ich mich mein Leben lang mit letztgültigen Fragestellungen befaßt – nicht in einer rein theoretischen Weise, sondern durch die ganzheitliche Teilhabe meiner Person. Nachdem ich die Spekulationen über das Absolute in der Breite der Menschheitsgeschichte studiert hatte, war ich so sehr von diesem Drang getragen, das Wirkliche jenseits seiner Erscheinungen zu suchen, daß ich in mir die Versuchung spürte die Wirklichkeit diesseits meiner Unternehmungen zurückzulassen. Ich war versucht, ein spezialisierter Akademiker oder ein akosmischer Mönch zu werden; ich spürte die ansprechende und anziehende Macht beider Wege, der rein intellektuellen Abstraktion und des kompromißlosen Asketentums. Wenn ich nun sowohl den akademischen wie den religiösen Weg eingeschlagen habe, dann deshalb, weil ein Professor in meinen Augen nicht ein Geschäftemacher ist, sondern ein »Bekenner«, der eine »Profession«, ein Bekenntnis ablegt, und zwar mit seinem ganzen Leben. Und ein Mönch sollte nicht ein isolierter Einzelgänger sein, ein *monachos*, sondern einer, der

darum ringt, eins zu werden, *monos*. Gerade hier spürte ich die Berufung zur Synthese, das heißt, zu einer alles umfassenden, ganzheitlichen Grundhaltung. Das christliche Dogma der Auferstehung des Fleisches wurde für mich zum lebendigen Symbol: Nichts von allem, was ist, darf verloren gehen; das Wirkliche kann nicht aus dem Körperlichen herausgetrennt werden – es ist tatsächlich nicht ohne die Materie, auch wenn es nicht nur Materie ist.

(4) Mein akademisches Studium begann bei der Materie: Sieben Jahre lang waren Physik und Chemie meine ernsthafteste intellektuelle Beschäftigung. Nebenbei fing ich an, Philosophie zu studieren; aber nicht, weil ich durch mein naturwissenschaftliches Studium enttäuscht worden wäre. Es gab da durchaus eine Kontinuität der Interessen: Mein philosophisches *Pathos* hatte schon von Anfang an bestanden. Doch war Geduld dazu erforderlich, die es mir ermöglichen würde, diesen Interessen tief und systematisch nachzugehen. All das führte zu langjährigen, streng philosophischen Studien und intellektuellen Aktivitäten. Die lineare Struktur der geschriebenen Sprache erzwingt, daß ich erst an dritter Stelle über meine theologischen Studien schreibe; aber wiederum war dieser Drang seit den Anfängen meines bewußten Lebens präsent gewesen. Es gab da weder einen Bruch noch einen plötzlichen Wendepunkt. Und dennoch war selbst das Wort Theologie bald zu eng, um mein Interesse und mein Involviertsein, meine völlige Versunkenheit in das Leben, in eine vollgültige Kommunion mit der Wirklichkeit zu beschreiben. Dies ist in meinen Augen der religiöse Antrieb, weshalb ich Religionen als die verschiedenen Wege verstehe, von denen Leute *glauben,* daß sie sie zur Erfüllung, zum Glück oder zur Befreiung führen werden. Ich verstehe unter Religion nicht so sehr, was uns zurückbindet (*religat*) an das, was uns unbedingt angeht, sondern jenes, welches uns die Freiheit und Freude einer unbedingten, letzten Sorglosigkeit schenkt: das, was uns entbindet[52].

Der wahrhaft religiöse Mensch ist nicht jener, der sagt: »Herr, Herr«, sondern, wer die Trennung zwischen Mensch und Welt *existentiell* überwindet. Nur so erfährt man die Transzendenz:

»Herr, wann haben wir Dich nackt, hungrig, im Gefängnis gesehen?« (Mt XXV,37-40). Gottes Unaussprechlichkeit kann nur gewahrt bleiben, indem man nicht darüber spricht. Der Gedanke der Transzendenz zerstört entweder das Denken, oder er eliminiert die Transzendenz. Es dürfte klar sein, daß ich an diesem Punkt nicht mit einem rein theoretischen Gestus zufrieden sein konnte, sondern mich der Lebensweise eines Schülers jener Weisheit zu verpflichten hatte, die Menschen, Götter und das Universum bewegt. »Hier stehe ich, ich kann nicht anders!«

Indem ich nun mein Bekenntnis beiseite lasse, will ich etwas zu meinem Beruf sagen: zu dem, was ich als meine Überzeugungen bekenne; d.h. zu dem, von welchem ich mich habe besiegen lassen: überzeugen und besiegen (*convictus*) in meinem Kampf mit der Wirklichkeit – obwohl sie nicht immer, wie in der Bibel, die Gestalt eines Engels angenommen hat.

Mein philosophisches Leben will ich unter drei Überschriften stellen: *Existentielles Wagnis*, *intellektuelle Last* und *geistige Freiheit*.

Das existentielle Wagnis

(5) Das *existentielle Wagnis* ist das Wagnis eines Lebens, das in mehr als einer Kultur und Religion beheimatet ist, das Wagnis einer Existenz, die in der Orthopraxie ebenso engagiert ist wie in der Orthodoxie. Meine persönlichen Umstände (biologischer, historischer und biographischer Art) leiteten mich, das Wagnis der Bekehrung ohne Entfremdung, der Aneignung ohne Zurückweisung, der Synthese ohne Synkretismus, der Symbiose ohne Eklektizismus *anzunehmen*. Die indische Lehre vom eigenen *karma* (*svadharma*) wurde mir hierbei zu einem neuen, lebendigen Symbol. Es ist keineswegs der Fall, daß ich mich willentlich zugleich als Inder und Europäer ansehe, als Hindu und Christ, oder daß ich mich selbst künstlich zu einem religiösen und zugleich säkularen Menschen erkläre. Vielmehr *bin* ich durch meine Geburt, meine Erziehung, meine Initiationen und mein praktisches Leben ein

Mensch geworden, der von ursprünglichen Erfahrungen der westlichen und zugleich der indischen Tradition lebt und an ihnen Anteil hat, im einen Fall sowohl im christlichen wie im säkularen Bereich, im anderen sowohl im hinduistischen wie im buddhistischen. (Es hat drei Viertel meines Lebens gedauert, bis es mir möglich wurde, dies mit Überzeugung auszusprechen). Ich bin mir des damit verbundenen Risikos bewußt; aber die Herausforderung bleibt.

Verständnis und Befruchtung unterschiedlicher Traditionen der Welt können nur möglich werden, wenn man sein Leben zu opfern bereit ist in dem Versuch, die bestehenden Spannungen zu ertragen, ohne schizophren zu werden, und dann die Polaritäten zu erhalten, ohne einer persönlichen oder kulturellen Paranoia zu verfallen. Nur diese gelassene Haltung des Annehmens ist dann – das ist das zweite Moment – in der Lage, die erforderlichen Wandlungen herbeizuführen. Der *inter*kulturelle Dialog ist nicht eine rein politische Notwendigkeit oder nur von akademischem Belang. Er ist eine persönliche Angelegenheit und muß anfangen als *intra*-religiöses Erlebnis. Wenn ich nicht in mir selbst die quälenden Spannungen und Polaritäten des Wirklichen spüre und durchleide, wenn ich von innen nur die eine Seite, die andere bloß von außen sehe, werde ich nicht in der Lage sein, wirklich zu verstehen, das heißt, unter dem Einfluß beider Visionen von der Wirklichkeit zu stehen und ihnen somit beiden gerecht zu werden. Eine andere Weise, dies auszudrücken, besteht darin, von meinem Interesse am Mythos und meinem Vertrauen in den Geist zu sprechen. Der Mythos hat mich in doppelter Weise geführt: Zum einen lehrte er mich, den *dharma* meiner konkreten Existenz anzunehmen (mehr als eigentlich zu erwählen); zum anderen, mich der Gestaltung einer neuartigen Spiritualität zu widmen. Sie versucht ein Zwiegespräch mit den Grundlagen des Menschlichen, das nicht allein und nicht einmal primär auf dem *logos* beruht, sondern den Geist für ebenso fundamental ansieht wie diesen. Die westliche Tradition neigt zu einem »Krypto- Subordinationismus«, der auch durch eine noch so große Zahl anderweitig wohlbegründeter Pneumato*logien* nicht zu überwinden ist, geschweige denn durch Phänomeno*logien*. Der Geist kann auf den Logos weder

114

reduziert noch ihm untergeordnet werden. Eine Phänomeno*logie* des Geistes, der geistigen Wirklichkeit, ist so wenig komplett, wie ein Ballett in einem Stummfilm wiederzugeben ist. Das menschliche Organ für den Geist ist der *mythos*. Mythos und Logos gehören zusammen, aber ihre Verbindung ist weder dialektischer noch mythischer Art; eher werden beide erst durch ihre eigene Verbindung erschaffen. Wäre sie logischer Art, würde sie den Geist im Logos ersticken. Wäre sie mythisch, würden wir den Logos auf den Geist reduzieren. Mit anderen Worten, es gibt keinen Logos ohne Mythos – dessen Sprache der Logos ist; und es gibt keinen Mythos ohne Logos – dessen Grundlage der Mythos ist. Das Niemandsland ihrer Beziehung ist vollkommen leer. Keines herrscht über das andere. An dieser Stelle wurde mir das buddhistische *shûnyatâ*, die radikale Leerheit, zum lebendigen Symbol. Nur *pratîtyasamutpâda*, die radikale Relativität alles dessen, was da ist, kann eine Harmonie ohne Vorherrschaften aufrechterhalten.

Ich habe verschiedentlich gesagt, daß der Naturwissenschaftler mit Objekten experimentiert, beziehungsweise mit den Parametern, die ihnen quantitativ entsprechen, der Philosoph mit Ideen und der Mönch mit sich selbst. Ich habe den Eindruck, daß ich in meiner Person all dies durchlebt habe. Und es ist das dritte von ihnen, das die schwerste Last des existentiellen Wagnisses mit sich bringt. Man setzt dabei sein Leben aufs Spiel – manchmal auch die Karriere und das Prestige, ja sogar den Ruf.

Um authentisch zu sein, muß das Experiment zugleich eine Erfahrung sein, es muß aus den geheimsten Winkeln des »eigenen« Seins kommen, und man muß es tun, fast ohne es verantworten zu können, das heißt, ohne die Konsequenzen vorherzusehen.

Ich erinnere mich, daß ich spontan Situationen ausgewichen bin, in denen ich Ehrungen und Macht hätte erlangen können. Ich habe das nie bereut, aber ich muß gestehen, daß ich in schwachen Augenblicken daran gedacht habe: Die Vorstellung, Minister, Bischof, Generaldirektor oder so etwas zu werden, ist nicht immer unangenehm. Es hat Jahre gedauert, bis ich das nur benennen kann.

Die intellektuelle Last

(6) Die *intellektuelle Last* ist nicht leichter zu tragen als das existentielle Wagnis. Sie besteht darin, diese grundlegenden Erfahrungen in intelligibler Weise zum Ausdruck zu bringen. Kann man die Vielfalt der eigenen Experimente und Erfahrungen in eine verstehbare Form gießen? Man könnte das auf die Frage zurückführen, ob das Dilemma des Monismus-Dualismus- Schemas sowohl in der existentiellen Sphäre als auch im Bereich des Intellekts überwunden werden kann. Hier ist der geeignete Ort für den Begriff *advaita*. Darunter verstehe ich jenes unmittelbare Erlebnis, das uns eine Wirklichkeit eröffnet, in der die Verschiedenheiten weder verabsolutiert (Dualismus: Gott – Welt; Materie – Geist), noch ignoriert (Monismus: reiner Materialismus, reiner Spiritualismus), weder zum Idol erhoben (Pantheismus: alles ist göttlich und nur göttlich), noch zu bloßen Schatten reduziert werden (Monotheismus: ein einziges Prinzip, ein Herrscher, viele Untertanen). *Spannungsfähige Polarität* ist ein letztgültiges Merkmal des Wirklichen. Als Symbole will ich hier *Säkularität, Advaita* und *Trinität* nennen: Zeit und Zeitlosigkeit sind entsprechend und korrelativ; die Intuition des Letztgültigen ist nicht- dualistisch; und die Wirklichkeit ist dreieinig.

Es ist unmöglich, diese intellektuelle Aufgabe hier eingehend darzulegen. Ich werde mich darum auf einige Hinweise beschränken.

a) Das Konzept der *Ontonomie, nomos tou ontos*, das sich auf den inneren und konstitutiven *nomos* jedes Wesens bezieht, trägt, wie ich glaube, zum gegenseitigen Verständnis und zur Befruchtung auf den verschiedenen Gebieten menschlicher Tätigkeit und Sphären des Seins bei, indem es ein (ontonomisches) Wachstum ohne Bruch der Harmonie ermöglicht. Dieses Konzept erscheint mir wichtig für die Politik, die Ökonomie, die Naturwissenschaften, die Metaphysik, die Religion und das Leben selber. Es stellt weder die lockere und abgetrennte Unabhängigkeit der individuellen Sphäre (Autonomie), noch die Vorherrschaft sogenannter höherer Klassen über Schwächere und Geringere (Heteronomie) in den

Vordergrund, sondern jene gegenseitige Beziehung, jene radikale Relativität (*pratîtyasamutpâda*), die uns nahelegt, daß die Wirklichkeit letztlich eine nicht-dualistische Polarität darstellt, und daß daher das beste für ein jedes Seiendes seine harmonische Integration in das Ganze (Ontonomie) ist. In unserer ökologisch gestörten Welt beginnen wir zu akzeptieren, daß es nicht im eigenen Interesse Amerikas liegen kann, mehr Energie zu verbrauchen als irgendwer sonst; daß es nicht gewinnbringend für die Sowjetunion sein kann, die stärkste Militärmacht der Welt zu werden; daß es auch nicht vernünftig ist, ein liberalistisches *laisser faire* zu praktizieren oder künstliche Maßstäbe einzuführen; daß die Beschneidung der Freiheit den Aufstand hervorruft; daß Ermunterung zur Anarchie Totalitarismus provoziert, und so weiter.

Ist es möglich, eine ontonomische Ordnung zu entwickeln? Das Symbol an dieser Stelle ist für mich die *Person*. Denn liegt hier nicht das Mysterium der Person begründet, die weder Singular noch Plural ist? Eine Person ist die Konjunktion, die Vereinigung aller Pronomina. Wenn ich dem Ich ein Leid zufüge, wird das Du leiden. Wenn ich den Sohn auszeichne, freut sich die Mutter. Jenen ontonomischen Zustand zu entwickeln, wo das Optimum nicht das Maximum ist, ist nicht nur eine Wissenschaft, sondern auch eine Kunst. An diesem Punkt bedarf die Theorie der *Praxis*, und außerdem auch der *poiêsis*, des schöpferischen Tuns: Nicht Technologie ist hier gefragt, sondern *Technikultur*. Diese sollte nicht mit Technokratie verwechselt werden, in welcher die Macht der Technologie und nicht die Kunst der *technê* zum Ausdruck kommt.

b) Ich würde gerne unter die letztgültigen und somit nicht aufzulösenden Unterscheidungen, wie sie in der Ontologie und Theologie formuliert sind, auch die *symbolische Differenz* einführen. Sie bringt die symbolische Struktur der Wirklichkeit im ganzen zum Ausdruck und ist somit in der Lage, die Dichotomie von Subjekt und Objekt sowohl auf der erkenntnisbezogenen wie auf der ontologischen Ebene zu überwinden. Ein Symbol ist nicht ein anderes »Ding«, wie ein Zeichen (welches noëtischen Charakters ist). Ein Symbol ist nichts als das Symbol dessen, das im und als Symbol erscheint. Das Symbol mit dem Ding zu verwechseln, ist genauso falsch, wie das Ding mit dem Symbol zu verwechseln, und dennoch gibt es nicht zwei Entitäten. Das Symbol ist weder auf der Seite des Objekts noch auf der des Subjekts, sondern in der bestehenden Beziehung zwischen beiden. Das Sein als Symbol zu sehen, eröffnet, wie ich glaube, ein neues Kapitel in der Begegnung der Kulturen und Weltsichten.

c) Ein dritter Neologismus ermöglicht es mir nun, mit wenigen Linien einen Sachverhalt zu skizzieren, der für das Verstehen des Menschen und der Vielfalt der Kulturen und Religionen von wesentlicher Bedeutung ist. Die phänomenologische Methode hat es uns ermöglicht, sehr verschiedenartige Bewußtseinsinhalte mit dem Hilfsmittel einer angemessenen *epochê* (Einklammerung der Frage nach der faktischen Existenz des Gegebenen) zu verstehen, indem wir die intelligiblen *noêmata* (Sinneinheiten der Wahrnehmung) erlangen. In Analogie zu diesen brauchen wir *pisteumata*, um die letzten Phänomene der religiösen Glaubensvorstellungen verstehen zu können. Dem liegen zwei Voraussetzungen zugrunde: Erstens, daß der Glaube ein wesentliches Grundphänomen des Menschlichen darstellt. Zweitens, daß das menschliche Selbstverständnis ebenso wesentlich ein Bestandteil der Essenz des Menschen ist (anders als bei der Essenz eines objektivierbaren »Dinges«). Und darum muß man, um verstehen zu können, was der Mensch ist, wissen, was der Mensch selbst zu sein glaubt, und somit die Glaubensvorstellungen des Individuums irgendwie verstehen können. Es ist klar, daß wir hier die »methodischen« Schwierigkeiten nicht unterschätzen dürfen.

d) Weiter hat mich das Studium der Beziehungen zwischen den Kulturen zum Begriff der *diatopischen Hermeneutik* geführt. Sie unterscheidet sich sowohl vom morphologischen als auch vom diachronischen Typos der Hermeneutik darin, daß sie mit dem Gewahrsein von *topoi* (Standorte der verschiedenen Weltsichten) anfängt, die nicht mit Hilfe der Kategorien (Verstehenswerkzeuge) nur einer einzigen Tradition oder Kultur verstanden werden können. Während die morphologische Hermeneutik die verborgenen Schätze einer bestimmten Kultur entfaltet und die diachronische Hermeneutik die zeitliche Kluft in der menschlichen Kulturgeschichte überbrückt, versucht die diatopische Hermeneutik, menschliche Horizonte zusammenzubringen, die bis an die Wurzeln verschieden sind. Der *dialogische Dialog*, der durch den Logos hindurch zum Mythos vordringt und sich so von einem bloß dialektischen Dialog unterscheidet, könnte ein erster Schritt dazu sein. Wie können wir am Selbstverständnis des anderen Anteil haben? Die Probleme, in die man hier verwickelt wird, sind gewaltig. Wir brauchen wiederum eine Liebeshochzeit von Logos und Mythos, oder von *âtmavâda* und *nairâtmyavâda*.

e) Eine andere Weise, dieselbe unmittelbare Erkenntnis zum Ausdruck zu bringen, besteht darin, vom *tempiternen* (»zeit-ewigen«) Charakter der Wirklichkeit zu sprechen. Die säkulare Kultur hat recht mit ihrer Behauptung, daß Sein und Zeit gleich »ausgedehnt« sind, so daß es nichts gibt, was von der Zeit unberührt ist. Doch ist der zeitliche Aspekt der gesamten Wirklichkeit nur *ein* Aspekt der *tempiternen* Natur aller Dinge. Die Wirklichkeit erschöpft sich nicht in ihrer Zeitlichkeit; sie ist aber nicht jetzt zeitlich und »später« ewig, sondern *tempitern*, zeitlich und ewig zugleich. Auch hier finde ich es besser, von einer zeitlichen und einer *zeithaften* Dimension der Realität zu sprechen, als von Zeit und Zeitlosigkeit. Zeit und Ewigkeit sind gegenseitig inkommensurabel, d.h. sie fügen sich nicht in das gleiche Maß. Und dennoch gehören sie zusammen wie der Bogen und die Lyra, wenn ich Platons Bild aufgreife. Die Realität ist weder ganz zeitlich noch ganz zeitlos, sondern zeithaft.

f) Weiter habe ich um eine Formulierung dessen gerungen, was ich nun die *kosmotheandrische* oder *theanthropokosmische* Intuition nennen möchte. Die Wirklichkeit ist nicht-dualistisch, und alles Seiende hat drei konstitutive Dimensionen: die kosmische, die menschliche und die göttliche Dimension; man könnte auch sagen: die materielle (raum-zeitliche), die intellektuelle (bewußtseinsmäßige) und die des Mysteriums (die unendliche). Nach einer Zeit der mythisch-holistischen Weltvorstellung hat man während der letzten dreitausend Jahre versucht, die Wirklichkeit durch Teilen, Abstrahieren und Spezialisieren in den Griff zu bekommen. Jetzt wird die Zeit allmählich reif dafür, daß man die zerbrochenen

Stücke jener partiellen Einsichten wieder zusammenfügt zu einer neuen, holistischen Weltsicht: Es gibt keine Materie ohne Geist und keinen Geist ohne Materie, keine Welt ohne Gott, keinen Gott ohne das Universum, und so weiter. Gott, Mensch und Welt sind drei künstlich zu Substanzen erhobene Formen der drei ursprünglichen Attribute, die der Wirklichkeit anhaften. Die Drei-Welten (*triloka*), die man in praktisch allen Traditionen findet, sollten in einer Schau zusammengeführt werden, die die Einsichten der Analyse nicht übersieht, aber die Wiederentdeckung der Wirklichkeit als eines dynamischen Ganzen möglich werden läßt. Es gibt nicht drei separate Geschichten oder Bereiche; eher durchdringt jeder Aspekt die beiden anderen und ist jede dieser Dimensionen auch im kleinsten Teil der Wirklichkeit präsent. Ein konkretes und heute brennend wichtiges Beispiel dafür im Bereich der Religion ist jene Schau, die die verschiedenen Religionen der Welt als Dimensionen der jeweils anderen sieht. Keine Religion – nicht einmal alle traditionellen Religionen zusammen – haben ein Monopol für Religion. In diesem Sinne habe ich den christlichen Begriff der *perichôrêsis* oder *circumincessio* aufgenommen, der die gegenseitige Durchdringung der trinitarischen Personen besagt. Ihm entspricht die buddhistische Auffassung des *pratîtyasamutpâda*, die die radikale Relativität der Wirklichkeit beschreibt. Zusammen mit diesen deuten auch die shivaitische Einsicht des *sarvam sarvâtmakam* (die universale Bezogenheit alles mit allem), die Weisheit Chinas und viele afrikanische Traditionen auf die *theanthropokosmische* Intuition hin.

g) Später ging mir allmählich, wahrscheinlich ausgelöst durch eine lange Zeit der Einsamkeit, die zentrale und letztgültige Beschaffenheit des *Wortes* auf. Ich bin mir an diesem Punkt des Einflusses u.a. durch Ebner, Heidegger und Bhartrihari bewußt, doch habe ich sie nicht eingehend genug studiert, um meine Auffassung über ihre Lehren in die Diskussion einbringen zu können. Für den hiesigen Zusammenhang will ich einen tiefgreifenden Unterschied machen zwischen *Fachausdrücken* als Zeichen, wie sie in der wissenschaftlichen Sprache benutzt werden, und *Worten* als Symbolen, wie sie benutzt werden im Zusammenhang dessen, was ich authentische Philosophie nenne. Von hier aus habe ich die *quaternitas perfecta* des Wortes entwickelt, das in sich ein Vierfaches umfaßt: den Sprecher, den Angesprochenen, das Gesprochene (*worüber* gesprochen wird) und die Sprache (*durch die* gesprochen wird): das Ich, das Du, das Es (Bedeutung, Idee) und das Damit (Materie).

h) Hiermit erschließt sich ein weiterer Zusammenhang: Das *Wort* ist die Offenbarung der kosmotheandrischen Natur der *Wirklichkeit*. Das Wort überwindet durch die Polarität von Sein und Sprechen die Spannung zwischen Sein und Denken (die die Grundlage des westlichen Selbstverständnisses bildet – und das Fundament der modernen Wissenschaft). Das Sein spricht. Unsere letzte Berufung besteht nicht darin, das Sein zu denken und so die Wahrheit zu erreichen, sondern, dem Sein durch unser aktives Zuhören und unseren Gehorsam (Gehorsam kommt von »hören«!) das Sprechen zu ermöglichen. An die Stelle der Polarität zwischen Denken und Sein tritt die triadische Beziehung von Sein, Sprechen und Denken. Wir sprechen nicht nur, was wir denken, sondern auch, was wir sind. Das Sein wird nicht nur gedacht, es wird auch gesprochen.

i) Ein weiteres wichtiges Ergebnis ist das, was ich den *pars-pro-toto*-Effekt genannt habe. Er kann auf zahlreiche widerstreitende Ideologien angewandt werden. Ich habe diese Bezeichnung im Zusammenhang der Religionsbegegnung eingeführt. Wahrhafter Ökumenismus ist nicht die Reduktion auf einen gemeinsamen Nenner. Authentische Toleranz erfordert keineswegs, daß man unannehmbare Ansichten zerstückelt. Man braucht die eigenen religiösen Überzeugungen nicht zu verwässern, um die der anderen akzeptieren zu können. Jede Tradition beansprucht das Ganze (*totum*) und strebt nach ihm in ihren unbedingten Aspekten. (Daher ist Christus nicht ein *avatâra* unter anderen oder Shiva bloß ein Gott im Welt-Pantheon). Aber sie sieht das *totum in parte* und *per partem*, das Ganze im Teil und durch den Teil, in den jeweils eigenen Kategorien und durch das eigene Fenster.

Dieser Effekt des Ganzen im Teil ermöglicht es meines Erachtens, die Ansprüche des holistischen Denkens und der ganzheitlichen

Grundhaltung mit den Bedingungen des analytischen Denkens in Einklang zu bringen.

j) Ich könnte diese Linie weiterführen und damit den Begriff der *Ökosophie* erläutern, wie ich auch weitere Worte eingeführt habe, z.b. *Theophysik.* Aber das Gesagte wird ausreichen, um die intellektuelle Last zu veranschaulichen, die mit jener Weisheit der Liebe verknüpft ist.

Die geistige Freiheit

(7) Der Abschnitt über die *geistige Freiheit* müßte am längsten sein, weil er sich in Worten nicht zusammenfassen läßt und eigentlich mein Leben selbst betrifft. Solange man sich nicht befreit hat, ist man nicht erlöst, hat man das Heil, *sôtêria, moksha, nirvâna,* nicht erfahren bzw. erlangt. Um dieses darzustellen, bedarf man der Disziplin und der Treue, ist aber nicht einer detaillierten Exegese verpflichtet. Es mag daher genügen, die paulinische Formel zu zitieren: Wo der Geist ist, da ist Freiheit (IIKor III,17): Der Geist durchdringt alles, weil er nicht irgend jemandes Eigentum ist (ausführlicher dazu siehe S. 83-86). Aber darüber soll eigentlich mein eigenes Leben sprechen…

Wenn alles gesagt und getan ist, bleibt doch die Quelle unumgänglich unsichtbar. Das Gesagte geht aus einem persönlichen Abenteuer hervor, das heißt aus einer Erfahrung, die weder individualistisch ist und um meiner eigenen Befriedigung willen unternommen wurde, noch soziologisch als Vorschlag für einen neuen Traum oder eine Utopie der Menschheit. Es ist eher das, was in jedem kleinen Spiegel sich verwirklicht, der das Ganze der Wirklichkeit reflektiert und daher auch das Ganze in sich enthält, in jenem intimen Mikrokosmos der Person, in jener Tiefe der *kontemplativen Liebe,* auf die ich am Anfang Bezug genommen habe.

Fragen zum Lebensstil im Gespräch

Sie haben beim Stichwort »Freiheit« gesagt, daß in jedem Menschen etwas Unvertauschbares, Ewiges heranreife, und daß in diesem Prozeß der Wille keine ausschlaggebende Rolle spielt. Kann dieser Weg auch verfehlt werden, wenn ein Mensch zum Beispiel die Gnade bewußt zurückweist?

Sicher, man kann den Weg verfehlen. Ich möchte in diesem Zusammenhang das Wort »Weg« nicht überbetonen, weil die wahre Freiheit nicht die Freiheit eines schon vorgeschriebenen Weges ist. Wir sind gerade darum frei, weil wir selbst den Weg machen. Die Freiheit besteht nicht darin, zwischen Weg »A« und Weg »B« zu wählen, sondern, einen neuen Weg anzulegen, wo noch nie ein Weg war. Dazu darf ich mich von außen in keiner Weise beeinflussen lassen, sonst ist es kein freier, persönlicher Weg, was da herauskommt.

Um es paradox zu sagen: Die Freiheit wächst mit der Anerkennung des Tatsächlichen. Mit derselben Paradoxie läßt sich über die Hölle sagen: Die Hölle ist gerade deshalb Hölle, weil ihre Tore offen sind. Die Hölle besteht darin, daß man nicht heraus will – weil man mit Haß erfüllt ist: Ich will schreien, hassen, verleumden; sonst würde ich einfach gehen.

Es gibt drei Schichten der Freiheit: Zunächst die Freiheit der Wahl und die Freiheit der Entscheidungen. Bis an diesen Punkt befinden wir uns auf einer psychologischen Ebene. Aber dann gibt es noch eine ontologische Freiheit, die gerade darin besteht, daß der Kern meines Wesens sein Schicksal selber erschafft. Wir sind gleichzeitig Zuschauer und Schauspieler in dieser göttlichen Komödie der Wirklichkeit. Jeder spielt eine Rolle. Ich sehe gleichzeitig die anderen und mich selbst spielen. Ich *bin* der Schauspieler. Ich nehme aktiven Anteil an der Entfaltung des Universums, an der Geschichte der Menschen, in meiner Familie, meinem Dorf, meinem Land, meiner Zeit und so weiter.

Aber es kommt noch etwas hinzu, was wir sehr oft vergessen: Wir schauen und spielen nicht nur, sondern wir sind auch Verfasser, die Autoren des Librettos der Komödie. Zwar bin ich nicht der einzige, aber ein Mitverfasser sozusagen. Wir sind, indem wir die Sache sehen und mitspielen, selber Improvisateure. Wir haben das Recht zur Improvisation und auch die Macht dazu, und daraus resultiert unsere Verantwortung. Verfehlung bedeutet daher nicht, daß ich nicht genügend aufgepaßt habe, meine Rolle nicht richtig gelernt habe. Die Jugend versteht etwas von dieser Weisheit. Sie spürt, daß das Leben nicht bloß Nachahmen sein kann, nicht bloß Wiederholung dessen, was man bereits gelernt hat. Das Leben soll nicht nur bestimmt sein von der Erfahrung der Alten, die jetzt ein wenig weiser sind und wissen, wie man sich durchschlägt. Es ist etwas Funkelnagelneues, meine Inspiration, meine Schöpfung; etwas, das von innen kommt, von dem ich selbst nicht weiß, wie es sich verwirklichen wird. Auf dieser Ebene gibt es kein Libretto, keine Vorschrift, nicht einmal ein Lernen von der Vergangenheit. Und deshalb bin ich selbst der erste, der staunt, manchmal bereut, manchmal voller Tränen ist, weil etwas nicht gelingen will. Aber ich bin gleichzeitig immer voll Freude, weil dieses kleine *ego* am Ich teilhat.

Auf dieser tiefsten Ebene gibt es keine Modelle. Jene Spiritualität, in der wir unser Tun nach der Annahme ausrichten, was Jesus oder Buddha oder sonstwer an unserer Stelle tun würde, ist einfach ungenügend. Sie verrät den Individualismus und die Besessenheit unserer zerstückelten Welt. Buddha, Jesus oder Einstein in meiner Situation wäre nicht Buddha, Jesus oder Einstein. Wir sind nicht Schachfiguren. Sowenig der Buddha ohne seine Zeit und Umwelt hätte Buddha sein können, so wenig kann ich es. So ist die Überlegung, was er an meiner Stelle tun würde, eine unzulässige Abstraktion, ein Ausdruck der Vereinzelung, des Abgerissenseins von meiner eigenen Situation. Sie beruht auf der falschen Hypothese, daß wir Monaden sind, Schauspieler mit einem vorgeschriebenen Libretto. Die im vorausgehenden Kapitel dargestellte Anthropologie der Quaternitas sagt uns, daß wir selbst Ort, Raum und Zeit sind und daher niemals sagen können, was Jesus tun würde: Dann wäre Jesus nicht Jesus. *Ich* bin da, und nur ich kann das tun. Wir sind gleichzeitig, wenn auch nicht mit gleichen Anteilen, Zuschauer, Schauspieler und Verfasser der Wirklichkeit.

Kann man dann überhaupt von Verfehlung sprechen? Oder viel-
leicht, daß der einzelne seine Möglichkeiten nicht ausschöpft?
Die Sache ist paradox. Zum einen ist klar: Man kann sich verfehlen.
Aber der Fehler besteht nicht darin, daß ich dem Libretto nicht
gefolgt bin, sondern, daß ich nicht schöpferisch genug gewesen
bin. Es gibt eine Stelle im Neuen Testament, die nicht in allen
Handschriften enthalten ist, aber in den besten von ihnen. Es geht
darin um die Frage der Pharisäer an Jesus, warum er den Sabbat
nicht einhält. Jesus sieht einen Bauern, der am Sabbat arbeitet und
sagt zu ihm:»Wenn du weißt, was du tust, bist du selig. Wenn du
es nicht weißt, bist du verflucht und ein Übertreter des Gesetzes«
(Lk VI,5D). Wenn du weißt, daß heute Sabbat ist, und du brichst
das Gesetz, nimmst es auf dich, trägst das Risiko selbst und hast
es in deinem Herzen erwogen: dann bist du selig! Wenn du aber
sagst:»Ach Entschuldigung, ich wußte gar nicht, daß heute Sabbat
ist!« – dann bist du verdammt. Das ist Freiheit.
Jesus sagt, daß dieser Mensch selig ist. Christus selbst wurde von
anderen verdammt, weil er den Sabbat nicht eingehalten hat. Dieser
heilige Ungehorsam, selbst die Verantwortung zu übernehmen,
bewegt die Geschichte. »Hier stehe ich, ich kann nicht anders«,
sagte Luther. Wenn ich nicht anders kann, dann bin ich frei.
Andernfalls geht es um Politik, Anpassungsstrategien und sogenannte Sachzwänge. Ich kann immer Gründe finden, meine Handlung zu rechtfertigen. Dies andere jedoch sind die schöpferischen
Akte des Menschen, die gefährlichsten, die er tun kann. Sie können
ein Schisma bewirken, eine Revolution hervorrufen. Aber das ist
das eigentliche menschliche Leben, ansonsten haben wir nur
Kümmerlichkeiten.

Heißt dann Nachfolge, daß ich das Meine tun muß und nicht das,
was Jesus getan hat?
Jesus oder Christus ist nicht ein Vorbild, dem ich nachahmen muß.
Ich will damit keineswegs die kollosale Anziehungskraft Jesu
zurückweisen oder bestreiten, daß wir von den großen Meistern
lernen können – und müssen. Aber die echte *imitatio Christi* ist
nicht eine Nachahmung, eine »Imitation«, sondern die eigene

Umwandlung in Christus. Jesus ist kein Vorbild, aber Christus kann ein Inbild werden. So lehrt es nicht nur die Mystik.

Die Eucharistie besteht doch darin, daß der Leib Christi von uns *gegessen* wird. Nicht, daß *ich* in ihn verwandelt werde, sondern *er* wird *in mir* verwandelt, wird zu einem Teil von mir, so wie das Brot durch das Essen zu einem Teil von mir wird. Die Eucharistie ist kein Trick: Nicht wird Christus in das Brot verwandelt, sondern das Brot wird zu Christus. Und deshalb gilt: »Was ihr für einen meiner geringsten Brüder getan habt, das habt ihr mir getan« (Mt XXV,40). Keine Nachahmung, kein Abbild, sondern ein Inbild, eine Verwandlung; kein *alter Christus* (anderer Christus), sondern *ipse Christus* (Christus selbst). So ist für Paulus Christus das Haupt, und wir sind die Glieder. Die Rede Christi vom Brot des Lebens (Joh VI,35f.) und die Abschiedsreden (Joh XV f.), viele paulinische Stellen und die ganze christliche Mystik lassen uns verstehen, daß es nicht um Nachahmung Christi, sondern gerade um die Einverleibung Christi in uns geht. Das Verhältnis der Christen zu Christus gleicht der Beziehung Jesu zu seinem Vater; sie gleicht einer Kindschaft, in der Gebären und Geborenwerden untrennbar in einem dynamischen Prozeß verbunden sind. Gerade darin ist die Trinität schon enthalten.

Wir beten im Vaterunser: Dein Wille geschehe. Und Jesus hat einmal gesagt: »*Es ist meine Speise, den Willen dessen zu tun, der mich gesandt hat*« *(Joh IV,34). Wie verstehen Sie das auf dem Hintergrund des Gesagten?*
Ich verstehe es auf zwei verschiedenen Ebenen. Erstens ist die Bitte: »Dein Wille geschehe« ein sehr dynamisches Gebet. Es kann nur sinnvoll gebetet werden, wenn es besagt, daß die Spannung und Polarität zweier Willen miteinander in Einklang gebracht werden soll. Denn sonst macht es keinen Sinn, zum allmächtigen Gott zu sagen: »Tu, was du willst«. »Das weiß ich!«, würde er antworten. Wenn er allmächtig ist, wird sein Wille sowieso geschehen, er braucht dazu nicht meine Frömmigkeit. Die Aussage hat also nur Sinn, weil *ich* will, daß es so geschehe. Mein Wille soll diesem allmächtigen Willen einverleibt werden, und ich selbst

mit ihm. Ich will mich anpassen, nicht dem Willen eines Mächtigeren, sondern jenem schöpferischen Willen, der nach christlicher Sprache die Welt lenkt. Darum bete ich, daß ich an diesem freien, alles neugestaltenden Willen teilnehmen darf. Aber mehr noch: Ich wage zu wollen, daß dieser winzige Wille meiner selbst jenen Willen beeinflußt. Und daher geht es weiter:»Wie im Himmel, so auf Erden«. Das ist die Mitwirkung, die Synergie, von der Paulus spricht (IKor III,9; vielleicht ist das gleiche auch in IIIJoh 9 gemeint), das Zusammenwirken von seinem Willen und meinem Willen: Sein Wille wartet auf meinen Willen, und mein Wille stützt sich auf seinen Willen, damit dann gelten kann:»wie im Himmel, so auf Erden«. So geht es in dieser Bitte des Vaterunsers weder um Fatalismus, noch um jene nichtssagende Tautologie, die ich oben skizziert habe.

Zweitens: Es gibt Momente im menschlichen Leben – oben ist jene Situation Jesu im Garten Getsemane genannt worden – in denen mein Wille schwankt, meine Freiheit schrumpft und verkümmert. Ich kann nicht so viel auf einmal annehmen. Mein Wille revoltiert dagegen. Für solche Situationen ist es heilsam und gut zu wissen, daß mein Wille einerseits nicht der alleinige und maßgebende ist, und daß es andererseits einen höheren Willen gibt, an den ich mich wenden kann, um wiederum meinen Willen diesem anzuschmiegen. Das ist die menschliche Befindlichkeit. Man kann nicht immer im Licht der Verklärung leben. Nicht alles ist reine Freiheit in dem Sinne, daß alles von selbst gelingt. Das Leben ist Herausforderung und Spannung. Und es ist realistisch und gleichzeitig tröstlich zu wissen, daß wir in diesem Kampf nicht allein sind.

Wenn das Böse und das Versagen zur menschlichen Befindlichkeit gehört, gibt es dann diese Unzulänglichkeiten auch im Bereich des Göttlichen?
Warum wollen wir sämtliche Schuld nur auf Eva oder die Schlange abschieben? Es geht um die Frage, wo das Böse herkommt. Die christliche Theologie ist hier oft etwas brüchig; anders die islamische Theologie des Satan, Iblîs. Der Islam hat die Absolutheit Gottes ernst genommen wie kaum eine andere Religion. Deshalb

kann das Böse nicht in der Weise vertuscht werden, als ob es irgendwie von selbst entstanden wäre. Ich kann dies hier nur kurz zusammenfassen: (Ich stütze mich hier auf die Erzählung von Husayn Ibn Mansûr Hallâj nach der Übersetzung von Massignon[53]. Es handelt sich dabei um eine mystische Anschauung, ähnlich vielleicht der Maulânâ Jalâluddîn Rûmîs, eines anderen großen Dichters der islamischen Tradition.) Woher kommt das Böse? Von Satan. Wer ist Satan? Das erste Geschöpf Gottes. Satan steht an erster Stelle, viel höher zum Beispiel als Maria. Er ist der erste Engel, der Luzifer, abgesehen von Gott selbst das vollkommenste Abbild des Göttlichen. Alles andere kommt nach ihm. Das Böse, insofern es wirklich ist, kann nur von Gott kommen. Auf der letzten Stufe des Wirklichen, auf der nur Gott ist, gibt es das Böse nicht. Aber im Schicksal der Zeitlichkeit ist es sehr mächtig und wirklich. Als solches hat es den Allmächtigen zum Ursprung, obwohl das Höchste Wesen das einzige Wesen ist, das kein Übel verrichtet.

Gott sagte im Kreis der Engel: Der Mensch soll über Luzifer stehen, und die Engel sollen den Menschen Ehrfurcht erweisen. Luzifer war der einzige, der das verstanden hat – er, der Ersterschaffene der Schöpfung. Und darum folgt nun ein gewaltiger Dialog zwischen Gott und Luzifer. Dieser sagt: »Wie kannst Du mir sagen, daß ich ein Geschöpf anbeten soll? Wie kann ich Dir das antun? Wie kann ich einem anderen als Dir Ehrfurcht erweisen? Ich weiß, daß mich das mein Schicksal kosten wird, daß ich verstoßen werde, daß Du mich in die Hölle werfen wirst. Ich weiß, daß das ganze Universum dadurch umgewälzt, verändert wird. Aber ich werde Dir treu bleiben, trotz Deiner selbst, trotz Deiner Gebote, aus Treue und Liebe zu Dir, denn ich bin Dein bestes Abbild. Ich werde Dir nicht gehorchen! Nur Dich kann ich anbeten!«

Satan ist wie ein verstoßener Verliebter. Als er Mose trifft und ihm sein Schicksal erzählt, wirft dieser ihm entgegen: »Du hast ein göttliches Gebot verletzt?« Darauf sagt er: »Es war nur eine Prüfung (Versuchung), kein Gebot!« Er sieht sich nicht als Sünder: »Zuerst diente ich Ihm für meine Freude, jetzt diene ich ihm für

Seine Freude. Ich habe mein Schicksal nicht verworfen«. Und dann kommt eine großartige Liebeserklärung: Er ist mit Ihm immer verbunden, und wo Seines Namens gedacht wird, da wird auch Luzifers Name nicht vergessen werden.

Aus dieser tragischen Treue Luzifers zu seinem ersten Versprechen, Gott und nur Gott zu verehren, entsteht das Böse in der Welt. Deshalb gehört die Tragik zur menschlichen Geschichte; nicht nur, wie in der christlichen Theologie, weil der Mensch gefallen ist; denn auch der Engel ist gefallen. Der Sündenfall (an den der Islam nicht glaubt) ist etwas, was innerhalb des Ganzen stattfindet. Darum müssen wir uns unserer Würde und Verantwortung bewußt werden, weil das alles zusammengehört. Unsere Größe und Verantwortung und das menschliche Leben besteht genau darin. Vom Islam könnten wir lernen: Der Mensch mag gefallen sein, aber der Fall ist innerhalb der Zeit geschehen, und deshalb wird er auch ein Ende haben. Das ist Erlösung, Versöhnung, die *anakephalaiôsis* bei Paulus (»Zusammenfassung«, Eph I,10), die Auferstehung bei Petrus (vgl. IPetr I,3), die *apokatastasis*, Aufrichtung, Wiederherstellung, Vollendung des Mysteriums der nackten Existenz (Apg III,21). Die Erlösung gehört genauso zu uns wie die Sünde.

Sie zeichnen einen unglaublich stolzen, selbstbewußten Weg des Menschen. Könnte man in diesem Zusammenhang von einer gewissen Selbstzurücknahme Gottes reden? Er macht sich in Jesus sozusagen kleiner (im Sinne der Kenosis, der »Entäußerung« Gottes), damit sich der Mensch so selbstbewußt entwickeln kann.

Man könnte; aber mein Anliegen ist es, den Dualismus zu überwinden, ohne in Monismus zu verfallen. Deshalb würde ich nicht eine Konkurrenz zwischen Gott und Mensch sehen. Um die unendliche Würde des Menschen anzuerkennen, braucht man Gott nicht zu erniedrigen. Es geht nicht nur um die Chance und das Schicksal des Menschen, sondern damit ist zugleich das Schicksal Gottes verbunden. Ich bin kein Monotheist in dem Sinne, daß irgendwo Gott ist, und dann setzt er sich ein wenig zurück und macht Platz für uns.

Ich glaube, an dieser Stelle ist ein radikaler Bruch zwischen dem

Christentum und der monotheistischen Tradition des Judentums. Und das ist die Trinitätslehre, die besagt, daß Gott wirklich eingeht in Welt und Menschen. Die schöpferische Kraft dieses Bruches ist erst richtig sichtbar geworden, als das Christliche den Mittelmeerraum und dessen Kolonien verließ. Daher ist während der ersten zweitausend Jahre die Trinitätslehre immer im Schatten geblieben und im Leben der Christen nie umgesetzt worden. Solange das Christentum den Mut nicht hat, sich hier von den abrahamitischen Ursprüngen zu befreien, wird es eine jüdische Sekte bleiben; aber dann hat es in Afrika oder Asien nichts verloren, denn die kolonialistischen Zeiten sind vorbei. Vor allem in Asien ist das die große Herausforderung für das dritte christliche Jahrtausend.

Daher halte ich nicht viel von jenem theologisch-trickreichen Gedanken des Zurücktretens Gottes, sondern ich glaube, daß in diesem Spiel Gott selbst mitbeteiligt, miteinbezogen ist. Es geht nicht nur um unser Schicksal. Sondern ich bin davon überzeugt, daß, wenn wir die ganze Erde tatsächlich vernichten würden und könnten, auch Gott vernichtet würde. Ich glaube nicht, daß es ernsthaft eine Lehre von der Menschwerdung Gottes geben kann, wenn die Inkarnation am Ende der Zeiten nichts anderes gewesen sein wird als eine kleine Episode, daß da einmal ein Mann namens Jesus in Palästina herumgelaufen ist. Ich glaube vielmehr zusammen mit Paulus und dem ganzen Neuen Testament, daß Christus Alpha, Omega und alles dazwischen ist, Beta, Gamma, Delta und so weiter, und daß dieses Mysterium seit Anbeginn der Welt in Erscheinung getreten ist. Ich lasse mich nicht astronomisch verkleinern! – obwohl sich all das nicht so schnell abhandeln läßt.

Denn alles ist verbunden, Gott, das Seiende, die Trinität, Maria und so weiter. Und diese Verbindung fängt mit unserem Leben an, und daher mit unserer Anschauung von der Wirklichkeit. Wenn wir uns auf unsere Weise mit diesen grundsätzlichen Fragen befassen, dann bekommen wir das Geschenk der Freiheit. Die Dogmen werden mich dann nicht schrecken. Denn im orthodoxen Sinn darf ein frommer Christ nicht an die Dogmen glauben. Sie sind nur Kanäle, durch die der Akt des Glaubens hindurchgeht. Wenn sie verstopft sind, durch Tradition, Aufklärung oder was immer, sucht sich der Glaube eben andere Kanäle. »Der Akt des Glaubenden endet nicht im Glaubenssatz, sondern in der Sache«, sagt Thomas von Aquin[54]. Und die Sache transzendiert sämtliche Formulierungen. Das ist kein Glaube an Lehrsätze. Die Lehrsätze sind zeitbedingt, sie verkörpern ein bestimmtes Verständnis der Sache. Sie sind ein Gerüst, mehr nicht. Und wir glauben nicht an ein Gerüst. Man braucht manchmal ein Gerüst als Hilfsmittel; und vielleicht brauchen wir zur Zeit neue Gerüste.

Sie sagten, daß bei einer Zerstörung der Welt auch das Göttliche oder Gott nicht mehr existieren wird. Das bedeutet andersherum, daß das Göttliche etwas Immanentes ist. Und wir reden über das Göttliche immer in Form von Bildern und Gleichnissen. Aber wenn man die Subjekt-Objekt-Differenz als ein bestimmtes Schema der Wahrnehmung in Frage stellt, dann ist das Göttliche plötzlich etwas in uns, nichts Transzendentes mehr. Worüber reden wir dann?

Wir müssen darauf achten, daß hier kein Mißverständnis entsteht. Das Göttliche ist nicht nur immanent, sondern auch transzendent. Es wäre verheerend, Gott in einer immanentistischen Theologie auf etwas rein Weltliches zu reduzieren. Gott ist transzendent, aber seine Transzendenz kann nur gedacht werden, indem ich genauso seine Immanenz durchdenke und betone. Das Göttliche ist auch immanent. Das ist schon in der Logik des Begriffs »Transzendenz« begründet. »Reine Transzendenz« wäre ein Widerspruch, denn im Moment meines Aussprechens wäre sie schon gebrochen, ich bin ja durch mein Denken schon dorthin gelangt. Darum habe ich gesagt, daß jener Gedanke einer »reinen Transzendenz« voller Widersprüche und daher eigentlich undenkbar ist. Außerdem haben wir von unserer geistigen Konstitution her niemals sämtliche Fäden in der Hand, und unser Denken ist nicht absolut.

Wogegen ich mich aber wende, ist jene Oberflächlichkeit, die sagt: »Am Ende wird alles gut gehen, denn da ist ja der gute Gott, und der wird schon dafür sorgen...« Das scheint mir nicht überzeugend. Aber ebensowenig darf das Göttliche ganz vergeistigt werden, so daß es nur noch ein Bestandteil der Immanenz des Geistes ist.

Genauso wie ich sage, daß das Göttliche in der Welt präsent ist, sind wir auch im Göttlichen präsent. Hier ist die Anschauung des christlichen Mysteriums so wesentlich. Christus ist das Symbol der höchsten Realität. Und in Jesus Christus ist das Göttliche *genauso* transzendent wie immanent; das Materielle ist in ihm genauso göttlich, wie es verschieden vom Göttlichen ist. In Christus ist alles göttlich, sein Gehen, sein Essen, alles was er tut; und alles ist menschlich und auch materiell. So ist das Bild des Göttlichen jedenfalls für die Christen in jener Ganzheit des Mysteriums dargestellt.

Also: keine Immanenz ohne Transzendenz, und keine Transzendenz ohne Immanenz. Und das Göttliche darf nicht auf seine Subjekthaftigkeit reduziert werden, denn dann wäre nichts gewonnen, bestünde die alte Trennung von Objekt und Subjekt weiter fort, nur mit negativen Vorzeichen versehen.

Zusammenfassend möchte ich sagen: Mein Anliegen in diesen Gesprächen ist es nicht, eine neue theologische Schau zu entwickeln. Das hätte auf so engem Raum keinen Sinn. Sondern ich möchte eine Erfahrung mitteilbar machen, eine Hilfe geben – wo sie angenommen wird – um diesen Kern unserer Existenz zu entdecken. Ich habe dafür absichtlich keine spezifisch christliche Sprache gebraucht, was ich auch hätte tun können. Ich habe versucht, auf jene Ur-Erfahrung des Menschseins hinzuweisen, die ohne weiteres das Göttliche einschließt.

IV Trisangam: Jordan, Tiber und Ganges

*Muß man spirituell semitisch
und intellektuell westlich sein,
um Christ sein zu können?*

Im folgenden Kapitel über *drei kairologische Momente im Selbstbewußtsein des Christlichen*[55] will ich einen allgemeinen Überblick
darüber geben, was ich seit fast einem halben Jahrhundert zur Frage
heutigen Christseins getan und gesagt habe[56]. Meine Erfahrungen
und Begegnungen in dieser Sache sind zu zahlreich, als daß ich
sie hier aufzählen könnte[57], und im strikten Sinne theologische
Probleme will ich weglassen, um mich auf eine allgemeine philosophische Beschreibung der gegenwärtigen christlichen Situation
zu beschränken und gleichzeitig die »Orte« der Weisheit konkreter
zu charakterisieren[58].

Dieses Kapitel hat im Zusammenhang des Buches die Aufgabe,
eine innerchristliche Beziehung darzustellen, die mit der Weisheit
und einer lebendigen Philosophie zusammenstimmt. Es geht um
die Frage, wie man einer Tradition treu sein und sie – und sich
selbst – sowohl vor Verabsolutierung als auch Verdünnung bewahren kann. Diese Frage ist notwendig, weil sonst die Gefahr besteht,
daß sämtliche Traditionen – nicht nur die christliche – verdünnt
werden zu einer allgemeinen Monokultur, die das Gegenteil von
Weisheit ist: Ihre Wohnung hat bewohnte Räume und nicht nur
eine schöne Fassade.

Das Dilemma

Die Menschheit steht gegenwärtig vor einer Mutation, und die
zeitgeschichtliche theologische Reflexion kann nicht mehr legitim
mit ihren gewohnten Kategorien weiterdenken. Die Probleme sind

anders geworden; zentrale Fragen müssen neu überdacht werden – von den Antworten ganz zu schweigen. Das ist der Grund dafür, daß ich für ein neues Konzil plädiere, nicht für ein drittes Vatikanum, sondern für ein zweites Jerusalemisches Konzil (vgl. Apg XV). Wir bräuchten dafür eine gewisse Vorstellung von der Weltsituation, wie sie sich heute darstellt, und eine entsprechende innerchristliche Perspektive. Ich möchte mich hier auf das letztere beschränken.

Man könnte die Geschichte der christlichen Tradition in ihrem Verhältnis zu anderen Religionen mit dem Symbol der drei heiligen Flüsse darstellen, die im Titel dieses Kapitels genannt sind. Jesus wurde getauft im Jordan, dem *Hâ Yârdên*, dem *Nahr al-Urdunn*[59]. Man kann das Wasser des Jordan nicht abwaschen vom Leib Christi – und das heißt, auch nicht von den Christen[60]. Die christliche Tradition hat einen unauslöschlich jüdischen Ursprung. Jesus, die Apostel und die Evangelisten waren alle Juden. Ohne eine ganz bestimmte jüdische Spiritualität kann man die Evangelien nicht verstehen. Unter Spiritualität verstehe ich in diesem Zusammenhang eine Reihe *grundlegender Einstellungen*, bevor sie in Theorien manifestiert und in der Praxis enfaltet werden. Wir stehen heute vor der Frage: Kann es eine einzige, universale Spiritualität geben – das heißt eine grundlegende menschliche Geisteshaltung, die sowohl universal als auch konkret ist? Kann eine jüdisch begründete Spiritualität eine solche Möglichkeit in sich bergen? Ist der Jordan *der* Fluß, so wie die Ägypter ihren Nil als *den* Fluß überhaupt bezeichneten?

Solche theoretischen Fragen müssen im Lichte von zwanzig Jahrhunderten christlicher Geschichte bedacht werden, die ebenso geprägt sind vom Wasser eines anderen heiligen Flusses, des Tiber, *il Tevere*. Petrus und Paulus starben an seinem Ufer, und dort leben sie in der Geschichte fort. Auch ohne Rom ist das Christentum unverständlich, sogar in seinen anti-römischen Aspekten. Das Mittelmeer ist das christliche Meer, das *mare nostrum*, »unser Meer«. Das heutige Christentum ist eine mehr oder weniger harmonische Mischung aus jüdischem Erbe und griechischen, römischen, gotischen und westlichen Elementen. Ich möchte hervorheben, daß wir diese Tatsache weder übersehen noch verabsolutieren sollten. Das Christentum ist die Religion dieser beiden Flüsse. Wir kommen nicht ohne sie aus. Aber muß das immer so bleiben?

Wie das Christentum sich *spirituell* nicht vom Jordan lösen kann, so würde es *intellektuell* zerfallen ohne seine Verbindung zum Tiber, den ich als Symbol für die Mentalität des Westens überhaupt verwende, wie breit und vielgesichtig diese auch sein mag.

Heute erhebt sich die Frage, ob die christlich-theologischen Grenzen durch jene beiden Flüsse endgültig festgelegt sind, oder ob wir nicht noch einen anderen Rubikon überqueren sollten; diesmal nicht, um Pompeji zu besiegen, sondern um friedfertig den Ganges zu erreichen.

Die Frage ist eine doppelte: Entweder müssen die Christen anerkennen, daß sie die Welt nicht erobern können – und sollen, weil sie nur einen einzigen Stamm unter den Völkern in der Religionsgeschichte verkörpern; können sie dann noch Universalität für sich beanspruchen und behaupten, die einzig wahre Religionsgemeinschaft zu sein? *Oder* es gibt etwas an der Tatsache des Christlichen, das spezifisch universal ist: Kann, wenn das zutrifft, Christus als ein universales Symbol verstanden werden? In der Erforschung dieser Doppelfrage will ich mich auf die *Gangâ* beziehen, weil sie als Symbol geeignet erscheint; der Ganges hat viele Quellen, darunter eine unsichtbare; er verschwindet in einem Delta unzähliger Flußläufe; und er hat an seinen Ufern die Geburt zahlreicher Religionen gesehen. Was mich an der *Mâ Gangâ* anzieht, ist (abgesehen von den persönlichen Bezügen) dieser vielförmige Ursprung, die individuelle Mündung und ganz besonders diese geheime, himmlische Quelle. In *Illahâbâd* (Allahâbâd), der alten Stadt islamischen Namens, münden in den *Prayâga* nicht nur die Wasser der *Jamunâ* und der *Gangâ*, sondern auch die der unsichtbaren und göttlichen *Sarasvatî*, welche gleichzeitig eine Quelle und die Göttin der Weisheit ist. Das wird seit Jahrtausenden alle zwölf Jahre an den astrologisch (und astronomisch) berechneten Konjunktionen von Millionen von Menschen in der berühmten *Khumba-Mela* bezeugt.

Die Metapher der Gangâ soll jedoch keinesfalls ein arisches (»indogermanisches«) Vorurteil unterstützen . Denn jedes Land hat seine Flüsse, und die meisten von ihnen sind heilig. Die *Ma Gangâ*, der mütterliche Fluß Ganges, soll hier nicht nur als Symbol für Hinduismus, Buddhismus, Jainismus, Sikhismus und die ursprünglichen Religionen in Indien dienen, sondern auch für alle anderen Traditionen Eurasiens, Afrikas, Amerikas und Ozeaniens, die ganz andere Erscheinungsformen sowohl in der Spiritualität als auch in der Mentalität verkörpern[61].

Wer in der Eigenart solcher Mentalitäten verwurzelt ist, für den macht die übliche christliche Theologie wenig Sinn. Nicht nur die Inhalte der Bibel, sondern auch die meisten christlichen Voraussetzungen und Denkwege sind den nicht- abrahamitischen Traditionen fremd oder müssen ihnen einfach wirr erscheinen. Darauf will ich nachdrücklich hinweisen. Obwohl kaum zehn Prozent der Weltbevölkerung fließend englisch sprechen (und noch viel weniger deutsch oder eine andere der europäischen Sprachen), und obwohl die Christen eine Minderheit auf dem Planeten sind, neigen die Bewohner der »Ersten Welt« zu der Annahme, daß das, was sie wollen und denken, universalen Mustern entspräche. Es gibt eine Reihe von Kulturen die in einem solchen Universalisierungs-Syndrom gefangen sind.

Wir haben zwei mögliche Antworten; beide sind legitim. Welcher von ihnen wir folgen, ist mehr als nur eine individuelle religiöse Entscheidung. Welche Antwort der christliche Leib als ganzer bevorzugen wird, ist eine politische Entscheidung von immenser historischer Tragweite. Die Wirklichkeit ist nicht nur auf einmal und für alle gleich vorgegeben. Die Zukunft der Religionen hängt unter anderem auch davon ab, wie sich die verschiedenen Traditionen selbst verstehen und welche Art von Entscheidungen sie treffen. Christentum ist *auch*, was Christen daraus machen – und machen werden. Politik und Religion muß man unterscheiden, aber man kann sie nicht völlig trennen[62].

Die erste Antwort besagt, daß die Christen ihren Universalitätsanspruch aufgeben sollten; daß sie die Flüsse der Welt friedlich fließen lassen sollten, ohne christliches Wasser hineinzupumpen oder ihre Flußläufe ins Tote Meer oder ins Mittelmeer umzuleiten; daß sie nicht nochmals einen Rubikon überqueren und alle Länder der Welt überfluten sollten. Das Christentum ist dann als eine Religion unter vielen zu sehen, und Jesus letztlich nur als der Erlöser der Christen. Das Verhältnis zu anderen Religionen wird als interreligiöses Problem behandelt werden müssen, so wie internationale Angelegenheiten unter souveränen Staaten. In diesem Fall bewahrt das Christentum seine Identität durch Unterscheidung. : Es begründet seine Einmaligkeit daraus, daß es verschieden ist von anderen Traditionen[63]. Und diese Verschiedenheit sollte bewahrt werden. Toleranz, gegenseitiger Respekt und gute Nachbarschaft stehen hier nicht zur Diskussion. In Frage steht nur der Anspruch einer bestimmten christlichen Tradition auf Universalität.

Gemäß dieser ersten Antwort sollten Christen die anderen Traditionen jeweils in ihrem eigenen Recht anerkennen. Denn unbeschränktes Wachstum ist Krebs, und so müßte auch eine immerfort wachsende, weltweite, einzige christliche Religion zum Krebsgeschwür werden. Die Flüsse sollten ihre separate Identität bewahren, ebenso auch die Religionen. Das Wasser der *Gangâ*, des *Huanghe* oder des *Nahr an Nil* (Nil) – so wird diese erste Antwort sagen – enthält zu viel Salz (oder Gift, wenn Sie wollen) und ist zu weit entfernt (philosophisch, theologisch, menschlich), als daß man es mit dem der christlichen Flüsse vermischen könnte, ohne größere chemische und physikalische Veränderungen hervorzurufen. Daher ist es besser, sie auseinanderzuhalten.

Die zweite Antwort – sie ist vermutlich die am weitesten verbreitete, wenn auch in schwächeren Formen oft säkularisiert – wird sagen, daß der Anspruch der Universalität dem Christentum wesentlich ist, so daß Christentum ohne Universalität in sich selbst ein Widerspruch wäre. Sie sieht das Christentum als einen privilegierten Stamm, der dazu berufen ist, die Welt zu vereinen, die anderen kulturellen und religiösen Wasserläufe in einen christlichen *Amazonas* »hineinzubekehren«, den ganzen Planeten zu bewässern – wobei sich natürlich das Christentum selbst in eine noch universalere Religion zu verwandeln haben würde. Mit welchem Recht, so argumentiert diese zweite Antwort, sollten wir das Wachstum der christlichen Dynamik blockieren? Ist es nicht die Versuchung jeder revolutionären Bewegung, alle weitere Entwicklung zu ersticken, sobald ihre Führer die Macht erlangt haben? Ist das Christentum einer solchen Versuchung erlegen? Bis jetzt haben die Christen »das Gute« aus den mittelmeerischen Religionen synkretistisch absorbiert. Warum können sie nicht ähnlich mit anderen Religionen verfahren?

Das Dilemma ist folgendes: Viele Christen werden empfinden, daß sie ihre tiefsten Glaubenswahrheiten verraten, wenn sie die Überzeugung aufgeben, daß die Dimension des Christlichen in ihrem Glauben universal zu denken ist. Andererseits gibt es Christen in wachsender Zahl, die sich dunkel, aber schmerzhaft bewußt werden, daß der Universalitätsanspruch ein imperialistisches Überbleibsel ist, daß seine Zeit Vergangenheit sein sollte, und daß die meisten Anhänger anderer Religionen diesen Anspruch als Bedrohung – und Schmähung – ihrer Glaubenswahrheiten empfinden.

Die vorliegende Studie will einen mutigen Schritt zur Lösung dieses Dilemmas wagen, indem sie aufzeigt, daß sich die Flüsse der Erde weder tatsächlich begegnen – nicht einmal in den Ozeanen – noch auf solche Begegnung angewiesen sind, um wahrhaft lebensspendende Flüsse sein zu können. Die Flüsse treffen sich nicht, nicht einmal im Meer. »Sie« treffen sich dennoch – nämlich im Himmel. »Sie« treffen sich in Form von Wolken, wenn sie eine Transformation zu Dampf erfahren haben, der schließlich wieder als Regen herabströmt in die Täler der Sterblichen, um die Flüsse der Erde zu nähren. Religionen wachsen nicht zusammen, ganz sicher nicht als organisierte Institutionen. Sie treffen sich, wenn sie erst einmal in Dampf verwandelt sind, die Metamorphose zu Geist durchlebt haben, der dann herabgegossen wird in ungezählten Zungen (vgl. Apg II,3). Die Flüsse der Erde werden gespeist von den Wolken, die sich herabneigen, wie auch von irdischen und unterirdischen Quellen, nach jener anderen Verwandlung nämlich von Schnee und Eis zu Wasser. Das echte Reservoir der Religionen besteht nicht nur im doktrinären Wasser der Theologie – es besteht auch im transzendenten Dunst der göttlichen Wolken (Offenbarung) und im immanenten Schnee und Eis der Gletscher und schneebedeckten Berge der Heiligen (Inspiration).

Meine Behauptung wird sein, daß das Prinzip des Christlichen weder ein partikulares Ereignis noch universal im Sinne einer universalen Religion ist. Was ist es dann? Es ist die Mitte der Wirklichkeit, – und zwar in der Perspektive der christlichen Tradition. Diese Vision hat keinen absolut universalen Charakter. Es ist die universale Vision *des Christlichen*. Ich werde jene Metapher weiterführen und zu zeigen versuchen, daß keine religiöse Tradition das Monopol über die lebendigen Wasser der Flüsse (d.h. über das Heil) hat, und daß wir nicht die Lehrsätze irgendeiner authentischen Religion verwässern dürfen, um auf diese Weise religiöse Eintracht zu erreichen[64]. Ich habe an anderer Stelle den *Pars-pro-toto*-Effekt dargestellt, der dieser Problematik innewohnt[65]. Meine Metapher soll nicht in unqualifizierter Weise für die transzendente Einheit aller Religionen stehen. Sie geht zwar in diese Richtung, aber ich möchte nicht die tatsächlichen Flüsse mit chemisch reinem Wasser verwechseln. Wie jedes Wasser verschieden ist, so auch jede Religion – jeder Fluß trägt die angemessenen Salze und Mikro- Organismen mit sich. Und wir sollten auch nicht vergessen, daß das Wasser eine Transformation (des Todes und der Auferstehung – in Dampf, Schnee und wiederum Wasser) durchläuft, die allein ermöglicht, daß es weiterhin die Erde fruchtbar macht.

Religionen sind keine statischen Konstrukte. Daher sollte sich keine Religion davor fürchten, ihr Wasser verdampfen zu lassen, wenn das Klima unerträglich heiß wird. Die Wolken werden es zurückbringen, sobald sich die Hitze der Polemik verzieht und die Wogen sich glätten. Mit anderen Worten: Nicht nur ist jedes Gewässer einzigartig, sondern jeder Fluß trägt auch seine spezifische Gestalt, seinen Geschmack, seine Schönheit zur religiösen Welt bei. Und diese ist nicht irgendeine besondere Sphäre, sondern die ganze Welt in ihrer letzten Bestimmung. Die Mäander, *Ghats*, Häfen, Badeplätze, stillen Weiher, schnellen Kaskaden, bewegten und stürmischen Wasser gehören alle gleichermaßen zum Phänomen des Religiösen. Was immer die »Essenz« von Religion sein mag, lebendige und tatsächliche Religionen sind nicht Essenzen, sondern konkrete, kraftvolle und gefährliche Existenzen. Religiöse Flüsse sind viel mehr als das H_2O der Chemie. Meine Methode kann daher nicht rein deduktiv sein. Sie muß zugleich auch empirisch und historisch vorgehen. Aus diesem Grund will ich, bevor ich irgendwelche Schlüsse ziehe, zum einen die historischen Stadien des christlichen Selbstverständnisses umreißen, zum anderen eine theologische Interpretation dieser Stadien versuchen.

Fünf Epochen der christlichen Geschichte

Wir wollen die heutige Einsicht ernst nehmen, daß theologisches Verstehen immer von zeitlichen, kontextuellen und anderen Parametern abhängig ist. Daraus erklärt sich, warum Christen die Grundtatsache des Christlichen nicht immer in gleicher Weise interpretiert haben. Das Selbstverständnis der Christen kann quer durch ihre Geschichte in fünf Epochen zusammengefaßt werden, wenn auch die vorhergehenden in den späteren weiterhin präsent bleiben. Aus diesem Grunde nenne ich sie nicht chronologische, sondern *kairologische* Momente der christlichen Geschichte[66].

(1) Das vorrangige christliche Selbstverständnis der ersten Jahrhunderte ist das der *Zeugenschaft*. Die frühen Christen sahen sich nicht als eine neue Religion. Sondern sie bezeugten jene lebendigen Worte, die am Jordan ausgesprochen und in der Auferstehung bekräftigt worden waren. Sie bezeugten eine Sache, die ihr Leben transformiert hatte und ihnen, obwohl schon früh in unterschiedlicher Weise interpretiert, eine Art übergeschichtliches Ereignis blieb. Sie lebten nicht ausschließlich in Geschichte. Eschatologie war ein jederzeit präsenter Faktor. Sie konnten furchtlos dem Tod ins Auge sehen. Sie waren Märtyrer, d.h. Zeugen eines Ereignisses. Die wichtigste Tugend dabei war die Treue. Diese Gesinnung war etwa bis zum Fall Roms unter

140

Alarichs Belagerung im Jahr 410 oder bis zum Tod des Augustinus im Jahr 430 vorherrschend. Der wahre Christ war damals der Märtyrer.

(2) Das nächste Moment kann mit dem Wort *Konversion* umschrieben werden. Die Welt wurde »christlich«, aber die Atmosphäre war nach wie vor »heidnisch«. Langsam etablierten sich die Christen als gesellschaftliche und auch politische Realität. Dennoch waren sie sich bewußt, daß die Konstantinisierung des Christentums ihre Fallstricke mit sich gebracht hatte. Wahre Christen mußten sich unterscheiden von der »Welt«. Als ein wirklicher Christ wies man sich unter solchen Bedingungen nicht schon dadurch aus, daß man der offiziell gewordenen Religion angehörte, sondern indem man eine Umkehr des Herzens vollzog. *Conversio morum* (Umkehr der Lebensweise) ist daher der Leitspruch der Mönche. Der authentische Christ mag mit der entstehenden politischen Ordnung zu tun haben oder angezogen werden von der sozialen Kraft des Christentums, aber das wirkliche Kriterium ist die Lebensweise, die Reinheit des Herzens. Christ zu sein bedeutet, zu Christus bekehrt zu sein. Wahre Christen folgen der mönchischen Berufung. Jedoch hatte inzwischen das Christentum nicht nur eine spezifische Anzahl von Lehren hervorgebracht, sondern auch Regeln politischer Tugend. Es ist nun christliches Verständnis, daß die Christen eine Religion bilden, ja sogar einen Staat, das werdende Reich. Diese Religion ist noch nicht feindselig gegenüber anderen Religionen, besonders wenn sie weit entfernt sind, aber Bekehrung bekommt langsam einen politischen Beiklang. Ganze Völker werden bekehrt und führen die Grundeinstellungen ihrer jeweiligen Lebensart weiter mit sich. Dies war das Schicksal eines großen Teils der europäischen Völker. Dieses Stadium des Geschehens dauerte bis ins Mittelalter an, wenn es auch durch den Konflikt mit dem Islam erschüttert wurde. Aus dem Zusammenstoß entstand eine neue Grundhaltung.

(3) Das Wort *Kreuzzug* charakterisiert das christliche Selbstverständnis in dieser neuen Epoche, die im achten Jahrhundert

begann und bis einige Zeit nach dem Fall von Konstantinopel im Jahr 1453 gedauert hat, wahrscheinlich sogar bis zur Niederlage der Türken bei Lepanto im Jahr 1571. Die Christenheit war jetzt fest etabliert. Es gab zwar Kämpfe und innere Spannungen unter den christlichen Fürsten, aber nichts formte das christliche Leben mehr als das Gefühl der äußeren Bedrohung durch den Islam. Sie ist geradezu zu einer kollektiven Obsession geworden. Spanien fiel nach der Schlacht von Guadelete im Jahr 713 schnell unter muslimische Oberherrschaft, und der Süden Frankreichs war ebenso »besetzt«. Karl Martell wird als Retter des (christlichen) Europa bejubelt, aber Jerusalem und die heiligen Stätten »fallen« unter muslimische Herrschaft. Wien wird belagert. Das christliche Reich muß sich durchsetzen. Überall spürt man die Gefahr. Oft werden Juden zu Sündenböcken für christliche Frustrationen gemacht. Der Christ muß in dieser Situation ein Soldat sein, ein Kreuzritter, eine »militante« Person, und dieses Wort wird von damals bis in unsere Zeiten benutzt. Die Oberen der neuen religiösen Bewegungen werden nicht mehr Vater, Abt oder Mutter genannt, sondern General – und die Bewegungen selbst werden zu »Orden«. *Militia Christi* (Streitmacht Christi) ist die hauptsächliche Geisteshaltung dieser Epoche, entweder im buchstäblichen Sinne des Kreuzritters oder – gehobener interpretiert – in dem Entschluß, Jesuit zu werden, oder sonst ein Kämpfer für Christus.

Auch die Reformation hat ähnliche Züge: Das Christentum ist ein anspruchsvolles Unternehmen. Es fordert Mut, Glaube, Entscheidung. Du mußt ein christlicher Rittersmann sein, ein Held; du hast die heilige Pflicht, das innere Leben wie die äußere Welt für Christus zu erobern oder zurückzuerobern. Du sollst mit der Welt keine Kompromisse machen. Der Glaube allein genügt. Der Islam, der als Bedrohung empfunden wird (teilweise auch im Sinne einer Vorsehung als Warnung vor dem Lauwerden), wird dabei zum Inbild aller anderen nichtchristlichen Religionen.

Das Christentum entwickelt in dieser Epoche langsam die Vorstellung, die einzig wahre Religion zu sein, wogegen die anderen falsch seien. *Vera religio* (wahre Religion) wird zu einer geweihten Formulierung, wobei sich aber die Bedeutung allmählich vom wahrhaftig religiösen Leben zur einzig wahren und heilschaffenden institutionalisierten Religion wandelt. Diese Grundhaltung bleibt über Jahrhunderte bestehen. An einem ganz bestimmten Moment jedoch geschieht etwas Neues in der Christenheit – und das heißt, im *Sacrum Romanum Imperium Germanicum* (im Heiligen Römischen Reich Deutscher Nation). Im Jahr 1492 wird ein neuer Kontinent »entdeckt«. Dadurch verändert sich die Szenerie: Die Christenheit als eine Weltordnung bricht langsam in sich zusammen, und es entsteht die Religion des Christentums.

(4) Jetzt wird *Mission* zum Hauptmerkmal christlicher Religion, bis zum Ende des modernen Zeitalters. Der Drang zu erobern ist unwiderstehlich. Doch kann die religiöse Rechtfertigung der Eroberung Amerikas nicht die eines Kreuzzuges sein. Die Amerindianer konnten weder wie die Muslime als Bedrohung verstanden werden, noch klagten sie die Christen in irgendeiner Weise an. Die *Conquista* war nur mit der Begründung zu rechtfertigen, daß Amerika christianisiert werden müsse. Salamanca kocht über von theologischen Diskussionen. Bartolomé de las Casas verteidigt die *Indios*; Francisco de Vitoria versucht sein Bestes; doch obsiegt die Ideologie, daß Christen die Pflicht haben – besser gesagt: die *Mission* – den Amerindianern das Evangelium zu verkündigen, sie zu bekehren und sie so zu retten. Diese Ideologie breitet sich immer weiter aus. Der wahre Christ ist jetzt der *Missionar*. Wieder erstreckt sich die Bedeutung des Wortes von seinem buchstäblichen Sinn, loszugehen und den »Ungläubigen« zu predigen, bis dahin, sich selbst in einem mystischen Opfer dem Heil darzubieten und so der Welt ein Beispiel zu geben. Auch Thérèse de Lisieux hat, eingeschlossen in einem Karmelitinnenkonvent, ihr Leben als das einer Missionarin gesehen – und vollbracht. Missionstheologie wird zu der am meisten ausgearbeiteten Theologie[67].
Nichtsdestoweniger bemerken Christen im Kontakt mit anderen Völkern der Erde, daß jene neuentdeckten Religionen einen Schatz spiritueller Werte in sich enthalten, und eine theologische

Reflexion setzt ein. Die Namen Matteo Riccis und Roberto de Nobilis erinnern an diesen Zugang, aber viele solcher Bemühungen wurden unterdrückt. Denn christliche Institutionen sahen sie als Bedrohung für die Dynamik der Zeit an – das heißt, für die politische Expansion der europäischen Staaten. Weil diese sich christlich nannten, duldeten sie keine theologischen Interpretationen, die ihre politische Strahlkraft hätten untergraben können. Der Ritenstreit in China ist ein bekanntes Beispiel dafür. Kurz, das Christentum hatte eine Missionspflicht für die ganze Welt. Noch heute beten und zahlen Christen für die Missionsgesellschaften. Sogar Botschaften in der Politik werden bis heute Missionen genannt, und das Wort wird allgemein akzeptiert. Aber zwei Weltkriege, hundert Millionen Kriegstote in unserem Jahrhundert und die Unabhängigkeit von gut einhundertsechzig neuen Staaten markieren das Ende dieser Epoche. Viele Christen erkennen, daß sie nicht länger andere Völker »missionieren« können. Wir erreichen das Zeitalter der Gegenwart.

(5) Das neue Stichwort nach dem Abbau der kolonialen politischen Ordnung heißt *Dialog*. Es gibt jetzt einen Trend zur Einheimischmachung, Inkulturation des Christentums, zu einem größeren Respekt gegenüber anderen Religionen, und es gibt Versuche zu einer neuartigen Interpretation des Christlichen. Viele Christen wollen nicht länger erobern, nicht einmal mehr bekehren; sie wollen dienen und lernen; sie bieten sich als ernsthafte Partner eines offenen Dialogs an – allerdings mit verständlichem Mißtrauen auf seiten ihrer Partner (das kann man leicht nachvollziehen, wenn man mit der Geschichte vertraut ist). Heute beginnen Christen zu sagen, daß Dialog nicht eine neue Strategie ist, sondern ein offener Prozeß der gegenseitigen Bereicherung und des besseren gegenseitigen Kennenlernens. Die Christenheit hat schlechte Aussichten, das Christentum ist in der Krise, aber das Christus-Symbol bleibt dennoch wirkungsvoll. Die Christlichkeit erscheint auf der soziologischen Ebene.
Eines ist klar: Das Christliche bewahrt irgendwie alle fünf Wesenszüge weiterhin in sich. Es gibt etwas vom *Zeugen* in allen

Christen. Und sie werden sich nicht wohlfühlen, wenn sie nicht irgendwie besser sind als Nicht-Christen (*Konversion*); wenn sie den Mut nicht haben, ihren Glauben zu bekennen (als Soldat, als *Kreuzritter*); wenn sie die Last und Verantwortung nicht spüren, sich um die ganze Welt kümmern zu müssen (*Mission*). Indem sie aber jetzt entdecken, daß sie nicht alleine sind, öffnen sie sich dem *Dialog*. Wir sind gerade jetzt am Anfang einer neuen Spiraldrehung in der Interaktion zwischen Christen und den Völkern anderer Glaubenssysteme.

Lehren aus der Geschichte

Wir sollten unsere theologischen Überlegungen in den jeweiligen historischen Kontext hineinstellen. Die erste Epoche wird noch immer gespeist von den Wassern des Jordan. Der Alte Bund wird hier als das Wichtigste empfunden. Spirituell sind Christen daher Semiten. Die drei folgenden Epochen werden von den Wassern des Tiber gespeist. Intellektuell sind Christen daher Europäer; sie sind in erster Linie noch immer den Mittelmeer-Kulturen verbunden. Jenseits des Atlantik gibt es im historischen Sinn des Wortes nur Kolonien, trotz der Tatsache, daß die beiden Amerika nach fünfhundert Jahren einer mehr oder weniger unabhängigen Existenz eigene Züge aufweisen.

Lediglich die fünfte Geisteshaltung ist nicht mehr damit zufrieden, einfach nur mediterrane Kultur zu exportieren. Sie sehnt sich danach, zusammen mit anderen Glaubenden in den Wassern des Ganges und aller anderen Flüsse der Erde zu baden. Christen entdecken, daß diese Flüsse wirkliche Flüsse sind, die nicht zu ihnen selbst gehören. Das ist, trotz einiger bemerkenswerter Ausnahmen in der Vergangenheit, eine neue soziologische Situation.

Diese Ausnahmen verdienen eine kurze Erwähnung, denn die gegenwärtige Grundhaltung des Dialogs ist ein *kairologisches* Moment, das in anderen Epochen nicht gänzlich gefehlt hat. Wir können auf Minutius Felix verweisen, auf die Dispute in Barcelona und Toledo, auf Ramon Llull, Bernhard von Clairvaux, Nikolaus von Kues, und in neuerer Zeit auf Brahmabandhav Upadhyaya, John Wu und viele andere. Sie alle bezeugen, daß die heute empfundene Notwendigkeit des Dialogs nicht völlig neu ist. Zudem gab es auf einem volkstümlicheren Niveau immer dort einen existentiellen Austausch, wo Bevölkerungsgruppen unterschiedlicher religiöser Zugehörigkeit beieinander wohnten. Zum Beispiel leben in Kerala in Indien seit Jahrhunderten Angehörige der dort eingesessenen Religionen, nämlich Hindus, Christen und Muslime, in relativ positiver Symbiose zusammen.

Wir wollen nun einige theologische Schlüsse aus diesem historischen Überblick ziehen.

Als *erste* Lektion macht uns die Geschichte bewußt, daß all unser Reden abhängig ist von einem zeitlichen Faktor – nämlich von den historischen Umständen. Gäbe es nicht die Tatsache der politischen Entkolonialisierung der Welt, dann würden wir nicht in der Weise sprechen, wie wir es heute tun. Der Dialog ist nicht bloßer Spekulation entsprungen. Sondern er wurde den Christen durch die Umstände geradezu aufgezwungen. Die Praxis bedingt die Theorie. Jedoch liegt auch Weisheit darin, aus der Not eine Tugend zu machen.

Die *zweite* Lektion sollte eine Lektion der Befreiung sein, sowohl aus einem engen, eindimensionalen Supernaturalismus als auch aus einem bloßen dialektischen Materialismus. Die Veränderung in den christlichen Ansichten ist weder allein die Frucht eines vorherwissenden Gottes, der ein bestimmtes Volk anführt, noch ist sie einfach das Ergebnis zynischer Berechnung auf seiten der institutionalisierten Kirchen, die dadurch hoffen, kraftvoll zu bleiben und ihre Herrschaft über Geldbeutel und Gewissen der Leute zu behalten. Beide Faktoren – und andere mehr – mögen hier am Werk sein. Aber trotzdem zwingen uns historische Umstände zu bestimmten Ansichten, und das schließt die Möglichkeit nicht aus, daß diese Umstände ihrerseits die Frucht anderer Mächte sind, die in der Geschichte wirken; auch ist ein göttlicher Faktor nicht notwendig ausgeschlossen, obwohl es sich dabei mit Sicherheit nicht um einen *deus ex machina* handelt. Der Geist Gottes, um es in traditioneller Sprache zu sagen, sollte unterschieden, aber nicht getrennt werden vom geschichtlichen Zeitgeist. Die Geschichte erklärt das *Wie*, aber nicht das *Warum*. Mit anderen Worten: Die Geschichte lehrt weder den Triumph des Besten (der durch göttliche Vorsehung gesegnet ist), noch den des Listigsten (der durch bloße Macht »gesegnet« ist). In der Perspektive der *Bhagavadgîtâ* gehören *Dharmakshetra* und *Kurukshetra* zueinander. (Übrigens führt die *Sarasvatî*, jener dritte unsichtbare Quellfluß des Ganges, dessen geographische Realität bestritten wird, durch *Kurukshetra*). Oder mit den Worten des Evangeliums: Weizen und Unkraut wachsen zusammen.

Die *dritte* Lektion lädt uns zur Relativierung all unserer Bemühungen einschließlich unserer theologischen und intellektuellen Errungenschaften ein. Unsere kritische Haltung gegenüber den Ideologien der Vergangenheit legt uns nahe, daß wir selbst keine Ausnahme bilden und nicht grundsätzlich besser wegkommen werden als jene. Auch wir sind in einen begrenzten und letztlich provisorischen Rahmen hineingestellt. Wir sind genauso eine vorübergehende Zeiterscheinung, wie es unsere Ahnen waren. Wir müssen uns vor *Chronozentrismus* ebenso hüten wie vor *Ethnozentrismus*.

Die *vierte* Lektion betont die Kreativität und Freiheit authentischen theologischen Denkens. Theologie wiederholt nicht nur vergangene Doktrinen oder zieht nur implizite Konsequenzen aus ihnen. Sie erschafft auch etwas Neues. Ihre Entscheidungen und Einsichten können von großer Tragweite sein; sie können eine neue Richtung einschlagen, die nicht bloß »Weiterentwicklung« eines bereits existierenden Dogmas bedeutet. Es gibt Mutationen und Freiheit in der Welt des Wirklichen. Theologie ist nicht nur Exegese, sondern auch Praxis; sie zieht nicht nur Schlußfolgerungen, sondern stellt auch neue Prämissen auf und erschafft neue Situationen. Sie ist mehr als nur Konklusionentheologie. Mit anderen Worten: Die Geschichte des christlichen Selbstverständnisses ist nicht eine logische Entfaltung von Prämissen. Sie ist das Ergebnis einer Reihe unterschiedlicher Faktoren. Viele von diesen sind freie Bewegungen des menschlichen und des göttlichen Geistes. Zusammenfassend kann man sagen: Die logische Kontinuität zu den vorangegangenen Feststellungen ergibt nicht das Kriterium für den nächsten Schritt. Er setzt sie zwar voraus, ist aber nicht notwendig in ihnen enthalten. Leben ist mehr als nur logische Entfaltung – sogar mehr als Evolution. Die Geschichte lehrt uns auch den richtigen Weg zur Annäherung an unser Thema. Um das Kapitel nicht ungebührend lang werden zu lassen, will ich die methodischen Prinzipien nur andeuten:

Methodologische Überlegungen

(1) Christliche Reflexion über christliches Selbstverständnis muß drei Faktoren berücksichtigen:
– die ursprünglichen Quellen des christlichen Selbstverständnisses;
– die Interpretation jener Quellen in der Tradition;
– die persönliche Erfahrung dieser Quellen und Traditionen und eine neue Reflexion ihrer Bedeutung.
Die Kunst der Theologie besteht darin, jene drei Faktoren zu einer überzeugenden Harmonie zu verschmelzen.

(2) Eine theologische Interpretation des Faktums des Christlichen für uns heute muß auf folgendes achten:
– nicht Apostasie zu begehen – das heißt, sich selbst nicht abzutrennen von der Tradition, die man gerade fortsetzen möchte;
– die Tradition nicht zu verdünnen, um sie dann auf einen gestaltlosen gemeinsamen Nenner zu bringen, nicht einmal um der Toleranz und des ökumenischen Geistes willen;
– eine gründliche Kenntnis anderer Traditionen nicht zu verschmähen.
Das christliche Selbstverständnis muß offen sein für andere religiöse Erfahrungen und Glaubensformen (und -systeme). Es muß willig sein, ihnen zuzuhören, von ihnen zu lernen und sogar alles von ihnen in sich aufzunehmen, was die christliche Interpretation zu bereichern oder zu vertiefen in der Lage scheint. Es muß Bereitschaft zur gegenseitigen Transformation zeigen. Diese inter-

religiöse Befruchtung könnte eine neue Wahrnehmungsfähigkeit und schließlich sogar eine neue Form des religiösen Bewußtseins oder der Religion hervorbringen.

(3) Die Methode muß dialogisch[68] sein, und sie muß auf folgenden Ebenen angewendet werden:
– zwischen den Religionen als solchen, das heißt in diesem Fall, zwischen dem Christentum und den Religionen der Welt;
– mitten im Herzen der jeweils eigenen Religion, das heißt hier: zwischen den verschiedenen Ausprägungen des christlichen Verständnisses und den verschiedenen Theologien;
– im Innersten der Theologen selber beziehungsweise der Personen, die an einem solchen Unternehmen beteiligt sind. Dialog ist selbst eine intime religiöse Erfahrung.

Ich werde keinen dieser Punkte im Detail darstellen, denn ich hoffe, daß dieses Kapitel selber ein Beispiel für eine solche Methodologie ist.

Drei geo-theologische Momente

Das Faktum des Christlichen ist bisher im wesentlichen in historischen Begriffen verstanden worden, so auch in der obigen Analyse der fünf *kairologischen* Momente. Aber es ist auch und eigentlich übergeschichtlich. Das Ereignis des Christlichen ist weder nur Vergangenheit noch ausschließlich Zukunft. Denn es gehört auch zur Ordnung des Herzens, des persönlichen Lebens des Glaubenden. Es hat eine Zeitgenossenschaft *sui generis* an sich und transzendiert in gewisser Weise Zeit und Raum, ohne doch den raum-zeitlichen Rahmen als solchen außer Kraft zu setzen. Es ist theologisch. Es erweckt die Reflexion über das Gegebene sowohl im Licht des Leuchtturms der eigenen Tradition als auch in den Strahlen anderer Leuchttürme – wenn auch alles zu jeder Zeit durch unsere eigenen optischen Gerätschaften gefiltert erscheint. Die drei geo-theologischen Momente sind zugleich *kairologischer* Natur; sie sind ineinander verschlungen, und jedes ist im anderen präsent. Und dennoch erscheint das jeweilige Moment vorrangig an ganz bestimmten Punkten in der zeitlichen Manifestation des Bewußtseins des Christlichen.

Geschichte und Tradition sind *loci theologici* (Quellen der theologischen Aktivität). Jede zeitgenössische theologische Reflexion, die den neuen Kontext ignoriert, ist methodologisch fehlerhaft. Weder das Dogma noch das christliche Selbstverständnis ist ein ahistorisches oder ageographisches Faktum. Geographie ist genauso wie Geschichte eine menschliche wie religiöse Kategorie.

Während die fünf Facetten des christlichen Selbstverständnisses in der obigen Beschreibung anhand historischer Linien entfaltet sind, sollen die jetzt darzulegenden drei theologischen Momente einem religionsgeographischen Muster folgen. Wenn es stimmt, daß die Erscheinungsweise des Christlichen im dritten Jahrhundert von der des zwanzigsten Jahrhunderts verschieden ist, dann gibt es auch einen ähnlichen Unterschied zwischen der christlichen Erfahrung am Tiber und am Ganges. Meine Fluß-Metapher ist mehr als eine geographische Spitzfindigkeit. Sie ist eine theologische Kategorie. Ob das Christentum universal ist oder nicht: Die christliche Interpretation des Lebens in einer afrikanischen Wüste ist verschieden von der in einer skandinavischen Stadt. Bisher sind wir gegenüber der Geschichte viel aufmerksamer als gegenüber der Geographie.

Wir sollten uns ganz bewußt sein, daß die Geographie des Christentums nicht auf den Jordan in Palästina, den Tiber in Italien oder den Ganges in Indien reduziert werden darf. Nicht nur sind Fauna und Flora an den Ufern all der Flüsse auf der Erde verschieden, sondern auch die Menschen und ihr religiöses Dasein. Die geo-theologischen Koordinaten sind nicht kartesianische und neutrale geometrische Parameter; sie wirken sich auf die Natur der Menschen und ihrer Glaubensvorstellungen aus. Die »Religionsgeographie« ist eine weithin noch unerforschte Disziplin. Überdies sind Geographie und Geschichte ineinander verschlungen.

Der Tiber ist zum Beispiel nicht nur der Fluß Roms. Auch Byzanz ist sozusagen römisch, und über Jahrhunderte war Moskau das dritte Rom. Außerdem umschließt diese Stadt in Italien selber ein dreifaches Rom: das Rom der Caesaren (der christlichen wie der nicht-christlichen), das Rom der Päpste (mit oder ohne weltlicher Macht) und das Rom des Volkes. Dennoch will ich den Tiber als repräsentativ für jenen zweiten Bereich der christlichen Geographie betrachten.

Was nun folgt, ist notwendigerweise nur ein kurzer Überblick.

Der Jordan
Wasser, Glaube, Ereignis, Religiosität, Nach-oben- gewandt- Sein – Ausschließlichkeit

Jesus ist der Christus. Das ist vielleicht die kürzeste Formel des christlichen Glaubens. Obwohl das Wort Christus vieldeutig ist, sind die Ursprünge dieser Formel sehr eng verbunden mit dem jüdischen Messias-Verständnis, und das trotz der Vorbehalte, die Jesus selbst offenbar gegenüber jenem Titel gehabt hat. In den grammatikalisch synonymen Hoheitstiteln: »Gesalbter«, »Messias«, »Christos«, »Christus« und »Jesus Christus« gibt es im tatsächlichen Gebrauch eine allmähliche Bedeutungsverlagerung.

Das christliche Selbstverständnis ist auf intime Weise – sowohl in Kontinuität als auch in Konfrontation – mit der jüdischen Bibel verbunden. Die Beschneidung wird abgeschafft, was einen Bruch mit dem Judentum bewirkt. Doch wird sie »ersetzt« durch die Taufe mit *Wasser* – und das war natürlich Jordan-Wasser. Diese Wasser tauften Jesus, den Sohn der Maria, den Menschensohn. Es sind heilige Wasser, weil der Geist Gottes über ihnen schwebte (vgl. Gen I,2). Wasser ist das Symbol der Einweihung: Es reinigt, es fließt, es steht in Polarität zum Feuer, es kommt aus Quellen und Flüssen, aber auch von hoch oben und tief aus der Erde, und es bringt Tod und Wiederbelebung. Aber es gibt nur einen Jordan. Nicht jedermann wird eingeweiht. Die *Ausschließlichkeit* lauert hier, obwohl eigentlich alles Wasser, wie wir später hören werden, Jordanwasser sein kann.

Der Christ ist ein Mensch des *Glaubens*. Dieser Glaube hat sein Zentrum in der Person Jesu. Theologische Diskussionen müssen daher erklären, wer Jesus ist. Der wesentliche Punkt dabei ist allerdings weniger seine Natur als die Wirklichkeit seines *Ereignisses*, insbesondere des Auferstehungsereignisses. Dieses Ereignis ist vor allem anderen eine historische Tatsache im Leben Jesu: die Verurteilung eines Palästinensers durch die rechtlich-religiöse und legitime politische Obrigkeit seiner Zeit. Wir sind hier fest verwurzelt in der Geschichte und speziell in der persönlichen Geschichte Jesu, und daher steht die Treue zu seiner Person im Mittelpunkt. Die Lehren dieses jungen Rabbi sind faszinierend, wenn auch die meisten seiner Worte schon vorher von anderen gesagt worden sein mögen; sein Beispiel übt eine unwiderstehliche Anziehungskraft aus.

Christen schauen noch immer, trotz der Warnung der Engel bei der Himmelfahrt, zum Himmel auf. Sie haben eine »religiöse« Geisteshaltung, die ihr Leben durchdringt, eine ganz besondere *Religiosität*, nicht Religion. Sie *schauen auf* zum erhöhten Christus. Eschatologische Hoffnungen sind bei ihnen vorherrschend. Seine Auferstehung wird *die unsere* hervorbringen und bewirken.

Es ist ein Privileg, unter den Einfluß, den Zauber, die Gnade Jesu zu kommen. Es ist etwas Besonderes und verleiht eine besondere Würde; es ist eine Quelle der Freude, aber auch eine Last und mit Verantwortung verbunden. Der Jordan, um mit meiner Flußmetapher fortzufahren, hat eine ganz bestimmte Kraft, und das wußten die jüdischen Schriften. »Sind nicht der Abana und der Parpar, die Flüsse von Damaskus, besser als alle Wasser Israels? Kann ich nicht dort mich waschen, um rein zu werden?« rief Naaman, der Heerführer in der Streitmacht des Königs von Aram, Elischa zu, dem Propheten Israels (IIKön V,12). Mit anderen Worten, Einzigkeit, Privilegiertheit und sogar *Ausschließlichkeit* schaffen in einer hierarchischen Welt kein unüberwindliches Problem. Es gibt nur wenige Christen und noch weniger Errettete[69]. Solange man in einem hierarchischen Zusammenhang lebt, gibt es nichts Abstoßendes an einem gewissen Exklusivismus.

Dieses erste Moment entspricht der ersten historischen Epoche, wie sie oben beschrieben ist – das heißt der Epoche des *Zeugnisses*.

Daraus erklärt sich auch, daß die zentralen theologischen Problemstellungen im Bereich des »Jordan« mit der Identität Jesu Christi verknüpft sind – was sich in den christologischen und trinitarischen Themen ausdrückt.

Der Tiber
Feuer, Bekenntnis, Institution, Religion, Nach-innen-gewandt-Sein – Einschließlichkeit

Ist aber der Jordan der einzige heilige Fluß? Wird man nicht auch mit *Feuer* getauft? Feuer verbrennt das Alte und breitet sich aus ins Weite. Es läutert, aber es verletzt auch. Die christliche Identität der Gegenwart kann nicht auf die Erfahrung der ersten Generationen beschränkt werden, und man darf nicht die kulturellen und religiösen Konstruktionen übersehen, die das christliche Leben über zwanzig Jahrhunderte hervorgebracht hat. Wir befinden uns hier in der zweiten, dritten und vierten Epoche nach der obigen Beschreibung – *Bekehrung, Kreuzzug* und *Mission* – die sich über gut fünfzehnhundert Jahre christlicher Geschichte erstrecken.

Der Christ ist einer bestimmten Weltsicht verpflichtet, die sich in einer Reihe von *Glaubensvorstellungen* ausdrückt. Christ zu sein bedeutet nicht nur, Treue zu Christus zu bekennen; es erfordert auch die Zugehörigkeit zur christlichen Gemeinschaft, ob man diese nun Kirche oder Glaubenswelt nennt. Spaltungen und Schismen, sind sie erst einmal etabliert, entwickeln ihre eigenen Orthodoxien. Das Christentum wird zur *Institution*. Das Zusammengehörigkeitsgefühl wird in hohem Maße institutionalisiert. Das Ideal ist nun die Christenheit, das christliche Reich, die christliche Zivilisation. Als dieses Ideal etwa im sechzehnten Jahrhundert zu zerfallen beginnt, wird es mehr und mehr ersetzt durch das des Christentums als *Religion*.

Der Jordan ist ein geographischer und ein mystischer Fluß. Sein Wasser ist Taufwasser. Der Tiber dagegen ist ein historischer und ein politischer Fluß. Sein Wasser fließt in der Themse, der Seine, dem Paraná und dem Potomac. Es führt eine Theologie mit sich, eine gut strukturierte, wenn auch breite und flexible Vision der Welt. Es ist das Wasser der christlichen Zivilisation der Vergangenheit und Gegenwart. Die Christenheit und ihr Nachfolger, das Christentum, sind nicht bloß private Angelegenheiten. Die christlichen Wasser fließen überall; sie bewässern all die Felder einer Zivilisation, die für sich beansprucht, die gesamte Welt zu umfassen. Man könnte eine Vielfalt zeitgenössischer Namen dafür zusammenstellen – Johannes Paul II., Präsident Bush, Königin Elisabeth, General Pinochet, die Philosophen Maritain oder Gilson, die Theologen Barth oder Lonergan, die Historiker Toynbee oder Heer. All diese Menschen stehen für einen Glauben an die Überlegenheit des Christentums. Dieser Glaube hindert zwar nicht daran, die Größe anderer und die Schwächen von Christen einzugestehen; dennoch sind solche Eingeständnisse, so wird argumentiert, im Einklang mit den Werten des Christentums und unter der Autorität Christi.

Das Christentum ist so machtvoll und universal geworden, so überzeugt von seiner Mission, daß es keine Notwendigkeit sieht, nach draußen zu blicken, es sei denn, um zu lernen und sich selbst zu vervollkommnen. Die *Wendung nach innen* ist einer seiner Grundzüge, auf mystischer, religiöser wie politischer Ebene. Innerhalb der christlichen Offenbarung, Doktrin, Praxis und Lebensart findet man nach dieser Auffassung alles, was für jedes menschliche Leben wie auch für die Beurteilung anderer Religionen und Kulturen gebraucht wird. Das ist die Art der *Introversion*, die ich meine: In uns selbst finden wir die ganze Wahrheit. Die Theologie ist nach innen gewendet. Wir wollen in uns selbst, in unserer eigenen Tradition oder Offenbarung die Antwort auf alle theologischen Fragen finden. Wir mögen wohl über andere reden, wir mögen sie verehren, sie in unser System integrieren, aber immer noch sind *wir* es, die diese Aufgabe vollbringen. Hier ein Beispiel: Als zum ersten

Mal in der Kirchengeschichte ein ökumenisches Konzil nicht nur das Existenzrecht anderer Religionen anerkannte, sondern sie sogar lobte, nämlich im *Nostra aetate* des Zweiten Vatikanum, da hielt man es nicht für nötig, Repräsentanten jener Religionen einzuladen, damit sie für sich selber sprächen. Die katholischen Experten waren zuversichtlich genug, für die anderen sprechen zu können. Der Tiber war völlig ausreichend.

Es gibt einen dichten theologischen Diskurs zur Verteidigung einer bestimmten Sorte des christlichen *Inklusivismus*. Die christliche Religion stellt nach seiner Ansicht den Gipfelpunkt religiöser Entwicklung dar; sie steht für universale Werte und beansprucht eine Art Universalität. Kurz gesagt, das Christentum hat es nicht nötig, andere zu schmähen, weil es sich ganz sicher für überlegen hält.

Anima naturaliter christiana, »anonyme Christen«, »Erfüllungstheologie«, »Diener der Menschheit«, »Reich der Natur und der Gnade«, oder in mehr säkularisierter Form: »Demokratie«, »Weltzivilisation«, »Weltregierung«, »Ein Weltmarkt«, »universale menschliche Rechte«, eine überall geltende Naturwissenschaft mit zugehöriger Technologie – all das sind Ausdrucksweisen desselben Syndroms: Alle Flüsse führen dasselbe Wasser. Doch letztlich ist es »unser« Wasser, selbst wenn es die Kanus nicht wissen, die den Fluß hinauf- und hinunterfahren.

Natürlich gibt es viele christliche Institutionen, Kirchen und Theologien. Oft kämpfen sie untereinander um Macht, um ein besseres Verständnis ihrer theologischen Fragen (auf interner oder ökumenischer Ebene), oder auch um bessere Methoden, mit den anderen Religionen der Welt umzugehen. Aber bei all solchen Unterschieden entdecken wir doch dieselbe Art der Sprache. Können wir sie den westlichen Logos nennen? Christen reagieren irritiert auf eine solche Qualifizierung, denn sie sagen, der Logos sei universal (obwohl es nur »unser« Logos sein kann). Wenn nicht der Tiber selber, so ist doch sein Wasser überall. Darum brauchen wir *Feuer* und die *Wendung nach innen*.

Die Bemühungen um größere Offenheit innerhalb dieser inklusivistischen Haltung sind lobenswert: So gibt es die Rede vom unsichtbaren Christentum, vom kosmischen Christus[70], von einer universalen geistigen Kirche, von einem Gott, der auch für Buddhisten Sinn machen kann und von einem Gesetz, daß *nomos*, *dharma*, *karma* oder *li* nicht ausschließt. Das Ideal ist eine »universale Theologie der Religion« oder, in mehr wissenschaftlicher Sprache, die Theorie eines vereinigten Feldes[71]. Dieser Tiber wäre in der Tat länger als der Mississippi.

Solange solches Christentum unsichtbar bleibt, der Christus unbekannt, die Kirche geistig, Gott unsagbar, das Gesetz ungeschrieben und die Theologie unausgeführt, gibt es dabei keine Probleme. *Homo loquens tamen* (aber der Mensch ist dennoch ein sprechendes Wesen), und wir können Sprache nicht *an sich* sprechen, wie wir auch Religion nicht *an sich* praktizieren können. Sondern wir müssen eine bestimmte Sprache sprechen und eine bestimmte Religion praktizieren. Und dann wird die christliche Universalität suspekt und fällt in sich zusammen – es sei denn…

Es sei denn, man hält den christlichen Stamm für so privilegiert, daß er all die anderen absorbieren und zum einzigen Amazonas für die gesamte Welt werden kann. Das ist der Fall in den vielen neuen Formen der Erweckungsbewegungen und des Fundamentalismus. Bei all diesen Phänomenen der Gegenwart steht die Sorge um die eigene Identität im Mittelpunkt.

Es ist ebenso klar, daß die hauptsächlichen theologischen Fragestellungen davon abhängen, wer die Christen sind und was ihre Bestimmung ist: Fragen der Ekklesiologie, der Gnadenlehre, der Erlösung, des Verhältnisses zu anderen Religionen und der Orthodoxie ganz allgemein.

Der Ganges
Erde, Vertrauen, Religiössein, Maß, Nach-außen-gewandt-Sein – Pluralismus

Wir stehen nun vor der Herausforderung einer »Theologie« für die postkoloniale Ära. Sie entspricht der oben an fünfter Stelle beschriebenen Haltung des Dialogs. Eine dialogische Theologie legt sich in ihren Aussagen nur dann fest, wenn die behandelte Sache – und selbstverständlich auch die Sprache – als gemeinsam erkannt oder im Dialog selber geschaffen wird. Auch die Tagesordnung des Dialogs sollte im Dialog selbst ausgearbeitet werden. Mit anderen Worten, *Gangotri* ist nur eine der Quellen des Ganges, und das Delta ist nicht länger nur ein Fluß, nicht einmal »indisches« Territorium. Der Schnee der Berge und die Wolken des Himmels sind die Quellen *unseres* Ganges. Keine von ihnen besteht in der Tat aus Wasser.

Das Symbol hier ist die *Erde.* Sie steht für das *Säkulare, (saeculum)*, für das Reich der Gerechtigkeit hier auf der Erde, das die Bereitschaft zur Zusammenarbeit mit all den anderen mit sich bringt, auch wenn wir nicht einer Meinung mit ihnen sind. Es gibt kein planetares Bewußtsein, aber es gibt eine besondere Wahrnehmung des und der anderen und eine besondere Bereitschaft, sie willkommen zu heißen, ohne sie zu ersticken – das heißt, sie zu akzeptieren, auch wenn man sie nicht versteht. Wir *vertrauen.* Wir haben ein höheres Vertrauen in unsere Bestimmung als jene Gewißheit (Sicherheit), die auf dem Logos beruht. Christliche Identität gebärdet sich allmählich nicht mehr als Verteidigung einer bestimmten Kultur, noch ist sie einer institutionalisierten Religion zugehörig. Sondern sie zeigt sich als gelebtes Leben im persönlichen *Religiössein* – das heißt als eine religiöse Grundhaltung, die eine *Dimension* des Menschen, einen Faktor des *Humanum*, einen Aspekt des Göttlichen bildet.

Christen sorgen sich nicht länger nur um sich selber, sondern sind auch offen für andere und für die Welt im ganzen: Die Orientierung nach draußen ist ein Charakteristikum für dieses Moment. Man geht nicht hinaus, um zu erobern, sondern um eine Beziehung einzugehen. Es ist eine Einstellung, die mich selber in Beziehung zu anderen und die anderen in Beziehung zu mir sieht. Ich nenne es nicht Offenheit, um die Balance mit den beiden übrigen Momenten zu bewahren. Ein Beispiel kann vielleicht klarstellen, was gemeint ist. Die christliche Theologie des zweiten Moments hat dazu geneigt, die Neuheit der christlichen Botschaft zu betonen und ihre Identität durch Abgrenzung zu verteidigen, indem sie versicherte, daß Nächstenliebe, Trinitätslehre, Gnadenlehre usw. spezifische und einzigartige Beiträge der christlichen Offenbarung seien[72]. Wie immer das im Einzelfall aussieht, wird man sich gemäß dem dritten Moment wohler fühlen, wenn man entdeckt, daß all diese Lehren und Redensweisen der Menschheit gemeinsames Gut sind, und daß es einfach deren ursprüngliche und originale Traditionen sind, die das Christentum in sich Fleisch werden ließ.

Damit will ich folgendes sagen: Weder *Exklusivismus* noch *Inklusivismus* beschreibt die richtige Einstellung dieses dritten Moments. Ich rede hier vom *Pluralismus.*

Bevor ich die positiven Aspekte dieses neuen Moments entfalte, das ich Christlichkeit nenne, will ich von einigen seiner negativen Züge berichten (was uns, wie Mose, zur Grenze des gelobten Landes führen wird). Und zwar geht es um die mögliche Unvergleichbarkeit letztgültiger Weltsichten.

Dialog zwischen einem Hindu-Vedantin und einem christlichen Theologen

Christ: Laß uns anfangen mit unserem gemeinsamen Glauben an Gott.

Hindu: Meinst du *brahman*, die absolute, allem zugrundeliegende Wirklichkeit?

Christ: Nein, ich meine Gott, den einzigen, einen Gott, den Schöpfer des Himmels und der Erde.

Hindu: Meinst du vielleicht *Ishvara*, *saguna brahman*, die Kraft und das Bewußtsein des Göttlichen?

Christ: Ist das das Letztgültige, zu dem nichts Größeres mehr gedacht werden kann?

Hindu: Ja und Nein. Ja insofern, als wir mit unserem *manas* nichts Endgültigeres denken können. Nein, insofern es ein *jñāna*-Bewußtsein des *nirguna brahman* gibt. Und außerdem nein, weil der Gedanke des Letzten nicht das Letzte sein kann.

Christ: Wir sollten nicht über Philosophie diskutieren, sondern über Theologie. Oder besser, wir sollten nicht an Denkkonzeptionen herumnörgeln, sondern eine plausible Erklärung unseres Glaubens zu geben versuchen.

Hindu: Langsam weiß ich nicht mehr weiter. Willst du vielleicht sagen, daß *shraddhâ*, das, wohinein wir (der Etymologie nach) unser Herz legen, der Glaube, auf Formeln reduzierbar ist?

Christ: Lehnst du vielleicht das Bemühen einer *fides quaerens intellectum* ab, eines Glaubens, der den Verstand befragt mit dem Ziel, in intelligible Vorstellungen zu »übersetzen«, was eine Gabe Gottes oder eine Teilhabe an Gottes eigenem Wissen ist?

Hindu: Und du sagst, das sei nicht Philosophie? All diese Vorstellungen, die du benutzt, bedürfen der sorgfältigen Erläuterung. Warum fangen wir nicht mit Christus an und gehen davon aus, daß wir beide eine *adhidaivika*-Sphäre anerkennen, die uns umfaßt.

Christ: Ich würde bevorzugen zu sagen, daß das über uns ist.

Hindu: Wenn das »über uns« das »inmitten« nicht ausschließt, könnten wir übereinstimmen.

Christ: Christus ist der Sohn Gottes.

Hindu: Aber wir wollten doch vermeiden, vor der Zeit einen Diskurs über das Göttliche anzufangen.

Christ: Christus ist der Erlöser des gesamten Universums.

Hindu: Wer ist Christus?

Christ: Du wolltest, daß ich es vermeide, von Gott zu reden. Christus ist der einzige, der eine Mittler zwischen der zeitlichen und der ewigen Welt.

Hindu: Zwei Fragen: Brauchen wir einen Mittler? Ist er der einzige?

Christ: Wir sind nicht oder noch nicht Gott. Pantheismus ist ein Fehlschluß. Wir brauchen eine Verbindung zwischen den beiden Bereichen. Christus ist die einzige Verbindung, würde ich dir sagen, aus dem gleichen Grunde, aus dem es nur einen einzigen Gott gibt: Denn gäbe es zwei, würden sie sich vereinen.

Hindu: Ich hoffe, daß ich alles verstehe, was du bis jetzt gesagt hast, denn ich habe deine Sprache studiert. Aber alles klingt irrelevant und fremdartig.

Christ: Wie würdest du es denn sagen wollen?

Hindu: Es gibt nur eine Wirklichkeit. Wir sind sie, und wir sind in ihr. Durch authentische Weisheit, *jñâna*, werden wir, was wir wissen, obwohl wir es schon waren.

Christ: Ist das nicht ein Widerspruch? Wenn du *bist*, dann *wirst* du nicht erst.

Hindu: Darum ist das Werden nur scheinbar, und es ist nur Werden vom Standpunkt dessen, der angeblich »wird«.

Christ: Aber da sind wir schon wieder in der Philosophie.

Hindu: Läßt sich das umgehen, wenn wir wollen, daß unsere Worte Sinn machen?

Christ: Wir könnten versuchen, unseren konzeptionellen Rahmen auf ein Minimum zu reduzieren. Jesus ist der Sohn der Maria. Er wurde gekreuzigt und am dritten Tage auferweckt. Gott hat ihn auferweckt von den Toten, aber wir können hier die göttliche Ursache beiseite lassen.

Hindu: Das könnte ein besserer Anfang sein. Der auferstandene Christus bedeutet, daß er unser Vorbild sein soll und wir es ihm gleichzutun versuchen sollen. Dem kann ich mit vollem Herzen zustimmen. Das Leben Jesu ist sublim und inspirierend. Doch es gibt auch andere Beispiele.

Christ: Laß mich in deiner Sprache sagen, daß er eine vollständig realisierte Person war, ein gänzlich vergöttlichter Mensch.

Hindu: Aber daran ist nichts Einmaliges, abgesehen von der Tatsache, daß jedermann einmalig ist.

Christ: Er gründete seine Kirche als Arche des Heils für die ganze Menschheit.

Hindu: Erstens sehe ich keine Notwendigkeit, eine Kirche zu gründen. Zweitens, wie steht es mit den Draußengebliebenen, im zeitlichen wie im räumlichen Sinne?

Christ: Könnte ich nicht sagen, er tat es, wie der Buddha den *sangha* gründete, um den Mönchen die Befreiung zu erleichtern? Zur zweiten Frage gibt es eine einfache Antwort: Obwohl die Kirche sichtbar ist, sind ihre Grenzen unsichtbar.

Hindu: Dann ist die Kirche bloß eine Institution wie viele andere.

Christ: Im Moment, da wir entschieden haben, die Frage nach Gott und daher auch nach Gottes Sohn nicht zu behandeln, hat der christliche Glauben schon seine Konturen verloren.

Hindu: Warum kannst du dann nicht zustimmen, daß wir alle »Kinder Gottes« sind, um es mit deinen Worten zu sagen, und daß Christus einer der Ältesten war, der erste eingeborene Sohn, wenn du willst?

Christ: Es gibt einen Unterschied. Er ist der Herr der Geschichte – um weitere Diskussion über Gott zu vermeiden.

Hindu: Das macht in meinen Augen entweder keinen Sinn, oder ich muß es absurd finden. Uns ist diese philosophische Konzeption der Geschichte fremd, die euch eine solch schwere Last ist. Die Entfaltung einer linearen Zeit ist nichts als eine Illusion und eine Fragmentierung der Wirklichkeit. Wenn wir auf das Alte Testament zurückgreifen, müssen wir das Ganze des Christentums von dem disqualifizieren, was du eine Religion nennst. Das Christentum hat keine erlösende Wirkung. Es lehrt dich, in der Geschichte zu gewinnen. Langsam wird das sehr suspekt, und jene zwanzig Jahrhunderte des Christentums sind eher ein Beweis dafür, daß mein Mißtrauen nicht allzuweit hergeholt ist.

Christ: Hier muß ich dir zustimmen. Was du verurteilst, wird auch nach dem Wertmaßstab des Christentums selbst verurteilt.

Hindu: Heißt das, daß wir auf der ethischen Ebene in fundamentaler Weise übereinstimmen, während uns zwei unterschiedliche metaphysische Konzeptionen daran hindern, Übereinstimmung oder Nicht-Übereinstimmung überhaupt festzustellen?

Christ: Wir sprechen in der Tat zwei verschiedene Sprachen.

Hindu: Ich kann mit vollem Ernst dein gesamtes Nizänisches Glaubensbekenntnis rezitieren, und dennoch interpretiere ich es in einer radikal anderen Weise als du.

Christ: Übersetzungen sind durchaus möglich, und wir können nach *homöomorphen* Äquivalenten sehen. Und dennoch sind unsere Verschiedenheiten auf der doktrinären Ebene nicht zu überbrücken. Wir könnten endlos weitermachen, doch kommen wir immer zu jenem Problem der verschiedenen Sprachen, die eine verschiedene Weltsicht verkörpern, verschiedene Weisen des Denkens, verschiedene Grundeinstellungen...

Ich habe oft gesagt, daß vergleichende Philosophie im strengen Sinne gar nicht möglich ist, weil der erforderliche Standpunkt, von dem aus der Vergleich gezogen werden soll, bereits einer bestimmten philosophischen Sichtweise angehört[73]. Ähnliches kann man über die vergleichende Religionsforschung sagen[74]. Wir können nicht davon ausgehen, daß alle religiösen Traditionen mit demselben *metron*, Maß, genau und wahrheitsgetreu gemessen werden können, es sei denn, wir setzen voraus, daß die Vernunft (und das ist letztlich doch nur »unser« Verständnis von Vernunft) ein neutrales, universales und hinreichendes Kriterium zur Beurteilung von Religionen ist. Jede religiöse Tradition entwickelt als relativ vollständiges System des Selbstverständnisses ihre eigenen Parameter aus sich selbst. Ein fruchtbarer Dialog muß zunächst über die Parameter übereinkommen, die in diesem zur Verwendung kommen sollen, andernfalls redet man nur aneinander vorbei. Einfach gesagt: was meinen wir mit den Worten, die wir gebrauchen? Das Gespräch über die Bedeutung der Worte geht dem Dialog voran, bestimmt ihn und prägt ihn auch.

Die Konsequenz hieraus ist, daß religiöse Traditionen durchaus unvergleichbar *sein können* – es mag sein, daß sie kein gemeinsames Maß haben, anhand dessen sie adäquat eingeschätzt werden können. Und in der Tat sind sie gegenseitig irreduzibel – bevor nicht eine Übereinkunft erreicht oder aufgebaut worden ist. Eine realistische Einschätzung muß beim gegenwärtigen Stand der Dinge wahrnehmen, daß sich Religionen, ja sogar Theologien, oft gegenseitig für unvereinbar halten.

Und wir sollten unsere intellektuelle Frustration nicht unbedingt dadurch zu lösen versuchen, daß wir einen Intellekt postulieren, für den alles, absolut alles, denkbar ist. Diese Hypothese verdrängt nur die eigentliche Frage. Sie gibt vor, das *Warum* des Seins zu beantworten, und indem sie dies tut, unterwirft sie das Sein dem *Warum*, dem Logos, dem Bewußtsein. Wir können in der Sprache der Logik sagen, daß alles, was ein unbegrenzter oder höchster Verstand umfaßt, denkbar ist. Für einen unendlichen Verstand gibt es keine Grenzen: Alles ist für ihn denkbar. Trotzdem können wir nicht rein logisch beweisen – es sei denn, wir identifizieren Sein und Bewußtsein miteinander – daß es nicht ein Sein geben könnte, von dem nichts gewußt werden kann.

Man kann hier einwenden, daß solch eine unbegrenzte Intelligenz, wenn sie nicht alles wissen könnte, nicht unbegrenzt wäre. Wir können darauf antworten, daß eine unbegrenzte Intelligenz qua Intelligenz unbegrenzt ist, aber nicht qua Sein unbegrenzt sein muß, wenn wir nicht schon annehmen, daß Sein und Intelligenz letztlich eines sind – und genau dies ist die Frage. Es soll einfach angedeutet werden, daß es Facetten der Wirklichkeit geben könnte, die undurchdringlich sind für das Licht des Intellekts. Ich werde darauf zurückkommen, wenn ich auf das Stichwort Pluralismus eingehen werde.

Während die Probleme der beiden vorhergehenden Momente christologisch-trinitarisch und ekklesiologisch-soteriologisch begründet waren, so werden hier die theologischen Probleme abhängen von den Fragen der Menschheit und davon, wie Christen sie zu lösen helfen können. Das bedeutet nicht, daß diese Probleme allein politisch oder ökonomisch wären oder lediglich eine Sache der Gerechtigkeit. Sie sind ebenso anthropologischer Natur, denn der Mensch hat ein Selbstverständnis eigener Art erlangt. Und sie sind auch kosmologischer Art – das heißt, sie betreffen die Vorstellung von der Welt und der Geschichte.

Nur vor diesem historischen und geo-theologischen Hintergrund können wir die spezifische Herausforderung und die Probleme eines pluralistischen christlichen Selbstverständnisses für unsere Gegenwart zuordnen. Es folgen nun einige Charakteristika, die zur Klärung unserer Frage hilfreich sein könnten.

Drei Geisteshaltungen: Christenheit, Christentum, Christlichkeit

Ich beginne mit einem Problem des Vokabulars. Das Wort »christlich« kann den adjektivischen Inhalt der Christenheit (einer Zivilisation), des Christentums (einer Religion) oder der Christlichkeit (des persönlichen Religiösseins) beschreiben[75]. In der Epoche der sogenannten christlichen Kultur des Hochmittelalters konnte man kaum Christ sein, ohne zur Christenheit zu gehören. Und bis vor kurzem konnte man sich kaum als Christ bekennen, ohne zum Christentum zu gehören.

Heute haben Menschen zunehmend die Möglichkeit vor Augen, im Sinne einer personalen Geisteshaltung Christ zu sein, ohne der Christenheit oder dem Christentum als institutionellen Konstrukten anzuhängen. Ich spreche hier von einer personalen, nicht einer individualistischen Haltung. »Person« weist immer auf Gemeinschaft hin. Die christliche Geisteshaltung ist *ekklesial*, und das ist etwas anderes als *ekklesiastisch*, was im üblichen Sinne gleichbedeutend ist mit einer langen, traditionellen Organisation. *Ecclesia* (Kirche) weist genau genommen auf einen Organismus, nicht eine Organisation hin. Ein Organismus braucht eine Seele, er braucht Leben. Eine Organisation verlangt eine Idee, eine Begründung[76]. Diese Unterscheidung ist wichtig. Christ zu sein als Mitglied der Christenheit, das ist weithin eine Sache der Vergangenheit und der Träume einiger weniger für die Zukunft, aber es ist für die Mehrheit der Christen kein Thema. Dennoch ist der Geist und die Wirklichkeit der Christenheit weder verschwunden, noch kann sie gänzlich aus dem christlichen Bewußtsein ausgemerzt werden. Es gehört zur menschlichen Natur wie zur christlichen Dynamik, »Reservate« einzurichten, in denen sich das christliche Ideal in den kleinsten Details des Lebens voll inkarnieren kann. In der Vergangenheit nannte man solche Reservate das christliche Reich oder die christliche Nation, später waren es die religiösen Orden, und heute sind es Sekten und neue christliche Bewegungen. All diese sind ambivalent – und nicht gänzlich überholt. Dennoch kann das Christliche als Faktum nicht erschöpfend mit dem identifiziert werden, was wir Christenheit nennen. Es gibt außerdem auch Christentum und Christlichkeit. Es gibt viele Wohnungen im Haus des Vaters!

Wir haben auch noch das Christentum. Christ zu sein als ein Glied des Christentums, bedeutet, daß man zu einer Religion unter vielen gehört. Diese mag reiner oder weniger rein sein als andere. Doch wäre es nicht nur ein Mißbrauch der Sprache, sondern eine verbale Ausfälligkeit, andere Religionen als falsch oder als Nicht-Religionen zu denunzieren. Die Probleme des Christentums als Religion sind verschieden von den Fragen der Christenheit als einer ausgewachsenen historischen Organisation. Vor etwa hundert Jahren wurden Katholiken, die das »göttliche Recht« der päpstlichen Staaten ablehnten, exkommuniziert. Wer der Kirche das Recht abstritt, Häretiker zu foltern, zog ebenfalls die Exkommunikation auf sich. Heute fühlt sich kein katholischer Christ mehr verpflichtet, den Regeln, Gesetzen und Verfügungen der mittelalterlichen und Renaissance-Päpste zu gehorchen. Solche Verpflichtungen gehörten zur Christenheit, nicht zum Christentum.

Ich möchte hier eine ähnliche Bemerkung anfügen wie jene im Blick auf die Christenheit. Die päpstlichen Nuntii, die Botschafter bei den Regierungen, gehören zum Christentum, obwohl sie bis heute existieren , und ihre Funktion mag einige historische Rechtfertigung haben. Das kanonische Recht ist noch immer gültig und päpstliche Enzykliken haben nach wie vor ihre Bedeutung – um einige katholische Beispiele zu geben. Aber sie schöpfen nicht mehr die Möglichkeiten des Christseins aus, auch nicht des Katholisch-Seins.

In unserer Zeit tritt ein dritter Faktor kraftvoll in Erscheinung: Sich als Christ verstehen kann auch bedeuten, einen persönlichen Glauben zu leben, eine christusgemäße Grundhaltung anzunehmen, soweit Christus ein Symbol des eigenen Lebens ist. Dies nenne ich Christlichkeit. Auf englisch könnte man es *Christianness* nennen, auf spanisch *cristianía*. Es braucht nicht exklusiv historisch interpretiert zu werden. Es ist einfach da als ein *Faktum*, als etwas, das wir machen und das gleichzeitig nicht allein von uns gemacht wird. An anderer Stelle habe ich eine ähnliche Unterscheidung zwischen Christentum, Kirche und Christus eingeführt, im Blick auf den sozialen Aspekt der Religion, ihre sakramentale Dimension und ihren mystischen Kern[77]. Letzteres könnte auch als das prinzipiell Christliche bezeichnet werden.

Zur Verdeutlichung einige Beispiele aus der römisch-katholischen Tradition: Der Gebrauch von Verhütungsmitteln ist formal von der höchsten Autorität des katholischen Christentums verboten. Dennoch ignorieren zahlreiche Menschen, die zur katholischen Kirche gehören, ein solches Gesetz und betrachten sich gleichzeitig als »gute Katholiken«. Eine ähnliche Situation entsteht zur Zeit in einigen Ländern im Blick auf die Scheidung. Und es gibt über 100 000 gültig geweihte Priester, die sich selbst als solche verstehen, obwohl sie übertreten haben, was sie das unrechtmäßige Gesetz des Zölibats nennen. Abtreibung, Sterbehilfe, Pazifismus, Kapitalismus, Kommunismus stellen ähnliche konflikthaltige Situationen dar. Kann einer Kommunist und Christ zugleich sein, oder Kapitalist und dem Evangelium nachfolgen...?

Kurz, die Christlichkeit wird unterscheidbar vom Christentum, so wie das Christentum sich von der Christenheit befreite. Gewiß ist die Situation fließend. Jede Epoche ist eine Epoche des Übergangs, doch es gibt Zeiten, deren Verschiedenheit von den vorhergehenden besonders hervorsticht.

Ein weiteres Beispiel: Die süd- und mittelamerikanischen Basis-Gemeinden (*comunidades de base)* haben spontan eine Christlichkeit entwickelt, die vom offiziellen Christentum nicht genau widergespiegelt wird. Der Vatikan hat das klar gesehen. Aber das institutionalisierte Christentum zeigt genügend theologische Unterscheidungsfähigkeit, Gemeinsinn oder politische Klugheit, um zu wissen, daß es sich nicht entfremden darf von einem der größten christlichen Kontinente. Und so handelt es einen politischen Kompromiß aus, damit Christenheit, Christentum und Christlichkeit nicht auseinanderfallen. Die Christlichkeit des letzten Jahrhunderts war in der Hauptsache pietistisch und individuell. Sie konnte mit dem institutionalisierten Christentum ohne größere Spannungen zurechtkommen. Die gegenwärtige Christlichkeit zeigt ein zunehmendes personales und politisches Engagement und stellt so eine

Herausforderung für das Christentum dar. Hier wie anderswo liegt die Weisheit darin, zerstörerische Spannungen in schöpferische Polaritäten umzuwandeln.

Christlichkeit sollte nicht nur in negativer Relation zum Christentum beschrieben werden. Ich habe schon gesagt, daß diese drei zusammengehören und nicht völlig getrennt werden können, obwohl sie unterschieden werden müssen.

Es gibt auch einen theologischen Grund für diese Unterscheidung. Viele Religionen haben Schriften heiligen Rechts. In den beiden monotheistischen Religionen des abrahamitischen Stammes ist das Gesetz Teil der Offenbarung selbst (Torah, Qur'ân). Man könnte bei dieser Gelegenheit ironisch anmerken, daß der Marxismus als vierte abrahamitische Religion einen ähnlichen Respekt vor der kommunistischen Partei zeigt, die man als eine säkularisierte Offenbarung bezeichnen könnte. Anders ist es im Christentum. Das Christentum hat kein eigenes Gesetz. Über mehrere Jahrhunderte war nur das »Alte Testament« die Bibel des Christentums. Das »Neue Testament« wurde noch nicht als Bibel angesehen[78]. Auch hat das Christentum keinen Eigennamen für das höchste Wesen. »Gott« ist ein *nomen communis*, eine »Namenkommune«. (Jesus nannte es »Mein Vater«, und nichts verbietet uns, es auch »Mutter« zu nennen.) All das spricht für die Möglichkeit einer Christlichkeit, die verschieden ist von Christenheit und Christentum.

Es muß betont werden, daß die Mystiker, die in der Christenheit lebten, zu allen Zeiten die Christlichkeit vertreten haben, und die Mystiker im Christentum bezeugten zwar immer ihren Respekt vor den gesetzlichen Strukturen, ließen sich aber nicht von ihnen gefangennehmen. Bloßer Aufstand oder Ausstieg ist keine Lösung des Christlichen. Das Beispiel Jesu Christi steht zu grell vor Augen. Er ist ein Brandmarker und Protestierer, sogar ein Ungehorsamer, aber kein Ausreißer, kein Verräter. Petrus hatte gelernt, Gott mehr zu gehorchen als den Menschen, und dennoch wollte er als loyaler Jude die Beschneidung nicht abschaffen – obwohl er akzeptierte, von seinen Glaubensbrüdern und dem Heiligen Geist überstimmt zu werden.

Wenn wir in die Geschichte zurückschauen, finden wir in der Tat eine ganze Reihe von Christen, die überzeugt davon waren, Christlichkeit erlangt zu haben, nachdem sie Christenheit und Christentum überwunden, aber nicht verworfen hatten. Viele einfache und tiefe Gläubige könnten als Beispiele genannt werden, aber auch Tertullian, Origenes, Eckhart, Savonarola, Dante, Vico, Joachim von Fiore, Jeanne d'Arc, Johannes vom Kreuz, Erasmus, Kant, Hegel und in unseren Zeiten Teilhard de Chardin und Pater Pio, Thomas Merton und Svami Abhishiktananda.

Zusammenfassend könnten die verschiedenen Auslegungen der evangelischen Anordnung: »Trachtet zuerst nach dem Reich Gottes und seiner Gerechtigkeit« (Mt VI,33) als Weg dienen, um diese dreifache Struktur des christlichen Bewußtseins zum Ausdruck zu bringen. Die erste Deutung versteht in Anlehnung an die bekannte Stelle Lk XVII,21 »das Reich« als ein Etwas, das »unter uns« ist. Das Reich ist auch auf der Erde und hat seine politischen Konnotationen. Die zweite Deutung unterstreicht dieselbe griechische Partikel, *entos*, und interpretiert sie so, daß das Reich »zwischen« uns ist, so daß der kulturell- gemeinschaftliche Aspekt in den Mittelpunkt rückt. Die dritte Deutung neigt schließlich dazu, das Reich »in uns« zu sehen und betont so die Dimension der Innerlichkeit. Ähnliches könnte man auch über die Deutung des Wortes »Gerechtigkeit« sagen: Es kann entweder hauptsächlich als politisches oder als doktrinäres Symbol oder als immanente Realität verstanden werden. (Es sei daran erinnert, daß das neutestamentliche Wort *dikaiosynê* sowohl Gerechtigkeit als auch Rechtfertigung bedeutet.)

Die soziologischen Auswirkungen dieser Unterscheidungen sind wichtig. Wir haben in der heutigen Welt unzweifelhaft eine gewisse Krise der christlichen Identität. Obwohl es Erweckungsbewegungen gibt, die auf das Ideal einer modernisierten Christenheit zurückgehen, sowie andere, mehr theologische Tendenzen, die ein reformiertes Christentum anstreben, kämpft eine wachsende Zahl verantwortungsbewußter Menschen darum, ein genuin christliches Bekenntnis zu artikulieren, ohne doch völlig bestimmt zu sein von der historischen Last der Vergangenheit und von den doktrinären Verengungen der Tradition. Sie befürworten nicht eigentlich eine Privatisierung der christlichen Identität, wenn sie auch manchmal schier dazu gezwungen werden. Sondern sie befürworten ein Nach-außen-Setzen ihrer eigenen christlichen Identität, die mehr eine Frucht innerer Erfahrung als ihres historischen und doktrinären Beharrungsvermögens ist. Sie sind sich mehr oder weniger bewußt, daß die Welt dabei ist, eine Mutation zu durchlaufen, und in dieser Situation versuchen sie, den Wandel an seiner tiefsten Stelle selbst zu leben – das heißt auf der religiösen Ebene ihres Bewußtseins und ihres Gewissens. Um es einfacher zu sagen: Eine beträchtliche Zahl gegenwärtiger Christen will religiös, gläubig und sogar christlich sein – aber ohne die »Kontaminationen«, die diesen Worten nach ihrem Eindruck anhängen. Sie streben danach, ihre Wurzeln wiederzufinden, um in einer neuen Erde zu wachsen, die nicht verdorben ist vom Mist alter Zeiten, den Parasiten des Mittelalters, den Pestiziden der Neuzeit und der Verstrahlung durch die Moderne. Dieser Kampf um Erneuerung ist dem menschlichen Wesen angeboren; das war immer so, aber heute nimmt es kosmische Proportionen an.

Nun einige explizite Verbindungslinien zwischen diesen Geisteshaltungen und unseren drei Flüssen: Wenn die Spiritualität des Jordan eng zum Christentum und die des Tiber zur Christenheit gehört, dann steht der Ganges hier als Symbol für Christlichkeit – obwohl all diese Gleichnisse mit einem Pascalschen *esprit de finesse* (und nicht *de géometrie*) verstanden werden sollten[79]. Worum es mir geht: Diese drei Geisteshaltungen symbolisieren zusammen das komplexe christliche Phänomen der Gegenwart. Darüber hinaus bietet das wachsende Bewußtsein um die Christlichkeit eine Plattform, von der aus das Dilemma des Exklusivismus oder Inklusivismus gelöst werden könnte zugunsten eines heilsamen Pluralismus der Religionen, der den einzelnen Beitrag einer jeden menschlichen Tradition jedoch in keiner Weise verdünnt.

Drei Problemstellungen

Konkret und universal versus partikular und allgemein

Wie ich an anderer Stelle ausgeführt habe, müssen wir unterscheiden zwischen Konkretheit und Partikularität, zwischen Universalität und Allgemeinheit. Das Konkrete kann universal sein, das Partikulare kann es nicht. Ein Etwas ist gerade deshalb konkret (mein Glaube, meine Eltern, mein Haus...), weil es das Universale (Glauben, Elternschaft, Heimat...) verkörpert. Das Universale ist deshalb universal, weil es das gesamte Feld vorstellt, nicht weil es – wie das Allgemeine – die Konkretheit ausschließt. Das Universale ist zentriert; es ist seinem eigenen Zentrum zugewandt: *universus*, dem Einen zugekehrt. Es ist inkarniert im Konkreten. Die christliche Haltung ist konkret und sollte konkret sein. Sie ist begrenzt, und dennoch repräsentiert sie das Ganze. Wie im Mysterium der Inkarnation wohnt in der Konkretheit des einen Menschen die Fülle des Göttlichen. Ich habe dieses Phänomen den *pars-pro-toto*-Effekt genannt (d.h. der Teil, der für das Ganze steht). Wir sehen das Ganze durch unser Fenster; wir sehen und sind auch das Ganze im Teil, *totum in parte*[80]. Das Konkrete ist *pars pro toto*. Das Partikulare dagegen ist *pars in toto* (der Teil im Ganzen). Wir *können* das Partikulare um des Ganzen willen »opfern«. Das Konkrete können wir nicht opfern.

Die moderne geometrische Mentalität interpretiert das Universale als die Gesamtsumme von aneinandergrenzenden Teilen, die einen elementaren geometrischen Raum bilden. Natürlich kann nach solchem Verständnis ein Teil, ein Sektor des Kreises, nicht das Ganze sein. Aber dies ist nicht die traditionelle Art, Universalität zu verstehen. In der christlichen Geschichte übersetzt noch der heilige Augustinus »katholisch«, *kat' holon*, buchstäblich mit *secundum totum*, »dem Ganzen gemäß«, das heißt als ein Religiössein, das für uns vollständig ist, insofern es alles enthält, was wir für unsere Erfüllung und Erlösung brauchen. Erst im Zuge der geographischen Expansion der späten und bereits im Niedergang befindlichen Christenheit entwickelte sich die Vorstellung, daß »Christentum« im Sinne von katholischer Religion die Ausbreitung einer einzigen Religion über die ganze Erde bedeutete.

Doch da ist noch etwas. Das Wort universal ist nicht notwendig quantitativ zu verstehen. Ein Wassertropfen mag einem anderen Wassertropfen gleich sein, aber es ist nicht dieser zweite Tropfen. Beide sind zahlenmäßig und sachlich verschieden. Vielleicht enthalten sie exakt dieselbe Wassermenge, doch ist ein Tropfen nicht der andere, obwohl beide Wasser sind, und obwohl wir sie nicht unterscheiden könnten, wenn nicht die Oberflächenspannung aus ihnen zwei Tropfen in Raum und Zeit machen würde. Trotzdem ist die eine individuelle Wassermenge nicht die andere. Doch wenn wir von der Quantität des Wassers abstrahieren, sind beide (sozusagen von innen gesehen) bloß Wasser, unteilbares Wasser. Mit anderen Worten, das Wasser des Tropfens – nicht der Tropfen des Wassers – ist sowohl konkret wie universal: Es ist sowohl *dieses* Wasser als auch einfach Wasser an sich[81]. Christliche Scholastiker sprachen gelegentlich von einem Spiegel-Charakter des Universums in dem Sinne, daß alles Sein, insbesondere alles menschliche Sein als Ebenbild und Ähnlichkeit Gottes, die gesamte Wirklichkeit reflektiert, widerspiegelt, repräsentiert.

Diese Unterscheidungen haben christologische Auswirkungen. Christus steht als zweiter Adam für die ganze Menschheit und in gewissem Sinne für den ganzen Kosmos. So sagt es die christliche Tradition nach Paulus. *Minutis minuendis* (in verkleinerter aber entsprechender Weise) repräsentiert und symbolisiert jede Person die ganze Wirklichkeit. Die mechanistische Weltsicht, die in unserer Zeit vorherrschend ist, ist ein großes Hindernis bei dem Bemühen, diese befreiende Erfahrung wieder in Kraft zu setzen.

Das Problem der Universalität Christi und des christlichen Heils könnte in praktischer Hinsicht gelöst werden, wenn man es im Licht einer traditionellen Kosmologie betrachten würde. Es ist nicht eine Frage des Vergleichs, zum Beispiel zwischen Christus, dem Buddha, Krishna oder wem auch immer. Auch ist es nicht eine Frage getrennter Hoheitsgebiete. Solange christliche Theologie in der Perspektive von Christenheit und Christentum betrieben wird, können solche Probleme entstehen. Aber christliche Theologie kann heute die Christlichkeit nicht mehr ignorieren. Und in deren Perspektive ist das Problem nicht jurisdiktioneller Art. Lehren mögen sich unterscheiden, Theologien mögen miteinander im Streit liegen, institutionalisierte Religionen mögen ihre Einflußsphären aushandeln, aber das existentielle Problem des menschlichen »Heils« besteht nicht in der Entscheidung, wer den richtigen Paß zum Himmel hat, oder welches Konsulat, welche Botschaft das Recht hat, solche Dokumente auszustellen. Was wir verändern müssen, ist gerade die Perspektive dieser Frage.

Die Universalität Christi würde in diesem Zusammenhang seine Transparenz und seine Vollkommenheit repräsentieren. Wir sind hier in einer anderen Kosmologie, die das Problem der Singularität und Universalität auflöst[82]. Wir sollten die Individualität Christi nicht mit unserer Individuation seiner Person verwechseln; seine Identität ist nicht seine (von uns herrührende) Individuation[83]. Christus ist einmalig, so wie jedes geliebte Kind für seine Eltern einmalig ist – *eminenter* (auf einer höheren Ebene), will ich hinzufügen.

Vielleicht kann ein weiteres Beispiel helfen, all dies klarer werden zu lassen: Die ptolemäische Konzeption des Sonnensystems war überaus kompliziert. Einer der Vorteile der kopernikanischen Wende bestand darin, daß das neue heliozentrische System viel einfacher war als das alte. Auf einen Schlag wurde eine riesige Menge von Berechnungen überflüssig. Mir geht es hier um etwas Ähnliches. Solange wir eine mechanozentrische Konzeption und eine geometrische Vorstellung von der Wirklichkeit aufrechterhalten, gibt es eine Anzahl äußerst komplizierter und kaum lösbarer Probleme. Entweder »haften« die Christen ihrem »Christus« an und werden exklusivistisch, oder sie geben ihre Ansprüche auf, verdünnen ihre Glaubensvorstellungen und werden bestenfalls inklusivistisch. Diese beiden Hörner des Dilemmas sind gleichermaßen inakzeptabel. Die Parallele zur kopernikanischen Wende besteht darin, das Zentrum aus der linearen Geschichte in eine *theanthropokosmische* Vision hinein zu verlagern, in eine Art trinitarischer Vorstellung nicht nur von der Gottheit, sondern auch von der Wirklichkeit[84]. Dieses Zentrum ist weder die Erde (unsere partikulare Religion) noch die Sonne (Gott, die Transzendenz, das Absolute…). Eher hat jedes Sonnensystem sein eigenes Zentrum, und jede Galaxie dreht sich um die andere. Es gibt kein absolutes Zentrum. Die Wirklichkeit selbst ist konzentrisch, insofern jedes Wesen (jede Tradition) das Zentrum des Universums ist – und zwar zunächst einmal seines eigenen Universums. Die *theanthropokosmische* Einsicht (die die Einheit im Göttlich-menschlich-Kosmischen sieht) schlägt eine Art trinitarischen Dynamismus vor, in dem alles in allem enthalten ist (jede Person repräsentiert die Gemeinschaft, und jede Tradition reflektiert, korrigiert, ergänzt die andere und fordert sie heraus).

Mythos und Logos

Die Veränderungen der Kosmologie in den letzten Jahrhunderten haben eine der größten Krisen im Selbstverständnis der christlichen Theologie bewirkt. Wie ich oft schon gesagt habe, hatte Kardinal Belarmino im Streit mit Galilei letztlich recht. Wissenschaftliche Forschung muß frei sein, zweifellos, aber sie ist niemals abtrennbar von der Theologie. Ohne Theologie verliert die Kosmologie ihr Ziel, ihre Pointe. Und ohne Kosmologie verliert die Theologie ihr Vehikel, ihre Sprache. Die meisten der angeblich theologischen Schwierigkeiten der Gegenwart sind in Wahrheit kosmologische Probleme.

Einige Beispiele werden genügen: Zunächst die Auferstehung. In einem traditionellen kosmischen Weltbild bringt die Möglichkeit, die Plausibilität, ja selbst die Tatsache der Auferstehung keine größeren Schwierigkeiten mit sich. Spontane Erzeugung war eine Tatsache der direkten Beobachtung; die Durchdringung von Körpern in ihren verschiedenen Ebenen war eine Selbstverständlichkeit; Wunder brauchten nicht die Außerkraftsetzung irgendwelcher Naturgesetze nach sich zu ziehen, und so weiter. Die Schwierigkeit entsteht erst mit der post-newtonschen Weltsicht und der post-kartesianischen Konzeption des Raumes und der Zeit, der Materie und

173

des Geistes. Himmel, Hölle, Himmelfahrt, Auferstehung und die meisten christlichen Symbole werden unterminiert und ihrer vollen Bedeutung beraubt, wenn die Kosmologie fehlt, die diese Symbole umgibt. Einfach mit den alten Vorstellungen weiterzutheologisieren, als ob seither nichts Neues passiert wäre, schafft nur theologische Sackgassen.

Die heutige Diskussion über die jungfräuliche Geburt ist ein anderes vielsagendes Beispiel zur Lage der Dinge. Der traditionelle Lehrsatz von der jungfräulichen Geburt hat nichts mit den physiologischen Funktionen eines kartesianisch verstandenen Körpers zu tun. Er hat einen uralten kosmologischen und mythischen Stammbaum und ist direkt verbunden mit der Heilsfunktion Jesu. In diesem traditionalen Weltbild konnte Christus nur ein göttlicher Erlöser sein, wenn er frei war von der Erbsünde. Und nun glaubte man, daß die Erbsünde durch den menschlichen Samen übertragen wurde. *Ergo…*

Kurz, das *christliche* Selbstverständnis ist nicht unabhängig vom *menschlichen* Weltverständnis, und letzteres hat sich verändert. Ich sage nicht, daß wir es jetzt besser wissen und die richtige Vorstellung haben von der Welt, daß die Alchemie falsch ist und die Chemie recht hat, daß die Astrologie Aberglaube ist und die Astronomie Wissenschaft. Ich decke nur eine Veränderung der Kosmologie auf, die auf alle theologischen Fragestellungen ihre Auswirkungen hat.

Etwas sollte hier betont werden: Die meisten gegenwärtigen theologischen Bemühungen in diesem Feld akzeptieren das vorherrschende kosmologische Weltbild als gegeben und versuchen, die theologischen Einsichten innerhalb dieser Parameter neu zu formulieren. Das ist ein nobles Bemühen und geradezu notwendig für die, die das moderne naturwissenschaftliche Paradigma verabsolutiert haben: für die Jünger Galileo Galileis! Typische Beispiele dafür sind die Dispute um die Eucharistie und die Streitigkeiten um die Schöpfungslehre in den theologischen Schulen mancher Länder. Transsubstantiation und Schöpfung der Materie *ex nihilo*, aus dem Nichts, machen in einem molekularen und evolutionistischen Weltbild keinen Sinn. Ich stimme nicht mit den buchstäbli-

174

chen und fundamentalistischen Interpretationen überein, aber ich möchte in gleicher Weise die grundlegenden kosmologischen Perspektiven der modernen Naturwissenschaft relativieren. Die Erde bewegt sich, aber auch die Sonne. Die aristotelische Kategorie der Substanz mag in unserer gegenwärtigen Einstellung keine Basis für die Erklärung der Eucharistie bieten, aber ebensowenig, wenn nicht noch weniger überzeugend sind die Theorien, die von einer bloßen Verwandlung der interpretativen Bedeutung sprechen. Es fehlt uns eine passende Kosmologie.

Zusammenfassend kann man sagen, daß das christliche Selbstverständnis weder autonom noch heteronom im Verhältnis zu seinen kosmologischen Fundamenten ist. Wir müssen das *ontonomische* Verhältnis beider zueinander herausfinden[85]. Nicht, daß die Wissenschaft diktiert, was die Theologie zu tun hätte oder umgekehrt[86]. Aber es bleibt die Tatsache, daß wir Theologie nicht ohne Kosmologie betreiben können und letzteres auch nicht ohne das erstere. Eine Kosmologie ohne Theologie wird selber theologisch, d.h. letztgültig. Denn jede Kosmologie sagt etwas über unsere Welt, und gerade aus unserer Schicksalsgemeinschaft mit der Welt ergibt sich die theologische Problematik. Umgekehrt wird eine Theologie ohne Kosmologie bedeutungslos, wenn sie sich nicht selber in Kosmologie verwandelt. Denn jede Theologie sagt etwas über den wirklichen Menschen, dessen Sitz in der Welt gerade von der Kosmologie untersucht und beschrieben wird. Selbst eine apophatische Theologie beruht auf der Negation der Bedeutung der Worte, die bedeutungsvoll sind in unserem Kosmos. D.h., sie beruht auf der Überwindung einer bestimmten Kosmologie, von der sie somit abhängig ist. Und auch eine rein mathematisch strukturierte Naturwissenschaft beschreibt theoretische Verhaltensweisen, die etwas mit unserem Leben und daher auch mit der theologischen Problematik zu tun haben.

Diese Tatsache ist meines Erachtens von größter Wichtigkeit. Die gegenwärtige Krise rührt nicht aus einem Konflikt von Kosmologien her, sondern aus deren Abwesenheit. Die naturwissenschaftliche Sichtweise ist im strengen Sinn keine richtige Kosmologie. Lediglich die Popularisierer sind es, die Naturwissenschaft in

Wissenschaftsgläubigkeit verwandeln. Denn die Wissenschaftler selber betonen immer von neuem die Grenzen der wissenschaftlichen Unternehmungen und sind sich der rein quantitativen Parameter der Naturwissenschaft voll bewußt. Aber weder kann der Wissenschaftler als Mensch im leeren Raum leben, noch kann die Naturwissenschaft in einer nichtexistierenden Welt operieren. Ähnlich kann weder der Theologe sich selbst völlig verabschieden von aller Kosmologie und sich auf Exegese oder Hermeneutik beschränken, noch kann die Theologie Theorien über eine nicht wirkliche Welt ersinnen. Mit einem Wort, weder Naturwissenschaft noch Theologie können in einem kosmologischen Vakuum gut funktionieren. Elektronen mögen nichts anderes sein als Energiequanten, die man mit einem Geigerzähler aufspüren kann, und Engel mögen bloß Gattungen in sich selbst von rein intellektueller Natur sein, aber der Mensch muß den einen wie den anderen einen Ort in einem kohärenten oder zumindest konsistenten und existenten Universum des Diskurses zuweisen, um sie in sachdienlicher Weise für das menschliche Leben verstehbar zu machen. Doch können wir ohne eine zugrundeliegende Kosmologie keinen passenden »Ort« für Elektronen und Engel finden. Und so passiert folgendes: Wir extrapolieren die Daten und »plazieren« die Elektronen und die Engel in die Ruinen einer vergangenen Kosmologie. In der vorherrschend naturwissenschaftlich bestimmten Kultur, in der wir leben, finden wir es nun leichter, Elektronen (als kleine Entitäten) einzuordnen, als Engel (die wir vielleicht ebenfalls als eigentümliche Energiegerinnsel verstehen). Aber in beiden Fällen nehmen Engel wie Elektronen keinen gehörigen Grad an Wirklichkeit an, bevor sie nicht in ihrem jeweils gehörigen Universum integriert sind. Im Moment haben wir kein solches Universum – obwohl Naturwissenschaftler (vielleicht mehr als die Philosophen) wieder eines zu bauen versuchen[87].

Von dreierlei bin ich überzeugt: Erstens können wir ein Weltbild nicht einfach nach Belieben herstellen. Wenn überhaupt, sollte dies das spontane Werk der Dichter und Künstler sein; denn ein solches Weltbild bedarf der Inspiration viel mehr als des bloß logischen Planens und Kalküls. Zweitens brauchen wir dafür eine kulturübergreifende Kooperation[88]. Das Weltbild muß das Ergebnis gegenseitiger Befruchtung von Kulturen und Religionen sein. Drittens muß sich das moderne christliche Bewußtsein dieser kosmologischen Zwangslage genügend bewußt werden. Dann kann es zum Beispiel nicht unkritisch fortfahren, das *Nizänische Bekenntnis* herzusagen, das einer völlig anderen Kosmologie zugehört[89].

Doch wir sollten nicht glauben, daß wir ohne ein Gefäß trinken oder alle Strukturen – und Substrukturen – loswerden könnten. Es ist *eine* Sache, daß viele Christen das *Nizänische Bekenntnis* nicht mehr nachvollziehen können, weil seine Formulierungen heute abgetrennt sind vom zugehörigen Mutterboden; und es ist eine *andere* Sache zu glauben, wir könnten uns am Ende völlig entmythologisieren[90]. Wir können nur »ummythologisieren«, d.h. uns mit anderen Mythen umgeben, die Mythen und unseren Bezug zu ihnen verwandeln. Viele metaphysische Systeme mögen nicht überzeugend sein. Aber wir können die Suche nach einer Begründung der *physis* nicht unterdrücken. Und nichts anderes ist der Sinn von Metaphysik.

Die Korrelation zwischen Mythos und Logos ist konstitutiver Art[91]. Das eine kann nicht ohne das andere existieren. Unser kosmologischer Hintergrund ist nicht unabhängig vom Mythos, und ebensowenig sind Naturwissenschaft und Theologie ohne eine mythische Basis möglich.

Diese Überlegungen hängen direkt mit unserer zentralen Fragestellung zusammen. Sie sagen uns, daß kein einzelnes intellektuelles Paradigma jemals ausreichen wird, um die Wirklichkeit zu erklären, und zwar letztlich deshalb, weil die Wirklichkeit nicht auf Paradigmata reduzierbar ist. Sie sagen uns ferner, daß unsere eigene Situation nur ein neues Moment im Abenteuer der Wirklichkeit ist. Sie führen uns vor Augen, daß Bewußtsein, ja selbst absolutes Bewußtsein, nicht alles ist, was es »in« der Wirklichkeit gibt. Weiter können sie uns helfen, die dialektische Sackgasse unserer Zeit zu überwinden, sowohl in der Religion als auch in der Theologie und in der Naturwissenschaft, indem sie uns bewußt machen, daß das Problem der Wahrheit und der Wirklichkeit niemals für sich zu lösen ist, weil wir selbst notwendigerweise ein

Teil davon sind. Wir können vielleicht einen Teil der Wirklichkeit verobjektivieren. Wir können sie aber nicht gänzlich verobjektivieren. Sonst würden wir uns selbst eliminieren. Das ist die Ebene, auf der das Thema des Pluralismus seinen adäquaten Platz findet.

Pluralität und Pluralismus.

Unsere Zeit ist reif für eine *pluralistische Haltung* – für einen Kopfsprung in den Ganges[92]. Diese Haltung sei in den folgenden Punkten zusammengefäßt:

(1) Pluralismus bedeutet weder Vielfalt noch Reduktion der Vielfalt zur Einheit. Es ist eine Tatsache, daß es eine Vielfalt von Religionen gibt. Ebenso ist es Tatsache, daß diese Religionen nicht zu irgendeiner Art von Einheit reduziert worden sind. Pluralismus bedeutet mehr als bloße Anerkennung der Vielfalt und ein rein wunschhaftes Einheitsdenken.

(2) Pluralismus erachtet Einheit nicht als ein unentbehrliches Ideal, auch wenn Variationen innerhalb dieser Einheit erlaubt wären. Pluralismus akzeptiert die unvereinbaren Aspekte der Religionen oder Weltmythen, ohne blind zu sein für mögliche gemeinsame Aspekte. Pluralismus ist nicht die eschatologische Erwartung, daß am Ende alles von selbst zur Einheit kommen wird.

(3) Pluralismus behauptet weder, daß die Wahrheit eine einzige ist, noch daß es viele Wahrheiten gibt. Wenn die Wahrheit nur eine wäre, könnten wir die positive Toleranz einer pluralistischen Geisteshaltung nicht akzeptieren und müßten annehmen, daß Pluralismus den Irrtum gewähren läßt. Wenn es viele Wahrheiten gäbe, würden wir in platte Widersprüchlichkeit verfallen. Wir haben schon gesagt, daß Pluralismus nicht für Vielfalt steht – in diesem Fall für eine Vielfalt der Wahrheiten. Pluralismus nimmt eine nicht-dualistische, *advaitische* Haltung an, die den Pluralismus der Wahrheit verteidigt, weil die Wirklichkeit selber pluralistisch ist – d.h. weder übereinzubringen mit Einheit noch mit Vielfalt. Das Sein als solches, selbst wenn es vom Logos »umfaßt«

wird oder »koexistent« ist mit ihm oder mit der Höchsten Intelligenz, braucht nicht auf das Bewußtsein reduziert zu werden. Das perfekte Spiegelbild des Seins ist die Wahrheit, aber selbst wenn das perfekte Bild des Seins mit diesem identisch ist, erschöpft sich das Sein nicht in seinem Bild. Wenn der Logos die Transparenz des Seins ist, dann ist paradoxerweise der Geist seine Undurchsichtigkeit. Der Geist ist Freiheit, die Freiheit des Seins zu sein, was es ist. Und das ist, als *Apriori*, für den Logos nicht vorhersehbar. Der Logos begleitet das Sein; er geht ihm nicht voraus; er schreibt nicht vor, was Sein ist. Er sagt nur, was Sein ist. Aber das *Ist* des Seins ist frei. Das Mysterium der Trinität ist der letztliche Grund des Pluralismus.

(4) Pluralismus hat keinen Raum für ein universales System. Ein pluralistisches System wäre ein Widerspruch in sich. Die Inkommensurabilität letztgültiger Systeme ist durch nichts überbrückbar. Diese Unvergleichbarkeit ist nicht ein läßliches Übel (das würde heißen, daß man nur mit Hilfe des Logos urteilt), sondern eine eigenständige Offenbarung der Natur der Realität. Es gibt nichts, das die Wirklichkeit in sich umfassen könnte.

(5) Pluralismus macht uns die eigene Kontingenz, unsere Begrenzungen bewußt und zeigt uns, daß die Realität nicht durchschaubar ist. Pluralismus läßt sich nicht übereinbringen mit der monotheistischen Voraussetzung, daß es ein gänzlich intelligibles Sein gäbe – d.h. ein allwissendes Bewußtsein, das mit dem Sein identisch ist. Dennoch scheut Pluralismus nicht vor der Dimension des Denkens zurück. Die pluralistische Geisteshaltung versucht, so weit als möglich in diese Dimension vorzudringen, aber sie bedarf nicht des Ideals einer völligen Denkbarkeit des Wirklichen. Sie »weiß«, daß wir irgendwo aufhören müssen, wenn wir nicht das Sein (die »Originalität« oder Unabhängigkeit des Seins) zerstören wollen, indem wir es auf (Selbst-)Denkbarkeit reduzieren.

(6) Pluralismus ist daher ein bloßes Symbol. Er bringt eine Haltung kosmischen Vertrauens (in den Geist, der dem Logos nicht untergeordnet ist) zum Ausdruck, der eine polare und spannkräftige

Koexistenz von *letztgültigen* menschlichen Einstellungen, Kosmologien und Religionen erlaubt. Weder eliminiert noch verabsolutiert er das Böse oder den Irrtum.

(7) Pluralismus verleugnet nicht den Logos und die ihm zustehenden Rechte. Das Prinzip des Nichtwiderspruchs zum Beispiel läßt sich nicht eliminieren. Aber Pluralismus gehört ebenfalls zur Sphäre des Mythos. Er verkörpert den Mythos, natürlich nicht als ein Objekt des Denkens, sondern als den Horizont, der Denken erst ermöglicht. Der Mythos ist der Ort der Glaubensvorstellungen.

Im Blick auf diese Beschreibung des Pluralismus könnte eine christliche pluralistische Geisteshaltung folgende Grundsätze formulieren:

(1) Es gibt kein alleiniges christliches Selbstverständnis.

(2) Die Selbstverständnisse sind vielfältig.

(3) Sie können nicht unter einen gemeinsamen Hut gebracht, in einem Übersystem zusammengeführt werden.
(Diese ersten drei Sätze sind einfache Tatsachen, selbst über die dritte können wir uns schwerlich hinwegtäuschen. Aus ihnen folgen weitere Elemente eines christlichen Pluralismus:)

(4) Unterschiedliche Theologien sollen als christlich angesehen werden, wenn sie sich selbst so bezeichnen. Die Einheit christlicher Theologie liegt jenseits der logischen Denkbarkeit und Urteilskraft; denn es kann durchaus sein, daß eine Theologie die andere für unvereinbar mit der christlichen Grundüberzeugung hält, und dennoch beanspruchen beide, christlich zu sein. Dadurch sind sie existentiell miteinander verbunden, auch wenn sie auf theologischer Ebene keinen gemeinsamen Nenner, keine gemeinsame Essenz haben. Das existentielle Kriterium der Zusammengehörigkeit schließt dennoch den Logos nicht aus. Denn es kann zu *jeder Zeit* sein, daß die beiden Theologien einen formalen gemeinsamen Nenner finden werden, der vorher nicht entdeckt war.
Selbst wenn man ein gemeinsames Fundament aus einigen Lehrsätzen formulieren kann, ist damit noch keine der beteiligten

Theologien hinreichend beschrieben. (Das gilt auch für die bislang vorherrschende Theologie des »Westens«, die mit dem Universalitätsanspruch ihrer Glaubenssache die eigene historische Vielfalt vergißt.) Der innere Zusammenhang eines theologischen Systems macht solche minimalen »Wahrheiten« abhängig von ihrer umfassenden Verkörperung im Gesamtbild; und insoweit die Gesamtbilder verschieden sind, ist der angebliche gemeinsame Nenner eine bloße reduktionistische Abstraktion. Alle christlichen Theologien mögen zum Beispiel »Christus« eine zentrale Rolle zuerkennen, aber die Bedeutung – und selbst der Zusammenhang – dieses Wortes mag radikal unterschiedlich sein.

(5) Wir dürfen nicht von einer einzigen Perspektive her vorschreiben, wie die anderen christlichen Perspektiven beschaffen sein müssen. Das würde darauf hinauslaufen, daß wir uns selbst als letztes Kriterium für die christliche Identität einführen würden; es würde den Pluralismus zerstören. Pluralismus gehört, wie gesagt, zur Sphäre des Mythos.

(6) Eine christliche pluralistische Haltung muß bereit sein, sich von einer nicht-pluralistischen Sichtweise exkommunizieren zu lassen, ohne dadurch Vergeltung zu üben, daß sie diese für unchristlich erklärt. Pluralismus untergräbt die Argumente für einen Machtkampf.

(7) Christlicher Pluralismus könnte als sein Motto den Satz annehmen: »Alles was nicht gegen uns ist, ist für uns.« Was nicht einer konkreten Meinung widerspricht, kann man nicht zurückweisen. Und andererseits trägt jede Entgegnung die Grenze selbst mit sich, innerhalb derer sie gültig ist. Sie ist niemals absolut. Das Prinzip der Toleranz sollte nicht auf der Anerkennung der Wahrheit gründen, sondern auf Vertrauen.

(8) Eine christliche pluralistische Geisteshaltung sollte gegenüber den anderen Religionen der Welt an den christlichen Lehrsätzen festhalten, ohne jedoch die Begrenzung und Kontigenz des Subjekts zu vergessen, das sie formuliert. Sie würde z.B. nicht verkünden: »X ist der wahre Glaube.« Sie wird eher bekennen: »Ich glaube,

das X wahr (der wahre Glaube) ist.« Der Inhalt des Glaubens darf niemals von diesem »ich glaube« abgetrennt werden. Und trotzdem kann man die Überzeugung zum Ausdruck bringen, daß andere Unrecht haben, ja sogar, daß ihre Ansichten schädlich sind. Man kann die Verpflichtung spüren, einzelne Irrtümer zu bekämpfen – doch man sollte sie nie als absolute Übel sehen und jene Grenzen der eigenen Urteilsfähigkeit im Auge behalten.

(9) Ein pluralistischer Christ wird nicht bekennen, daß es viele Heilande gibt. Das wäre eine nicht-pluralistische Behauptung, denn die Glaubenserfahrung des Heilandes ist für den Glaubenden einmalig und nicht multiplizierbar. Ein pluralistisches Bekenntnis zur Christologie wird damit beginnen, daß das Mysterium Christi nicht auf ein quantitatives Verständnis reduziert werden darf: Wenn ich daran glaube, daß das Mysterium Christi von umfassender Bedeutung ist, darf ich nicht behaupten, daß es nur im Bereich meines persönlichen Heils oder meiner eigenen Kirche und ihrer Lehrtradition bedeutsam sei. Es wäre aber vermessen, mein beschränktes Verständnis so zu verabsolutieren und damit zugleich jenes Mysterium zu individualisieren. Genauso vermessen ist aber die Behauptung, daß alle Erlösergestalten der Religionsgeschichte in Wirklichkeit Christus seien und nur andere Namen hätten. Woher kann ich das wissen? Die Trinitätslehre der christlichen Tradition warnt uns vor solchen Quantifizierungen. Augustinus sagte: *qui incipit numerare, incipit errare* (»wer anfängt zu zählen, fängt an zu irren«). Die erlösende Kraft – die die Christen Christus nennen – ist weder nur eine, noch sind es viele.

All das soll bedeuten, daß das christliche Selbstverständnis eine Funktion des alles umfassenden Mythos ist, der jeweils zu einer bestimmten Zeit an einem bestimmten Ort in bestimmter Weise herrscht. Dieser vereinende Mythos mag nicht konstant und auch nicht zu allen Zeiten gleich sein. Seine Leitmotive in unserer gegenwärtigen Situation seien in einigen Schlußfolgerungen zusammengefaßt:

Schlußfolgerungen

Eine christliche Reflexion über den religiösen Pluralismus und seine Implikationen kann die folgenden Punkte in ihr Programm aufnehmen:

(1) Wir sollten die Vergangenheit nicht ignorieren oder vernachlässigen; wir sollten traditionelle Selbstverständnisse respektieren, sie aber auch angemessenen (neuen) Interpretationen zuführen.

(2) Wir sollten mit rein exegetischen Zugangsweisen nicht zufrieden sein, die die festgefügten Inhalte der Tradition verabsolutieren. Denn das christliche Selbstbewußtsein besteht nicht nur aus Hermeneutik. Wir sollten die Möglichkeit eines neuen christlichen Bewußtseins miteinbeziehen.

(3) Die wichtigste Veränderung im christlichen Selbstverständnis bezieht sich sowohl auf den Text als auch auf den Kontext. Der Text wird erweitert durch die Einverleibung anderer heiliger Texte, die bis jetzt ausgeschlossen worden sind. Mit anderen Worten, die Reflexion über »die christliche Heilsökonomie« kann die Existenz – und Herausforderung – der Weltreligionen nicht ignorieren. Der traditionelle Kontext war durch den Tiber symbolisiert. Der neue Kontext ist der des Ganges – d.h. nicht der Kontext der westlichen Geschichte, sondern der einer gegenwartsbezogenen Bedeutungshaftigkeit. Natürlich ist mit Ganges hier nicht ein exklusiv hinduistischer Fluß gemeint (sozusagen ein Jordan des Hinduismus), sondern ein Symbol für die weitverzweigte Welt.

(4) Der neue Kontext ist nicht bloß ein neues Territorium, das zum alten hinzugefügt wird, ebensowenig ist es dasselbe Territorium in einem neuen Licht. Der neue Kontext bringt sowohl neue Elemente mit sich, die es vorher nicht gab, als auch eine Transformation des alten Kontextes. Es ist ein neuer Zusammenhang, der den alten in sich umfaßt, korrigiert und an seine Stelle tritt, aber dennoch eine gewisse Kontinuität zu ihm beibehält. Dennoch ist der neue Kontext in gleicher Weise begrenzt und konkret. Er sollte nicht als

universale Gestalt gesehen werden, was auf eine anti-pluralistische Homogenisierung der Welt hinausliefe.

(5) Wir sollten das Faktum des Christlichen, das sich in der *Christlichkeit* ausdrückt, nicht identifizieren mit dem *Christentum* als Religion und noch viel weniger mit der *Christenheit* als Zivilisation.

(6) Es gibt nicht eine alleinige Sichtweise Christi, wie breit sie auch angelegt sein mag. Keine einzelne Vorstellung kann die Wirklichkeit Christi umfassen.

(7) Religionen mögen miteinander – vielleicht abgesehen von einigen gemeinsamen Wesenszügen – nicht vergleichbar sein. Jede Religion ist einzigartig wie alle wirklichen Wesen. Aber wir sollten die Autopsie einer Religion nicht mit ihrer lebendigen Existenz verwechseln. Gerade die Nicht-Vergleichbarkeit schließt, wie die des Radius mit dem Kreis, die Tatsache nicht aus, daß jede Religion eine Dimension der anderen sein kann, in einer Art trinitarischer *perichôrêsis* oder *circumincessio*. Jede von ihnen repräsentiert das Ganze der menschlichen Erfahrung in einer konkreten Weise.

(8) Jede Religion bringt eine konkrete Form des Menschseins zum Ausdruck. Das schließt einen möglichen göttlichen Einfluß des *humanum* nicht aus, ebensowenig seine religiöse Entartung.

(9) Wenn Religionen sich begegnen, können sie sich gegenseitig bereichern und sich ebenso auch gegenseitig zerstören.

(10) Wenn Christen in der Lage sind, das Christliche als Prinzip aus ihrer eigenen Religion, dem Christentum, zu befreien, dann kann dieses Prinzip erfahrbar werden als eine Dimension, die zumindest potentiell in jedem menschlichen Wesen präsent ist, solange ihm keine absolute Deutung unterlegt wird. Gleiches könnte gesagt werden von ähnlichen Prinzipien in anderen Traditionen (zum Beispiel von der Buddhaschaft).

(11) Christen mögen in jenem Prinzip des Christlichen den Zielpunkt der Einheit, des Verstehens und der Liebe zur ganzen

Menschheit und zum Ganzen des Kosmos entdecken, so daß sie in dieser Konkretheit die radikalste menschliche, kosmische und göttliche Kommunion mit der Wirklichkeit entdecken – ungeachtet anderer möglicher homöomorpher Äquivalente.

(12) Der christliche Ansatzpunkt ist die kenotische Erfahrung Christi (d.h. die Erfahrung der Entäußerung von seiner Göttlichkeit in der Menschwerdung), die die Annahme und Offenheit für den Geist mit sich bringt.

Zusammenfassend läßt sich sagen: Das Bewußtsein um den umfassenden Kontext unserer heutigen Welt führt zu der Erkenntnis einer Mutation im christlichen Selbstverständnis. Diese Mutation ist durch die folgenden Faktoren bedingt:

(1) *Historische Veränderungen*: der Übergang von der Christenheit zum Christentum und weiter zu der Haltung des Christlichen, die sich in der Christlichkeit ausdrückt.

(2) *Philosophische Unterscheidung* zwischen dem Konkreten/Partikularen und dem Universalen/Allgemeinen – das heißt die Überwindung der quantitativen Muster im Denken.

(3) *Kosmologische Revolution*: das Weltbild, in dem das Christentum großgeworden ist, kann kritischer Überprüfung nicht länger standhalten.

(4) *Theologische Anerkennung* der Rechte und Werte anderer Religionen, und somit ein heilsamer Pluralismus.

All das setzt voraus und bewirkt zugleich, daß wir tief und bewußt eindringen in die Grundtatsache oder das Prinzip des Christlichen. Durch diese Bewußtheit werden soziale und religiöse Gebilde der Geschichte transzendiert[93]: Wir anerkennen langsam die Notwendigkeit eines neuen christlichen Bewußtseins, das weder an die christliche (westliche) Zivilisation noch an die christliche (institutionalisierte) Religion gebunden ist. Neue Gemeinschaften mögen entstehen, auch in traditionell nicht-christlichen Ländern, und manche von ihnen mögen selbst den Namen »christlich« meiden, weil das Etikett »christlich« als eine *bloße* Fortsetzung der Vergangenheit verstanden werden könnte.

Es geht nicht darum, die zivilisationsbezogenen Aspekte der Christen zu verleugnen, oder die Bedeutung organisierter Religion zu schmälern. Es ist lediglich eine Frage der Betonung des personalen spirituellen Lebens, der Entdeckung des himmlischen Reichs, der Perle, der Ganzheit des mystischen Leibes, der Gemeinschaft mit dem Göttlichen, des inneren, historischen und gleichzeitig kosmischen und überzeitlichen Christus. Es gab Zeiten, da war es gefährlich, Christ zu sein; zu anderen Zeiten war es vorteilhaft. Beides kann noch heute sehr real sein. Doch ich will einen dritten Zug betonen: Es ist schwer, Christ zu sein. Es ist heute schwer, weil es eine persönliche Disziplin erfordert, den Mut, nicht nur der profanen Welt gegenüberzutreten, sondern auch den kirchlichen Institutionalisierungen. Christlichkeit steht für die Erfahrung des Lebens Christi in uns selber, für die Einsicht in eine Kommunion mit der ganzen Wirklichkeit, ohne Verwirrung; für eine Erfahrung, daß »ich und der Vater eins sind«, daß Etiketten keine maßgebende Rolle spielen, daß Sicherheit keine große Bedeutung hat und daß auch die Reflexion erst eine zweitrangige Quelle der Erkenntnis ist (wenn auch ein erstrangiges Werkzeug). Nur zögerlich benutze ich dafür die Wendung »mystische Erfahrung«, aber vielleicht gibt es keine bessere Art, das auszudrücken. Nicht ohne eine besondere Vorliebe habe ich den mystischen Ganges zum Symbol gewählt. Ist es nicht das, was Christus damals sagte? »Wasser des ewigen Lebens« (Joh 4,14) – von irgendeinem Fluß oder Meer. Man muß es nur trinken.

Der kosmotheandrische Christus

Ich beende die Reflexion mit einer persönlichen Anmerkung, die vielleicht ein anderes Licht auf die obigen Analysen wirft. Ich will versuchen, meine Interpretation Christi in der *theanthropokosmischen* Vision darzulegen. Ich glaube, daß diese Interpretation den methodologischen Prinzipien des Kapitels folgt, doch will ich in keiner Weise anraten, sie als normativ oder notwendigerweise repräsentativ für christliche Theologie anzusehen.

Das Mysterium, das am Anfang steht und am Ende sein wird, das Alpha und Omega, durch das alles ins Sein tritt, das Licht, das alle Kreatur erleuchtet, das Wort, das in jedem authentischen Wort enthalten ist, die Wirklichkeit, die ganz materiell, vollständig menschlich und einfach göttlich ist, die überall am Werk und unerreichbar präsent ist, wo immer Wirklichkeit vorhanden ist, der Treffpunkt am Wegkreuz der Wirklichkeit, wo alle Reiche zusammenkommen, das, was nicht mit Fanfaren kommt und von dem man nicht glauben soll, es sei hier oder dort, das, von dem wir nicht wissen, wenn wir eine gute oder böse Handlung vollbringen, und dennoch ist es »da«, das, was wir sind – und sein sollen – und was wir waren, dieses Symbol aller Wirklichkeit, nicht nur, wie sie war oder ist, sondern auch, wie sie noch immer in Freiheit sein wird, auch durch unser Mitwirken, das, so glaube ich, ist Christus. Wenn jemand sagt, daß dieses Symbol zu weit und universal sei, werde ich ihm antworten: Wenn man die Beschneidung des Leibes abgelöst hat, warum sollen wir dann nicht die Beschneidung des Geistes überwinden?

Und ich bestehe darauf, daß ich mit einem solchen Christusbild dem Skandalon der Inkarnation und dem Prozeß der Erlösung nicht entfliehe. Ich ignoriere nicht diese historischen Tatsachen. Es ist einfach nur das, daß ich die Geschichte nicht als Gott verehre und die Wirklichkeit nicht auf die Geschichte begrenze – nicht einmal die menschliche Wirklichkeit – noch die Geschichte auf ihre abrahamitische Linie. Genau wie die traditionelle Theologie von einer *creatio continua* spricht, könnten wir uns in Analogie eine kontinuierliche Inkarnation vorstellen, nicht nur im Fleisch, sondern auch in den Handlungen und Ereignissen aller Kreatur. Jedes Wesen ist eine *Christophanie*.

»Das bist du«
Eine Zusammenfassung im Gespräch

Dieser Schluß ist ein Wagnis der Zusammenfassung der Zusammenfassungen, die gleichzeitig eine Synthese von etwas ist, das zu erlernen lange Zeit erfordern würde; dies wäre gleichzeitig eine Verdichtung des menschlichen Lebens, das gleichzeitig ein Abbild des Schicksals der Menschheit ist, die gleichzeitig eine *Anakephalaiósis*, eine Rekapitulation des Schicksals des Universums darstellen würde, also eine sehr hohe Potenz!

All das will ich nun noch einmal in einfachen Worten zusammenfassen und mich dabei zum einen auf die Bibel und zum anderen auf die Weisheit der Upanishaden beziehen: Die Bibel sagt, daß der Mensch nach dem Bild (*eikôn*) und dem Gleichnis (*homoiôsis*) Gottes erschaffen wurde (Gen I,26). Das heißt erstens, daß der Mensch Gott ähnlich ist; wir sind ja seines Geschlechts, wie die Griechen wußten und Paulus bejahend wiederholt (Apg XVII, 28). Das besagt aber, zweitens, daß der Mensch ein Spiegel der ganzen Wirklichkeit der ganzen Schöpfung ist, daß der Mensch nicht nur ein Mikrokosmos, sondern auch ein Bild des großen Kosmos, der ganzen Realität ist, daß in jedem Menschen sich das Schicksal Gottes und der Welt widerspiegelt. Das ist die unendliche, ja göttliche Würde des Menschen, in der sich sämtliche Dimensionen der Realität treffen.

Wir haben gesagt, daß es darum geht, den tiefsten Kern des Seins zu entdecken. Das Sein aber existiert nicht, es ist eine Abstraktion – lebt nirgendwo, nirgends, ist nicht zu finden. Es gibt das Sein nicht. Es gibt nur den Gedanken des Seins. Sicher, es gibt viele Bücher über das Problem des Seins. Aber der Begriff des Seins, mit dem wir die Wirklichkeit zu bezeichnen versuchen, ist eine Abstraktion, wogegen die Wirklichkeit selbst nicht abstrakt, sondern immer konkret ist. Sie ist das »ich *bin*«, »du *bist*«, »es *ist*«.

Was es also gibt, ist nicht der Begriff des Seins, sondern »bin«, »bist«, »ist«: Der Stuhl ist, du bist, ich bin.

In einer ersten Annäherung scheint es, daß der Mensch das »ist« denken, das »bist« fühlen, das »bin« erfahren kann. Hier haben wir wiederum diese Dreifaltigkeit, diese Dreieinheit des »ist«, »bist« und »bin«, die drei Dimensionen der Wirklichkeit darstellen. Aber was »ich« wirklich »bin«, oder was »wir« tatsächlich »sind«, ist nicht so leicht zu erfahren. Wenn wir auf der Suche dem »Wer bin ich?« nachlaufen, werden wir herausfinden, daß der Fragende sich immer zurückzieht und nur ein Objekt übrig läßt, eine Spur, ein *vestigium, trace,* Fußstapfen. Das Ich, das wir suchen, ist nicht ich. Das Ich, das ich finde, ist immer gefunden; es ist eigentlich ein Du…

Tat tvam asi – das ist vielleicht eine Möglichkeit, diese Weisheit auszudrücken: »Das bist du« (CU VI, 8-16). Das »du« gehört mir, nicht aber ein »etwas«, das ich zu sein meine. Ich bin ein »du«. Die Aussage lautet nicht: »ich bin brahman«, sondern »(tat) tvam asi«: »(das) bist du!«

Natürlich ist das »bist« nicht völlig trennbar oder unabhängig vom »bin« und vom »ist«. Wenn ich mich als »bist« erfahre, erfahre ich erstens meinen Kern – das ist das Tiefste –, zweitens schließe ich damit das »bin« ein, ohne welches das »bist« keinen Sinn hat, und das »ist«, ohne welches es nicht existieren kann.

Ich habe erklärt, daß es uns nicht verboten ist zu sagen, »ich bin«, »ich bin die Wahrheit«. Aber das »ich«, das das vollziehen kann, ereignet sich in einem »du«. Denn »ich bin« dadurch, daß »du bist«. (Hier leiden wir unter der Unzulänglichkeit unserer Sprache: Es gibt andere Sprachen, die das Verbum »sein« nicht in solcher Weise anwenden, es ist für sie überflüssig. Sie haben es vielleicht einfacher, jene Dreieinigkeit zu erleben.)

Wenn wir dieses Bewußtsein in uns verankert haben, dann haben wir gleichzeitig Kommunion mit unserem Selbst, mit der ganzen Außenwelt, miteinander und mit dem Göttlichen. Denn meine Identität ist ein »bist«, und das »bist« ist nur existent in einem »du«, das von einem »ich« ausgesprochen wird und auf einem »es« beruht. Dies läßt sich vielleicht in jener einzigen Formel *tat tvam asi* zusammenbringen. Man muß es dafür ziemlich zusammenpressen – aber es könnte ein guter Wein daraus werden, und das ist meine Hoffnung!

Was für eine Art von Meditation würden Sie dem Suchenden empfehlen? Zen, Yoga, neue und traditionelle Formen christlicher Kontemplation, Meister Eckhart, Teresa von Avila, Johannes vom Kreuz – was würden Sie empfehlen?

»Wanderer, es gibt keinen Weg, du machst den Weg, indem du ihn gehst!« – Vielleicht könnte der Hindu-Begriff *svadharma* hier helfen: Es gibt Wege, Techniken im besten Sinne, die für eine Person oder für eine gewisse Zeit angebracht sind; und zugleich wäre es verheerend, wollte man sie weiterverfolgen, wenn diese Zeit vorbei ist, oder sie auf andere Personen anwenden. Deshalb mag manchmal ein Wegweiser, ein Meister, ein Guru, ein Vorbild in Gestalt einer wirklichen, lebendigen Person als Hilfe oder Anregungskraft von außen nützlich sein (obwohl wir immer unsere Wachsamkeit aufrechterhalten müssen, damit der Gehorsam und die Disziplin nicht blind werden).

Die Frage ist sehr berechtigt. Was man in dieser Gegend der Welt am meisten spürt, ist die Notwendigkeit einer wirklichen Meditation, und manchmal auch die Schwierigkeit, diesen Weg allein zu gehen. Das einzige, was ich sehen kann, ist, daß man den Weg gehen muß! Vielleicht stolpert und fällt man dabei oder geht auf Umwegen – aber es gibt eine Art Vorsehung, ein *karma*, einen Zufall, eine kosmische Solidarität; und wenn wir uns dieser öffnen, dann taucht auch der richtige Meister auf, wenn es nötig ist. Daher habe ich keine Methode, keine Technik zu empfehlen. Ich glaube, daß alle Techniken nützlich sind, und daß sie alle gleichzeitig ein Hindernis sind. Wachstum besteht gerade darin, daß das, was am Anfang, in der Mitte oder gar gegen Ende meines Lebens das beste war, zum Hindernis wird. Was sehr gut war für den Novizen, für die Lebensmitte, einmal muß man es weglassen. Es ist wie ein Gerüst, wie ein Paar Krücken, sehr sinnvoll wohl, aber nicht das Eigentliche.

Neun Regeln – Sutren – habe ich mir vorgeschrieben:

(1) Bei mir selbst anfangen;

(2) In mir selbst anfangen (also ohne Anstoß von außen);

(3) Mich selbst der GANZEN Realität öffnen;

(4)Dort anfangen, wo ich selbst bin: keine *tabula rasa*, nicht warten auf die optimale, ideale Ausgangssituation – zum Beispiel:»wenn ich Geld haben werde….«,»wenn ich heiraten werde….«,»wenn ich dies oder jenes fertiggebracht haben werde….«,»wenn ich besser bin…..«!

(5) Nicht auf die Folgen achten: Dafür muß man ein reines Herz haben, denn sonst hat man Angst. Niemand kann alle Folgen vorausberechnen, nicht einmal der Computer, und wenn ich dem Computer mein Vertrauen schenke, bin ich sowieso schon nicht mehr frei.

(6) In Solidarität sein: also nicht in Isolierung – Einsamkeit braucht aber nicht Isolierung zu bedeuten; Solidarität kann Gruppe, Familie, Freunde bedeuten, was auch immer.

(7) Selbst-motiviert sein: also ohne fremde Hilfe, ohne Geld von außen, ohne Eingebungen, ohne ein genaues Ziel – nein, man kann nicht vom Ziel motiviert werden!

(8) Gewaltlos sein: nicht den Willen anspannen, nichts überwinden wollen, denn sonst verdrängt man nur ständig.

(9) Immer neu beginnen!

Sie haben gesagt, daß das Christentum mit den abrahamitischen Traditionen brechen soll, um die Struktur einer jüdischen Sekte zu überwinden. Das klingt sehr totalitär. Können Sie das erläutern?
Ich will vorausschicken, daß das Judentum in meinen Augen eine der großartigsten religiösen Überlieferungen der Welt ist. Ich bin nur gegen jeden Exklusivismus. Bis jetzt muß man, um Christ zu sein, in geistlicher Hinsicht Semit, in intellektueller ein Grieche sein, sonst versteht man nichts vom Christentum. In den ersten

zwei Jahrtausenden hat sich das Christentum mit dieser Position identifiziert. Das ist großartig – aber genügt es?

Viele große Traditionen der Welt haben entweder geglaubt, daß sie die einzigen seien, oder daß sie den anderen überlegen seien. Ein krasses Beispiel für das erstere ist die Entwicklung des naturwissenschaftlichen Weltbildes; genauso ausschließlich und vereinnahmend verhalten sich auch viele Religionen. Ein Beispiel für letzteres sind die Chinesen, die zu klug sind, als daß sie ihre Tradition für die einzige halten würden; aber sie halten sich für überlegen! Sie haben als erste ein Wort mit der Bedeutung »Barbar« erfunden, um damit die anderen abzuqualifizieren.

Mit dem Wort »Jerusalem II« meine ich folgendes: Das Christentum kann sich entweder – was völlig legitim ist – auf seine bisherige Tradition beschränken. Das bedeutet, es ist eine Religion neben anderen, nicht besser, nicht schlechter, mit allen Unterschieden und Nuancen. Oder das Christentum muß eine Mutation durchlaufen, einen neuen Schritt tun, gleich dem Schritt der Urchristen auf dem ersten Konzil in Jerusalem, als sie die Beschneidung abschafften. Man müßte jetzt nicht nur die Taufe und vieles andere neu interpretieren, sondern über diese christlichen Inhalte hinausgehen ins Leere, das sich hinter ihnen auftut. Das ist die Herausforderung des dritten Jahrtausends.

»Christenheit«, das bedeutet politisch und kulturell tausend Jahre Europas. »Christlichkeit« dagegen ist das Wort, das ich anbiete für eine Entwicklung hin zum dritten Jahrtausend, in der alle doktrinären Interpretationen zwar nicht beiseite gelassen, aber weder verabsolutiert werden noch maßgebend sind, während das Hauptgewicht auf der Erfahrung ruht. Dann kann man auf eine Art Christ sein, in der keine konziliaren Systeme der christlichen Theologie mehr notwendig sind – so schön diese auch geformt sein mögen. Wir Christen müssen als Kirche im Kollektiv entscheiden, was wir sein wollen. Beide Formen sind legitim, die traditionelle wie die universale. Nur eines darf man nicht: weiter Kolonialismus treiben. Wenn wir die erstere Form wählen, bedeutet das letztlich, daß das Christentum in Afrika und Asien nicht inkulturiert werden kann. Denn die Menschheit kann sich nicht auf einen einzigen ihrer

Zweige reduzieren. Selbst mit Teilhard de Chardin läßt sich zeigen, daß die Auffassung einer monolithischen Menschheitsentwicklung ungenügend ist. Ich spreche von gegenseitiger Befruchtung.

Was muß konkret überwunden werden?
Der Absolutheitsanspruch und der Anspruch auf Universalität, alles andere steht nicht im Weg. Es muß Platz geschaffen werden für die anderen Traditionen, das Bewußtsein, daß es Denkweisen gibt, mit denen die christliche Weltanschauung sehr wenig anzufangen weiß. Bisher muß man sich, um das Christentum verstehen zu können, einer Beschneidung des Geistes, des Intellekts unterziehen. Das darf in Zukunft nicht mehr vorausgesetzt werden.

Wo sehen Sie die Chance einer Weiterentwicklung des Menschen?
Das Christentum ist sehr in Morallehren gefangen, und für die innere Entwicklung des Menschen wird wenig angeboten. Der Mensch bleibt so immer ein Sünder, der sich durch Demut und Reue vielleicht einen Platz im Himmel erwerben kann. Aber das menschliche Potential ist dadurch nicht ausgeschöpft! Vielmehr wäre doch möglich und ist auch – so meine ich – von Gott gewollt, daß der Platz des Menschen auf der Erde wirklich erfüllt wird, und daß er ein höheres Bewußtsein in sich entwickeln kann. Diese Chance wird uns vom Christentum offenbar nicht geboten. Ich finde das höchstens bei Meister Eckhart. Vielleicht könnte man diesen Weg weitergehen, aber es ist jedenfalls nicht der christliche Hauptstrom.
Wenn Sie so vom Christentum denken, müssen Sie sich bekehren – nicht um irgend etwas von diesem Christentum zu retten, sondern um sich selbst zu retten, um nicht irgendwo steckenzubleiben. Wenn Sie eine solche Idee vom Christentum haben, ist es höchste Zeit, daß Sie sich daraus befreien, hin zu einem besseren Christentum, oder zu einer anderen Sache.
Mein Verständnis des Christentums ist anders. In sämtlichen Religionen, institutionalisierten wie nicht-institutionalisierten, fragen die Leute: »wo finde ich einen reinen, geheiligten Platz für

mich? Ich muß meine Plazenta verbrennen, mein Christentum wegwerfen, meine Hindu-Identität verlassen... Wo finde ich eine Religion, die mir gemäß ist?« In dieser Frage spiegeln sich meine menschlichen Schwächen wieder. Doch es macht keinen Sinn, mich zu trösten, indem ich Fehler bei den anderen aufdecke, das Christentum schrecklich, andere naiv, die dritten fanatisch finde.

Man muß einen Schritt versuchen in Richtung auf Liebe, Toleranz, Gerechtigkeit und vor allem Freiheit, wenn man hier etwas ändern will. Wohl gibt es dazu schöne Vorstellungen, von Aurobindo, Meister Eckhart, auch von Johannes Paul dem Zweiten... Das Schwierige ist die praktische Umsetzung: Wenn ich zum Beispiel nur tolerant mit den Toleranten bin, ist meine Toleranz sehr schwachbrüstig.

Aber man sollte keine Angst haben: Wenn Sie empfinden, daß das Christentum für Sie verheerend gewesen ist, lassen Sie es einfach beiseite, es geht auch anders. Ich meine das sehr ernst. Man muß existentiell seinen Weg gehen, und alle Wege führen zum Ziel, unter einer einzigen Bedingung: daß sie *Wege* sind; daß ich nicht steckengeblieben, sondern noch unterwegs bin; und daß ich nicht von einem Weg zum anderen springe, um mir so mein persönliches Cocktail zu mixen. Alle Wege sind nur dann Wege, wenn man darauf *geht*. Eine Tradition des mittelalterlichen Hinduismus lehrt den Weg der Paradoxie, daß man zu Gott gelangen kann, indem man ihn haßt. Sogar das ist ein Weg! Mehr kann man kaum sagen, außer: *geh!*

Verzeichnis der Abkürzungen

AV   Atharva Veda

BG   Bhagavad Gîtâ

BU   Brihadâranyaka Upanishad

CU   Chândogya Upanishad

LW   Meister Eckhart, Lateinische Werke, Stuttgart 1956ff.

MandU   Mândûkeya Upanishad

O.o   Bonaventura, Opera omnia, Quaracchi 1892-1902

PG   Patrologia Cursus Completus. Series Graeca, Hrsg. J.-P. Migne, Paris 1857-1866

SB   Shatapatha Brâhmana

Sent.   Bonaventura, Commentaria in Quator Libros Sententiarum Magistri Petri Lombardi, O.o., Bd. I-IV

Die biblischen Bücher werden in der üblichen Weise abgekürzt.

Anmerkungen

1 Die »Weisheit Salomos« und seiner Vorgänger, z.b. des Ägypters Amenenope (der mindestens tausend Jahre früher lebte), können als sakrale Formen dieser Klugheit betrachtet werden. »Den Herrn zu fürchten, ist Weisheit, und das Böse zu meiden, ist Klugheit«, sagt Jahwe zu Hiob (Ijob XXVIII,28) im Einklang mit Spr I,7.

2 Sie sind neuerlich dokumentiert in dem Buch *Sophia – Maria* von Thomas Schipflinger, München und Zürich 1988.

3 Für eine gute Einführung in die alte Problematik verweise ich auf die Artikel über *sophia* in: Kittel und Friedrich (Hrsg.), *Theologisches Wörterbuch zum Neuen Testament*, Stuttgart; Für die hebräische Bibel vgl. die Artikel in: Botterweck und Ringgren (Hrsg.), *Theologisches Wörterbuch zum Alten Testament*, Stuttgart.

4 Ijob XXVIII,28 (s.o., Anm. 1); Die Vulgata übersetzt: »*Ecce timor ipsa Domini est sapientia, et recedere a malo intelligentia*«.
Augustinus (*De Trinitate* XIV,1) unterscheidet zwischen *eusebeia* und *theosebeia* und faßt beide Begriffe als »*Dei cultus*« zusammen. Er übersetzt: »*Ecce pietas est sapientia; abstinere autem a malis, scientia*«. Zu Bonaventura vgl. III *Sententiarium* d. 35, a.u., q. 1 (*Opera omnia*, ed. Quaracchi, III,774).

5 Fragment 112; Diels übersetzt: »Gesund denken ist die größte Vollkommenheit, und die Weisheit besteht darin, die Wahrheit zu sagen und zu handeln nach der Natur, auf sie hinhörend«.

6 Fragment 41; Diels übersetzt: »Eins nur ist das Weise, sich auf den Gedanken zu verstehen, als welcher alles auf alle Weise zu steuern weiß.«

7 Vgl. dazu mein Buch: *Gottes Schweigen*, München 1991 (in Vorbereitung).

8 So z.B. Abhinavagupta, *Parâ-trîshikâ-vivarana*, passim.

9 Heraklit, Fragment 40: »Vielwissery (*polymathia*) lehrt nicht Verstand (*nous*) haben« (Diels). An anderer Stelle übersetzt Diels *nous* mit »Geisteskraft« (*Paideia*, 242).

10 »Der Buddhismus verwirft dementsprechend das Denken durch Unterscheidungen und Gegensätze, das heißt die analytische Denkweise«, schreibt Fumi Sakaguchi in ihrem erleuchtenden Buch: *Der Begriff der Weisheit in den Hauptwerken Bonaventuras*, München und Salzburg 1968, 77.

11 *De mystica Theologia* I,3 (PG 3, 1001).

12 *Summa Theologiae* I, q.12, a.13, ad 1.

13 *Illud est ultimum cognitionis humanae de Deo quod sciat se Deum*

nescire in quantum cognoscit illud quod Deus est (*De potentia* VII,5, ad 14.)

14 BU II,4,14:»Das, durch welches alles wird erkannt, womit kann man es erkennen? Wie kann man doch den Erkenner erkennen?« (*yena-idam sarvam vijânâti / tam kena vijânîyât / vijñâtâram are kena vijânîyât*).

15 Vgl. meinen Aufsatz:»Die existentielle Phänomenologie der Wahrheit«, *Philosophisches Jahrbuch der Görresgesellschaft* 64 (1956), 27-54.

16 (und 18), zitiert bei V. Böhtlingk, *Indische Sprüche* (St. Petersburg 1870-73), Wiesbaden 1966, Spruch 6741.

17 »*Ab intellectu inchoandum est, et perveniendum ad sapientiam*«: Bonaventura, *Hexaemeron*, col. 3, n.1 (O.o.V, 343a).

18 »*Avijñâtam vijânatâm vijñâtam avijânatâm*«; vgl. auch Rig Veda I,164,32.

19 Vgl. IKor I,19-23. 26-30; II,4-7; III,18-20; IV,10; Kol II,8; Röm XII,2; usw.

20 Vgl. meinen Aufsatz:»La dialéctica de la razón armada«, in: *Concordia* 9 (1986), 68-89.

21 *Haec igitur sapientia dicitur multiformis, quia multi sunt modi exprimendi, …ut etiam* veletur superbis, aperiatur humilibus: *Hexaemeron*, col. 2, n. 12 (*Opera omnia* V,338 b). Die biblischen Anklänge sind hörbar: vgl. Lk I,51-53; X,21; Mt XI,25 usw.).

22 Vgl. Meister Eckhart, *Von Abgescheidenheit, Deutsche Werke*, Bd. V, hrsg.v. J. Quint, Stuttgart 1963, 377-458 (Text: 400-437; Übersetzung: 539-547).

23 »*Neque enim propter stellas homo, sed stellae propter hominem factae sunt*«: *Homilia X in Evang.* (zu Mt II,1-12).

24 *Sapiens homo dominatur et astris*: *Sum.Theol.* I, q.115, a.4, ad 3; vgl. auch I-II, q.77, a.1.

25 Das betont sehr richtig M. Machovec, *Die Rückkehr zur Weisheit. Philosophie angesichts des Abgrundes*, Stuttgart 1988, 87ff.

26 *Etad guhyam mahâguhyam: Paratrîshikâ* 2, in: Abhinavagupta, *Paratrîshikâ-vivarana*, Übs. J. Singh, Hrsg. B. Bäumer, Delhi 1988, 18, vgl. dazu 53f. Das Wort wird von Abhinavagupta entweder als »dieses Geheimnis, großes Geheimnis« oder als »dieses Geheimnis, ein Ungeheimnis« wiedergegeben. Der Stamm *guh* bedeutet wörtlich »verbergen«, »decken«, »geheimhalten«; *guha* heißt »verborgener Raum«, »Höhle«, »Grube«, und *guhya* wird als verborgener Raum und als Symbol für etwas Geheimnisvolles verstanden (vgl. z.B. BG IX,1 & 2, wo von *guhyâtamam* und *râjaguhyam* die Rede ist).

27 S.o. Anm. 19.

28 Hier wird mit den Worten *oikia* und *monê* gespielt: ein Haus, viele Wohnungen, viele Bleibestätten.

29 »*Mens nostra …a divina sapientia tamquam domus Dei inhabitatur*«:

Itinerarium mentis in Deum IV,8 (O.o.V, 308). Für Bonaventura ist klar, daß »in jedem Ding, das wahrgenommen oder erkannt wird, Gott selber innerlich verborgen ist« (*in omni re, quae sentitur sive quae cognoscitur, interius lateat ipse Deus*): *De reductione artium ad theologiam*, 26 (O.o.V, 325).

30 Vgl. *Die Lehre von Amenenope* III,9-18. Das ganze erste Kapitel besagt, daß man die Weisheit im Herzen bewahren und verarbeiten soll; vgl. dazu A. Marzal, *La enseñanza de Amenenope*, Madrid 1965, 85ff.

31 BU III,9,23: »*Hridayena hi satyam jânâti – hridaye hy eva satyam pratishthitam bhavati – iti*«. Ich habe schon gesagt, daß *satyam* die sich offenbarende »Seiendheit« des Seins (*sat*) ist, also Wahrheit und Weisheit.

32 Vgl. dazu Böhtlingk, ebd., Spruch 6074.

33 Vgl. Fung Yu-lan, *A History of Chinese Philosophy*, Princeton (1953) 1973, Bd. II,386-408 für den buddhistischen Hintergrund dieser ansonsten taoistischen Haltung.

34 Der Mensch – ein trinitarisches Mysterium, in: *Die Verantwortung des Menschen für eine bewohnbare Welt im Christentum, Hinduismus und Buddhismus*, Hrsg. R. Panikkar und W. Strolz, Freiburg i.B. 1985, 147-190.

35 LW IV: Meister Eckhart, Die lateinischen Werke, Bd. 4: *Sermones*, hrsg. von Joseph Koch u.a., Stuttgart 1956.

36 Wörtlich kommt der Ausdruck bei Ignatius weder in den *Exerzitien* noch in der *Construciones* vor, wenn auch das Adjektiv »indifferent« zweimal im ersteren und achtmal im letzteren Text erscheint. Doch sind seine späten Jahre und die ursprüngliche Spiritualität der Jesuiten erfüllt von der Sache, die er besagt.

37 Richard Wilhelm übersetzt: »Der Berufene ist einfältig und schlicht«.

38 II *Sententiarum* d.23, a.2, q.2, Opera omnia II, 49b: *omne enim quod cognoscitur, cognoscitur per aliquid praesens*.

39 R. Wilhelm übersetzt: »Ohne jenes Etwas gibt es kein Ich«.

40 Bonaventura, *Hexaemeron*, col. 13, n. 12 (O.o.V, 390a): *Iste liber, scilicet mundus, quasi emortuus et deletus erat*.

41 Ders., *Breviloquium* q.2, c. 12 (O.o., V 230a).

42 Bonaventura, III Sent. d.23, a.1, q.4, ad 5 (O.o. III, 482): *Ad illud quod obiicitur, quod quanto scientia nobilior est, tanto certior, dicendum quod illud non habet veritatem.*

43 Dionysius, Epist. 1 (*Caio monacho*), PG 3, 1065 A. Die rezipierte Übersetzung lautet: *Et si quis, viso Deo, cognovit id quod vidit, nequaquam ipsum vidit.*

44 S.o., Anm. 26.

45 S.o., S. 18.

46 Vgl. dazu R. Panikkar, *El concepto de naturaleza*, Madrid, 2. Aufl. 1972, bes. 197-232.

47 Vgl. Thomas, *Sum.Theol.* I, q.34, a.3; vgl. auch I, q.37, a.2, ad 3: *Sicut Pater dicit se et omnem creaturam Verbo quod genuit, ...ita diligit se et omnem creaturam Spiritus Sancto.*

48 Der Verfasser spielt hier mit der gemeinsamen Etymologie der Worte »Meditation«, »Medizin« und »Moderation«.

49 Vgl. Augustinus, *De Trinitate* XIV, 1.

50 »Philosophie als Lebensstil«, in: *Philosophes critiques d'eux-memes*, Hrsg. A. Mercier und M. Svilar, Bd. 4, Bern 1978, S. 209-220.

51 Das war das Motto dieses Abschnitts in Anspielung auf Stefan George: »Kein Ding sei wo das Wort gebricht«; vgl. dazu den Kommentar von Heidegger: »Das Wesen der Sprache«, in: *Unterwegs zur Sprache*, Pfullingen (5. Aufl.) 1975, 159ff. Vgl. natürlich auch Joh I,14: »Und das Wort ward Fleisch«; und das bekannte Gedicht von Johannes vom Kreuz.

52 Der Verfasser macht ein Wortspiel mit »Ultimate Concern« (P. Tillich) und »Ultimate Unconcern«: Religion als Freiheit, Befreiung.

53 L. Massignon, *La passion de Husayn Ibn Mansûr Hallâj*, Paris 1975, Bd. III, 300f.

54 *Sum. theol*, II-II, q.1, a.1: *actus autem credentis non terminatur ad enuntiabile, sed ad rem.*

55 Anm. des Übersetzers: Panikkar verwendet im Englischen das Wort »*Christic*«, das hier einheitlich mit »das Christliche« wiedergegeben wird.

56 Die Veröffentlichungen reichen von »Sobre el sentido cristiano de la vida«, in: *Arbor* (Madrid), No. 64 (1951), abgedruckt in meinem Buch: *Humanismo y Cruz*, Madrid: Rialp, 1963, 112- 177, bis zu »Què vol dir avui confessar-se cristià«, in: *Questions de vida cristiana*, Montserrat: Publicacions de l'Abadia de Montserrat No. 128/129 (1985), 86-111.

57 Wie ich hervorheben möchte, hat mich zu jeder Zeit, obwohl ich extensiv über diese Themen geschrieben habe, die Praxis (in Gestalt von Gesprächen, Zusammenkünften, Projekten, Aktivitäten) begleitet. In der Tat mag das, was ich gesprochen und in praktischer Hinsicht getan habe, wichtiger sein als das Geschriebene und Publizierte.

58 Dieser Aufsatz sollte vor dem Hintergrund einiger meiner früheren Publikationen verstanden werden, wie zum Beispiel:
a) *Die vielen Götter und der eine Herr. Beiträge zum ökumenischen Gespräch der Weltreligionen*, Weilheim 1963 (Originalausgabe)
b) *Der Unbekannte Christus im Hinduismus*, Mainz 1986 (deutsche Erstausgabe unter dem Titel: *Christus der Unbekannte im Hinduismus*, Luzern und Stuttgart 1965, englisch 1964);
c) *Religionen und die Religion*, München 1965 (spanisch: *Religión y Religiones*, 1965);
d) »Salvation in Christ: Concreteness and Universality, the Supername«

(Antrittsvorlesung am Ecumenical Institute of Advanced Theological Studies, Jerusalem (Tantur) 1972). Eine gekürzte Fassung des ersten Teils ist veröffentlicht unter dem Titel:»The Meaning of Christ's Name in the Universal Economy of Salvation«, in: *Evangelization, Dialogue, and Development*, Hrsg. M. Dhavamony, Rom 1972, 195-218.
e) *Der neue religiöse Weg. Im Dialog der Religionen leben*, München 1990 (englisch: The Intrareligious Dialogue, 1978);
f) »Ritatatva: A Preface to a Hindu-Christian Theology,« in: *Jeevadhara* 49 (1979), 6-63;

59 Vgl. Mt XXXI,13; Mk I,9.

60 Wir sollten nicht vergessen, daß der Ausdruck »Leib Christi« in der Tradition zuerst das christliche Volk bezeichnet hat und erst später die Eucharistie. Vgl. dazu F. Holböck, *Der eucharistische und der mystische Leib Christi*, Rom 1941, und H. de Lubac, *Corpus mysticum*, Paris 1949, sowie ders., *Méditation sur l'Eglise*, Paris 1954.

61 Vgl. zum Beispiel Hajime Nakamura, *Ways of Thinking of Eastern People*, Honolulu 1985.

62 Vgl. meinen Aufsatz:»Religion and Politics: The Western Dilemma«, in: *Religion and Politics in the Modern World*, Hrsg. P.H. Merkl und N. Smart, New York 1985, 44-60. Von Mahatma Gandhi wird berichtet, er habe ohne jedes Zögern und doch voller Demut gesagt, daß »jene, die sagen, Religion habe nichts mit Politik zu tun, nicht wissen, was Religion bedeutet« (*An Autobiography or the Story of My Experiments with Truth*, übs. von M. Desai, Ahmedabad 1982, 420).

63 Vgl. mein Buch: *Kultmysterium im Hinduismus und Christentum. Ein Beitrag zur vergleichenden Religionstheologie*, Freiburg und München 1964, sowie die französische Ausgabe: *Le mystère du culte dans l'hindouisme et le christianisme*, Paris 1970, dort 37 ff.

64 Die letzte Strophe des Rig Veda (X, 191,4) ist ein Hymnus auf die religiöse Eintracht.

65 S. Teil III dieses Buches; ausführlicher in: »The Invisible Harmony: A Universal Theory of Religion or a Cosmic Confidence in Reality?«, in: *Toward a Universal Theology of Religion*, Hrsg. Leonard Swidler, Maryknoll, N.Y., 1987.

66 Vgl. mein Kapitel: »Christianity and World Religions«, in: *Christianity*, Patiala 1969, 78-127 (Guru Nanak Quintcentennial Collection Series), wo diese fünf Epochen ausführlicher erläutert sind. Neubearbeitung: Autoconciencia Cristiana y Religiones, in: Fe Cristiana y Sociedad Moderna, Bd. 26, Madrid 1989, 199-267.

67 Bezeichnenderweise erschien das Buch von Paul Knitter, *No other Name? A Critical Survey of Christian Attitudes toward the World Religions*, in der American Society of Missiology Series (No. 7, Maryknoll, N.Y., 1985; deutsch: *Ein Gott – viele Religionen. Gegen den Absolutheitsanspruch des Christentums*, München 1988). Im Vor-

wort zu dieser Reihe schreibt W.J. Danker, der Vorsitzende des Herausgeberkreises:»Im Brennpunkt wird immer die christliche Mission stehen«. Und er spezifiziert:»Unter 'Mission' ist in diesem Zusammenhang ein quer durch die Kulturen verlaufender Übergang über die Grenzen zwischen dem Glauben an Jesus Christus und seiner Abwesenheit zu verstehen« (XI). Die Aufsatzsammlung, die aus dem 1981 in Rom abgehaltenen SEDOS-Seminar über»Die Zukunft der Mission« hervorging (in der 102 Personen aus 45 katholischen religiösen Gemeinschaften und sechs Kontinenten versammelt waren), erhielt den Titel: *Mission in Dialogue* (Hrsg. M.Motte und J.R. Lang, Maryknoll 1982).

68 Vgl. meinen Beitrag:»Dialogical Dialogue«, in: *The World's Religious Traditions*, Hrsg. Frank Whaling, Edinburgh 1984, 61- 72 (Festschrift Wilfred Cantwell Smith); vgl. auch meine»Begegnung der Religionen« in: *Begegnung der Religionen* I,1 (1991).

69 In einem noch unveröffentlichten Thesenpapier,»Das Heil der Welt«, habe ich zu zeigen versucht, in welcher Weise diese Idee allen Erlösungsreligionen gemeinsam ist. Es ist letztlich die unreflektierte Übertragung eines Naturgesetzes: Einer von Millionen von menschlichen Samen wird zu einem menschlichen Individuum; eine von Millionen von lebenden Arten wird zur menschlichen Art; eine von Millionen von Pflanzen wird zum Tier, und so weiter. Entsprechend wird gesagt, nur wenige Völker der Welt sind christlich, und noch weniger werden vergöttlicht, gerettet, verwirklicht.

70 Ich möchte darauf hinweisen, daß ich mich mit dem recht zweideutigen Titel eines meiner ersten Bücher zu diesem Thema,»*Der Unbekannte Christus im Hinduismus*«, nicht auf einen Christus bezogen habe, der den Christen bekannt und den Hindus unbekannt wäre, sondern auf *den unbekannten Christus im Hinduismus* – und umso mehr im Christentum. Vgl. oben, Anm. 4. Vgl. ganz neu: K. Healy, *Christ as Common Ground. A Study of Christianity and Hinduism*, Pittsburgh, Pen., 1990.

71 Vgl. als repräsentative Stimme für die gegenwärtige nordamerikanische Debatte: Wilfred Cantwell Smith, *Toward a World Theology*, Philadelphia 1981.

72 Der Titel des ansonsten wundervollen Buches von Karl Prümm zeigt beispielhaft, was ich sagen will: *Christentum als Neuheitserlebnis*, Freiburg 1939.

73 R. Panikkar,»Religious Pluralism: The Metaphysical Challenge«, in: *Religious Pluralism*, Hrsg. Leroy S. Rouner, Boston 1984, 97-115.

74 R. Panikkar,»Aporias in the Comparative Philosophy of Religion«, in: *Man and World* 13 (1980), 357-383; vgl. auch mein:»What ist Comparative Philosophy?«, in: G.I. Larson, E. Deutsch (Hrsg.), *Interpretating Across Boundaries*, Princeton, N.Y., 1988, 116-136.

75   Anm. des Übersetzers: Panikkar benutzt im Englischen die Worte »*Christendom*«, »*Christianity*« und »*Christianness*«, die einheitlich durch die obigen Begriffe wiedergegeben werden.

76   Vgl. meinen Aufsatz: »The Dream of an Indian Ecclesiology«, in: *In Search of an Indian Ecclesiology*, hrsg. von der Indian Theological Association, Bangalore 1985, 25-54.

77   Vgl. »Christianity and World Religions«, s.o. Anm. 66.

78   »Es ist bekannt…, daß das Neue Testament sich nirgendwo als ›Schrift‹ versteht, ›Schrift‹ ist ihm nur das Alte Testament, während die Christusbotschaft eben ›Geist‹ ist, der die Schrift verstehen lehrt« (K. Rahner und J. Ratzinger, *Episkopat und Primat*, Freiburg 1961, 47).

79   In der Tat haben aber viele »Ex-« oder »gefallene Christen«, die als »bekehrte« Hindus in den 60er und 70er Jahren nach Varanasi am Ganges kamen, nach ihrer Rückkehr nach Hause in den 80er Jahren eine neue Identität der Christlichkeit erlangt.

80   Vgl. »The Invisible Harmony«, s.o. Anm. 65.

81   Vgl. meinen Aufsatz: »L'eau et la mort. Réflexion interculturelle sur une métaphore«, in: *Filosofia e religione di fronte alla morte*, Hrsg. M. Olivetti, Padua 1981, 481-502.

82   Vgl. meinen Aufsatz: »Singularity and Individuality. The Double Principle of Individuation«, in: *Revue Internationale de Philosophie* (Festschrift Raymond Klibansky), 111/112 (1975), 141-165.

83   Vgl. meinen Aufsatz: »Salvation in Christ«, s.o. Anm. 58.

84   Vgl. meinen Aufsatz: »Colligite fragmenta: For an Integration of Reality«, in: *From Alienation to At-One-ness*, Hrsg. F.A. Eigo und S.E. Fittipaldi, Villanova 1977, 19-91. Vgl. auch: »Der Mensch – ein trinitarisches Mysterium«, in: *Die Verantwortung des Menschen für eine bewohnbare Welt im Christentum, Hinduismus und Buddhismus*, Hrsg. R. Panikkar und W. Strolz, Freiburg 1985, 147-190.

85   Vgl. meinen Beitrag: »Le concept d'ontonomie« zum 11. Internationalen Kongreß für Philosophie, Brüssel 1953, (Löwen 1953, Bd. III, 182ff.).

86   Vgl. R. Panikkar, *Ontonomia de la ciencia. Sobre el sentido de la Ciencia y sus relaciones con la Filosofia*, Madrid 1961.

87   Dazu könnte man Namen wie I. Barbour, D. Bohm, F. Capra, K. Pribram, I. Prigogine, R. Sheldrake und ihre Wegbereiter, B. Bavink, P. Duhem, A. Koyré und viele andere nennen.

88   Als Beispiele dafür seien herausgegriffen: *Cosmogony and Ethical Order*, Hrsg. R.W. Lovin und F.E. Reynolds, Chicago 1985; S.H. Nasr, »The Role of the Traditional Sciences in the Encounter of Religion and Science – An Oriental Perspective«, in: *Religious Studies* 20/4 (1984), 519-541; vgl. auch sein früheres Buch, *An Introduction to Islamic Cosmological Doctrines*, Cambridge/Mass. 1964, Neuaufl. 1978. Nützlich ist auch W.F. Warren, *The Earliest Cosmologies*, New York 1909

(als ein historisches Dokument für das beginnende moderne Interesse) und der beachtliche Essay von S. Toulmin, *The Return of Cosmology*, Berkeley 1982.

89 Vgl. J.S. O'Leary, *Questioning Back: The Overcoming of Metaphysics in Christian Tradition*, Minneapolis/MN 1985, sowie speziell: »Overcoming the Nicean Creed«, veröffentlicht in: *Cross Currents* 34/4 (Winter 1984), 405-413.

90 Vgl. meinen ersten Aufsatz zu dieser Problematik: »La demitologizzazione nell'incontro tra cristianesimo e induismo«, in: *Il problema della demitizzazione*, Hrsg. E. Castelli, Padua 1961, 243-266.

91 Vgl. *Ancient Cosmologies*, Hrsg. C. Blacker, London 1975, um das Zusammenspiel zwischen *mythos* und *logos* in einer jeden Weltkonzeption sehen zu können.

92 Vgl. meinen Aufsatz: »The Myth of Pluralism: The Tower of Babel – A Meditation on Non-Violence«, in: *Cross Currents* 29/2 (1979), 197-230.

93 Vgl. meinen Aufsatz: »La religión del futuro – o la crisis del concepto de religión: la religiosidad humana«, in: *Civilità delle machine* (Rom) 27 (1979), 82-91, wo der erste von zwölf Punkten besagt: »Das Problem der Zukunft der Religion ist nicht das der Religion der Zukunft«, und der elfte: »Die Zukunft der Religion ist zuallererst ein persönliches Religiössein und nicht ein einzelnes religiöses Bekenntnis«.

Glossar

*(chin. = chinesisch, griech. = griechisch, jap. = japanisch, lat. = lateinisch,
skr. = sanskrit, span. = spanisch)*

apriori / a priori (lat.): »vom früheren her«; eine Einsicht, die aller
Erkenntnistätigkeit und Erfahrung vorausgeht

actio (lat.): Tätigkeit, Tun

adhidaivika (skr.): geistlich, zum höchsten Göttlichen gehörend

advaita, advaitisch (skr.): »Zweitlosigkeit«, Lehre, daß das Absolute ohne
ein Zweites ist. Gott und die Welt sind weder eins noch zwei. Letzte
Identität von *âtman* und *brahman*

Äquidistanz: gleiche Entfernung (aller Punkte auf der Kreislinie vom Mittelpunkt)

agapê (griech.): »Liebe«

agni (skr.): »Feuer«, vedische Gottheit des Feuers

aham (skr.): »Ich«

aiôn (griech.): Weltzeit, Ewigkeit; zugleich auch Lebensalter, Zeitgeist

aisthêsis (griech.): Wahrnehmung, Empfindung, Sinn, Erkenntnis

âkâsha (skr.): »leerer Raum«, im Hinduismus letztes der fünf Elemente (Erde,
Wasser, Feuer, Luft und Raum, Äther)

anâtman, anâtmavâda, nairâtmyavâda (skr.): Lehre, daß der Mensch ohne
festen, substantiellen Wesenskern ist: Es gibt keinen âtman, keine Substanz

anâtmavâdin (skr.): Anhänger der Anâtman-Lehre

anima naturaliter Christiana (lat.): »Die Seele ist von Natur her christlich«

âtman (skr.): »selbst«, das Eigentliche des Menschen, das von seiner
Vergänglichkeit zu unterscheiden ist

âtmavâda (skr.): Lehre vom *âtman* als unvergänglichem Wesenskern des
Menschen

âtmavâdin (skr.): Anhänger der *âtman*-Lehre

avatâra (skr.): »Herabkunft« (eines Gottes auf die Erde in menschlicher oder
tierischer Gestalt)

Bhagavadgîtâ (skr.): »Lied des Erhabenen«, berühmtes indisches Lehrge-
dicht im Mahâbhârata, oft als das »Neue Testament Indiens« bezeichnet

bhakti (skr.): Liebe, Hingabe zu Gott; einer der indischen Wege zur Erlösung
durch Vereinigung mit der Gottheit

brahman (skr.): Weltseele, Weltessenz; das Eine, das alles durchdringt und
in sich vereint, das Absolute

Christophanie (griech.): Erscheinung, Manifestation Christi (von *phainomai*
– sich zeigen)

Chronozentrismus: eine Geisteshaltung, die die heutige Zeit und den eigenen Zeitgeist in den Mittelpunkt ihrer Weltdeutung stellt und auf andere Zeiten überträgt (aus griech. *chronos*, Zeit, und lat. *centrum*, Mitte); s.a. Ethnozentrismus

circulus vitiosus (lat.): »Zirkelschluß«, fehlerhafte Beweisführung, die das zu Beweisende schon voraussetzt

civitas Dei und civitas terrena (lat.): »Stadt Gottes« und »irdische Stadt«; durch Augustinus (354-430) begründete Lehre von zwei sich gegenwärtig überschneidenden Bürgerschaften oder »Staaten«

coincidentia oppositorum (lat.): Zusammenfall der Gegensätze

Conquista (span.): spanische Eroberungszüge in Amerika nach 1492, besonders die Eroberung Mexikos (1519-21) und Perus (1532-33)

contemplatio (lat.): Beschauung der Welt als Gottes Tempel

creatio continua (lat.): »ununterbrochene Schöpfung«; Lehre vom ständigen Schöpferwirken Gottes im Sinne der Welterhaltung und Weltregierung

deus ex machina (lat.): »Gott aus der Maschine«; Begriff aus der antiken Tragödie: am Ende des Stücks wird ein Gott auf der Bühne vorgefahren, um das Unlösbare doch noch zur Lösung zu bringen

Dhammapada (pali): buddhistische Spruchsammlung des Pâli- Kanon

dharma (skr.): zentraler Begriff der indischen Philosophie mit unterschiedlichen Bedeutungen: ewige, feststehende Ordnung der Welt, Gesetzmäßigkeit, Harmonie, Lehre, normgebende Grundlage des Handelns, Moral, Sitte, Ritus, Recht, »Religion«

dharmakâya (skr.): »Dharma-Leib«, im Mahâyâna-Buddhismus der Wesenskern des Buddha, der zugleich der Wesenskern der Weltwesen, die Essenz der Wirklichkeit ist

diachronisch (griech.): zeit-übergreifend

diatopisch (griech.): raum-übergreifend

doxa (griech.): Glanz, Erhabenheit, Herrlichkeit

Dualismus: Anschauung von einer grundsätzlichen Spaltung des Seins in zwei nicht in Übereinstimmung zu bringende und nicht voneinander ableitbare Prinzipien, insbesondere Geist und Materie, Seele und Körper

epochê (griech.): »Innehalten«, Einklammerung subjektiver Werturteile bei der Beschreibung von Phänomenen

eros (griech.): Liebe, Begierde, geschlechtliche und sinnliche Liebe

Ethnozentrismus: eine Geisteshaltung, die die Kultur des eigenen Volkes zum Maßstab der Beurteilung anderer Kulturen macht (aus griech. *ethnos*, Volk, und lat. *centrum*, Mitte)

Exklusivismus, Inklusivismus, Pluralismus: Bezeichnungen für eine Haltung gegenüber nichtchristlichen Religionen, die a) diese als vom Heil in Christus ausgeschlossen betrachtet, b) das Heil in Christus zwar absolutsetzt, aber gleichwohl den nichtchristlichen Religionen einen Anteil daran zugesteht, und c) den christlichen Absolutheitsanspruch aufzugeben versucht, so daß das Heil nicht auf einen gemeinsamen Nenner gebracht werden kann

fides quaerens intellectum (lat.): »der Glaube, der nach Einsicht sucht« (Anselm von Canterbury, 1033-1109), wichtiges theologisches Programm des Mittelalters

Ghats: Treppenstufen am Ufer des Ganges und anderen Flüssen

Hermeneutik, hermeneutisch (aus dem Griech.): »Kunst der Auslegung«; Theorie und Methodik des Verstehens und Deutens von Texten

homöomorph: »von ähnlicher Gestalt«, d.h. mit vergleichbarer Bedeutung und Funktion im Zusammenhang eines anderen religiösen oder kulturellen Systems (aus griechisch *homoios,* ähnlich, und *morphê,* Gestalt)

humanum (lat.): das grundlegend Menschliche; was für die ganze Menschheit spezifisch ist

Inklusivismus: s. Exklusivismus

Ishvara (skr.): »Herr des Universums«, personhafter höchster Gott im Unterschied zum unpersönlichen *brahman*

jîva (skr.): Lebensseele, feinstoffliche Qualität, der verkörperte *âtman*

jñâna (skr.): »höheres Wissen, Erkenntnis«; einer der Wege zur Erlösung

kairos, kairologisch (griech.): die besondere Zeit, eine nicht quantitative Auffassung der Zeit

kâma (skr.): Verlangen, Leidenschaft, sinnliche Lust, Liebe

karma, karman (skr.): Tat, Werk, Wirken, das auf den Wirkenden zurückfällt und ihm anhaftet

kat' holon (griech.): allumfassend, im ganzen

kosmos (griech.): Ordnung, die geordnete Welt, das Weltganze

kosmotheandrisch: »welt-gott-menschlich«, aus griechisch *kosmos, theos* und *anêr*

li (chin.): »Riten«, »Sittlichkeit« in der konfuzianischen Tradition

logos (griech.): Wort, Gedanke, Urteil, Vernunft. Im Neuen Testament: Christus als das vollmächtige Wort Gottes (Joh I)

Mahâbhârata: indisches Epos vom Kampf der Pandavas und Kauravas

Mahâyâna-Buddhismus: »Großes Fahrzeug«, in Indien entstandene Schulrichtung des Buddhismus

manas (skr.): Geist, Verstand, Wahrnehmungs- und Denkfähigkeit

metanoia (griech.): Sinnesänderung, Umkehr (vgl. Mk I,14)

metron (griech): Maß, Maßstab

Monismus (aus griechisch monon, einzig): Anschauung, die alle Dinge auf ein in ihnen wirksames, einheitliches Prinzip zurückführt

morphê (griech.): Gestalt, Erscheinung

Morphologie (aus dem Griech.): Lehre von der Gestalt, insbesondere von den Entwicklungsformen des Lebendigen und der Kulturentwicklung

mythos (griech.): »Wort«, »Erzählung«, schon in der Antike vom *logos* unterschieden und dessen Voraussetzung

nairâtmyavâda (skr.): s. *anâtmavâda*

nâma-rûpa (skr.): Name und Form, die Welt der Erscheinungen

neti - neti (skr.): »nicht das… nicht das«, bezeichnet die Nichtaussagbarkeit dessen, was wirklich ist

nirguna brahman (skr.): brahman ohne Eigenschaften, das Eine ohne Zweites

nirvâna (skr.): Bezeichnung für die Erlösung; bedeutet wahrscheinlich »verlöschen«

nixus, nisus (lat.): Schwung, Energie

Nizänisches Bekenntnis: wichtigstes altkirchliches Glaubensbekenntnis, ursprünglich 325 beim Konzil zu Nicäa formuliert, 381 in Konstantinopel erweitert

noêma (aus dem Griech.): in der Phänomenologie E. Husserls die Sinneinheit einer Wahrnehmung, s. *Phänomenologie*

Noetik, noetisch: Denklehre, Erkenntnislehre

nomos (griech.): Sitte, Regel, Gesetz

Nostra aetate: Bezeichnung der »Erklärung über das Verhältnis der Kirche zu den nichtchristlichen Religionen« des 2. Vatikanischen Konzils (1962-1965)

Ontonomie, ontonomisch: innere Gesetzmäßigkeit des Seienden, nach der das konkrete Einzelne zugleich unabhängig und ins Ganze des Seins integriert ist; dabei wird weder die abgetrennte Unabhängigkeit jedes Individuums (Autonomie), noch eine Hierarchie von Individuen (Heteronomie), sondern die Beziehungshaftigkeit des Seins zum Ausgangspunkt des Denkens genommen (aus griech. *on*, das Seiende, und *nomos*, Gesetz)

Orthodoxie und Orthopraxie (aus dem Griech.): »rechte Lehre« und »rechtes Tun«

pars pro toto (lat.): der Teil steht für das Ganze

perichôrêsis (griech.) und circumincessio (lat.): Begriffe der altkirchlichen Trinitätslehre, bezeichnen die gegenseitige Durchdringung der göttlichen Personen, Vater, Sohn und Heiliger Geist

Phänomenologie (von griech. phainomai, sich zeigen): Lehre von den Erscheinungen; Philosophische Schulrichtung seit Edmund Husserl (1859-1938); außerdem eine Schule in der vergleichenden Religionswissenschaft, die nach dem Wesen der Religion und des Religiösen fragt, das sich in ihren verschiedenen »Erscheinungsweisen« zeigt (u.a. Gerardus van der Leeuw, 1890- 1950)

physis (griech.): Natur

pisteuma: analog dem Wort *noêma* abgeleitet aus griech. *pisteuô*, glauben: der intentionale Sinn religiöser Phänomene

Pluralismus: s. Exklusivismus

polis (griech.): der Stadtstaat der griechischen Antike

pratîtyasamutpâda (skr.): buddhistische Lehre von der »bedingten Entstehung« oder »Entstehung in Abhängigkeit«, die besagt, daß nichts durch sich selbst ist und die Voraussetzungen seiner Existenz in sich selbst trägt, sondern daß alles im Daseinskreislauf sich gegenseitig bedingt

prema (skr.): Liebe, Gottesliebe

psychê (griech.): Seele, Gemüt, Herz, belebtes Wesen

Quaternitas perfecta (lat.): die vollkommene Vierheit

Râmâyana: indisches Heldenepos

ratio (lat.): Vernunft, Denken

saeculum (lat.): das Menschenalter, Zeitalter, Jahrhundert, auch: der Zeitgeist

Säkularität, säkular: das Diesseitige, In-der-Zeit-Sein, In-der-Welt-Sein (aus lat. *saeculum*)

saguna brahman (skr.): »Brahman mit Eigenschaften« in symbolisierter Form

sangha (skr. und pali): die buddhistische Gemeinde; im engeren Sinne der Orden der Nonnen und Mönche

satori (jap.): Erleuchtungserfahrung im Zen

Septuaginta (lat.): »die Siebzig« (Übersetzer), jüdische Übersetzung der hebräischen Bibel ins Griechische, die im 3. bis 1. Jhdt. v. Chr. in Alexandria erstellt wurde

Shiva, Shivaismus, shivaitisch: einer der Hauptgottheiten Indiens bzw. eine der beiden größten Richtungen der Hindu- Religion

shraddhâ (skr.): Glaube, Vertrauen gegenüber den Lehren des Veda

shûnyatâ (skr.): Leerheit, Leere; in Indien entstandene zentrale Lehre des *Mahâyâna*-Buddhismus

sôma (griech.): Leib

sophia (griech.): Weisheit

sui generis (lat.): »eigener Art«

sushupti (skr.): tiefer, traumloser Schlaf; einer der vier Bewußtseinszustände (*avasthâ*), neben Wachen, Träumen und dem überbewußten Erleuchtungszustand

svadharma (skr.): die jedem Menschen zukommende individuelle Ausprägung des einen *dharma*

svayamprakâsha (skr.): »selbsterleuchtend«

tao (chin.): »Weg«; Zentralbegriff der chinesischen Philosophie, insbesondere des Taoismus

Tao-te ching (Tao-te king) (chin.): »Buch vom Weg und seiner Kraft«: grundlegendes Werk des philosophischen Taoismus in China, dem Lao-tzu (6. Jhdt.v.Chr.) zugeschrieben; historisch mindestens seit dem 3.Jhdt.v.Chr. nachweisbar

tat tvam asi (skr.): »das bist du«, Aussage in den Upanishaden, daß *âtman* letztlich gleich *brahman* ist

technê (griech.): Kunst, Kunstfertigkeit, Handwerk

theandrisch: »gott-menschlich« (aus griechisch *theos* und *anêr*)

theanthropokosmisch: »gott-mensch-weltlich« (aus griechisch *theos, anthrôpos* und *kosmos*)

topos/topoi (griech.): Ort, Stelle

triloka (skr.): »Drei-Welt«, im Hinduismus Himmel, Erde, Unterwelt *trisangam (skr.):* Das Zusammenkommen von drei Flüssen. *Sanga* heißt die Einigung/Einmündung von zwei Strömen. Trisangam weist auf die Sanga von *Ganges* & *Jamunâ* sowie der unsichtbaren unterirdischen *Sarasvatî* in Allahabad

Upanishaden (skr.): indische philosophische Texte, als »Abschluß des *Veda*« bezeichnet

upadesha (skr.): Lehrgespräch eines Meisters

Veda (skr.): »Wissen«, älteste heilige Texte Indiens, von übermenschlichem Ursprung und besonderer Autorität

vidyâ (skr.): »Wissen«, »Erkenntnis«

wu-wei (chin.): »Nicht-Tun« in der taoistischen Philosophie

yoga (skr.): »Joch«, Weg der Erkenntnis und Vereinigung mit dem Göttlichen

Quellennachweis

Teil I
– Der Weisheit eine Wohnung bereiten: Vortrag mit anschließendem Gespräch am 14.3.1990 in München, St.Ursula-Kirche (Erstveröffentlichung) – Themaformulierung von Irmgard Hafner, München.

Teil II
– Quaternitas perfecta: Vorträge und Gespräche bei einer Einkehr-Tagung am 16.-18.3.1990 im Begegnungshaus Domicilium, Weyarn/Obb. (Erstveröffentlichung).

Teil III
– Philosophie als Lebensstil: Neubearbeitung des Aufsatzes: *Philosophy as Life-Style/Philosophie als Lebensstil*, in: Philosophes critiques d'eux-memes, Hrsg. A. Mercier und M. Svilar, Bd. 4, Bern 1978, 209-220; vom Herausgeber unter Verwendung dieser Übersetzung aus dem Englischen übertragen.
– Fragen zum Lebensstil im Gespräch: wie im Teil II.

Teil IV
– Trisangam: Neubearbeitung des Aufsatzes: The Jordan, the Tiber and the Ganges. Three Kairological Moments of Christic Self-Consciousness, in: *The Myth of Christian Uniqueness. Toward a Pluralistic Theology of Religions*, hrsg. von John Hick und Paul F. Knitter, Maryknoll, N.Y.: Orbis Books, 1987, S. 89-116; vom Herausgeber aus dem Englischen übertragen.
– "Das bist du", eine Zusammenfassung: Schlußgespräch am 18.3. 1990 im Domicilium, siehe oben.

*Sinnvoll leben
durch Entdeckung
einer neuen
radikalen Spiritualität*

Den Mönch in sich entdecken
204 Seiten. Gebunden mit Schutzum-
schlag

Panikkar sieht eine große Chance zur
Rettung der ganzen menschlichen
Kultur in der spirituellen Bewegung und
plädiert für mutige Versuche in dieser
Richtung:

Den Mönch in sich entdecken heißt:
nach innen gehen und aus der wieder-
gewonnenen Einfalt heraus die Welt in ihrer Vielfalt neu entdecken.